化解衝突的高效溝通

當爭論產生，你選擇**戰鬥**還是**逃跑**？
化異見為助力的關鍵說服法，
讓關係更緊密

Conflicted:
Why Arguments Are Tearing Us Apart and How They Can Bring Us Together

伊恩・萊斯里 Ian Leslie 著　李翊巧 譯

獻給道格拉斯，
我們都同意的人。

在每次的反對中，我們都不考慮它是否公正、是正確或錯誤，而是考慮如何讓自己脫離困境。我們不是伸出我們的手臂，而是伸出我們的爪子。

——**米歇爾・德・蒙田**

沒有反對就沒有進步。

——**威廉・布萊克《天堂與地獄的婚姻》**

每個人都點頭，卻沒有人同意。

——**伊恩・麥克尤恩《阿姆斯特丹》**

目錄

PART I
為什麼我們需要新的吵架方式

PART II

有效爭論的規則

PART
Ⅲ

保持全神貫注

序章：審訊

我對於即將會面之人的了解少之又少，除了他是個視我為敵的恐怖嫌疑犯之外，其他的我一概不知。

我正坐在英國郊區某處一個明亮、家具擺設甚少的不知名旅館裡，厚厚的窗簾是打開的，我的前方是一張桌子，桌子的另一面是一張空椅。在我右側坐著一位警察，他告訴我嫌疑犯在外頭等著，警察鉅細靡遺地告訴我他的犯罪經過，說著目前所知及未知的情況，以及我需要從嫌疑犯口中索取的資訊，並說這位嫌犯很自負、憤怒且狡猾。

我試著專心聆聽警察說的那些話，但是我的腦袋對於即將到來的會面一片混亂、嗡嗡作響。嫌犯可不想來這裡，他不喜歡像我這一類的人，我要如何讓一個與我完全合不來的人敞開心扉？

警察的簡報結束了，我把雙手攤放在桌上，這樣警察就不會注意到我的雙手是如此顫抖。

「你準備好了嗎？」警察問到，「是的。」我言不由衷地回答。門打開了，嫌犯大搖大擺地走進房間。

他的名字是法蘭克．伯內特，是一名送貨人員，身形魁梧，而且身上總有讓我十分不解的自信氣場。一分鐘前，警察告訴我，伯內特在被關押期間，還氣勢洶洶的挑釁樣，對著警察咆嘯；他相當生氣自己在送孩子上學時，被警察拘捕。伯內特坐在我的對面，冷冰冰地注視著我，我試圖保持冷靜，不被他看穿我其實非常緊張。我開始問他是否還記得他上週六下午在做什麼。

「他媽的，憑什麼要告訴你？」他回答道。

我的老天呀！我還不習慣這種場合，因為大部分與我進行對談的人至少都還願意跟我交流，而且他們和我一樣都都希望事情順利；即使我們對於談論的主題內容可能會有分歧，不過對於如何談論這些事情還是有達到共識的。但是，我跟伯內特之間缺乏這種不言而喻的共識，還真是讓人費解，我試著跟他解釋，我只是想幫助他了解那天下午他到底做了什麼而已。

法蘭克：你為什麼要和我說話？

我：我們正在與當時有在該地區的人談話……

法蘭克：他媽的，我根本不在乎別人，你為什麼要和我說話？為什麼一定是我，法蘭克・伯內特？

我對此感到胃痛，有一部分的我其實想直接正面回擊他的敵意，他憑什麼這般地挑釁？被當作嫌犯的人是他可不是我；但另一部分的我只想避免任何衝突，並且道歉。我真的覺得滿肚子疑惑、非常不自在，而且感覺像是被困住了。

☹ ☹ ☹

好幾年過去了，對於公眾分歧為何可以搞得一蹋糊塗的這個問題，我仍然感到費解。持有不同意見的人們會發現要如何有效地爭論，是一件很困難的事情，因為最後總是會變成尖酸刻薄的戰爭或是保持在中立國動彈不得，而這個問題不只發生在大眾，也會發生在我們的生活中。不管是父母和小孩的吵架或是工作上的爭執，我們如果不能好好地提出異議，這似乎就是我們前進的絆腳石。我們不是應該要懂得表達不同的意見，但同時不會因此而爭執不休或是停滯不前嗎？到底是什麼阻擋了我們前進？

為了尋找令我滿意的答案，我開始進行一些研究，花了一些時間閱讀數千年來的思想家們所精煉的辯論原則，如「假定善意」、「了解對手及自己的論點」、「別和稻草人爭吵」等，這些都是明智且有啟發性的東西，但是還是有些事情困擾著我。就像健康飲食或運動一樣，在意見分歧中，知道自己該怎麼做似乎比實際進行還容易許多；儘管我已經掌握了理論，但是，每當我和我的老闆、妻子或社交媒體上的陌生人發生爭吵時，這些理論早就被拋到九霄雲外了。因此，我開始認為「**有成效的溝通分歧**」（productive disagreement）不是一種哲學，而是一種自我的控制能力和技能。

人不是機器，我們是自負、驕傲、衝動、缺乏信心和需要關懷的動物，所以爭論總能將我們對彼此的感覺糾纏在一起，而不是純粹的意見和立場的交流。這不一定是件壞事，因為情緒可以幫助我們為自己的觀點辯護或讓我們贊同他人的觀點，但是情緒也會影響我們的良性分歧，讓原始的本能開始發揮作用、籠罩我們的思想、扭曲我們的行為，導致不言而喻的緊張關係在友善分歧的表面下醞釀著，有時沸騰成憤怒，有時讓我們悶悶不樂地退出，但有時也會促使我們走向真實和親密。

當我們持有不同意見時，我們會把整個自我——大腦、心和腸道——都帶到對話中。大多數關於辯論或論證的問題都在於它們只關注了第一種，而我想解決全部三種問題，這就是為什麼我說服了一位審訊專家，讓我扮演警察審訊者的角色。你我在日常生活中的大多數分歧當然不像犯罪訊問，我們常發生的衝突可能是在工作中執行專案的最佳方法，或是吃肉到底健不健康，又或是我們當中誰花太多共用基金裡的錢？但是，這些日常爭執確實和我與法蘭克・伯內特之間的衝突有些基本的共同點，那就是它們至少有一部分與我們對彼此的感覺有關。在每次分歧的背後，都在進行一場與彼此關係無關的沉默談判，如果我們不解決這個問題，就沒有機會對話了。

藉由密切關注這個隱藏的層面，最困難的分歧也可以轉變為富有成效的對話。有些人以此為生，我們可以從那些在工作中需要處理高度緊張、高風險、對立談話的專家，如警察、人質談判專家、外交官等人身上學到許多東西；我發現這些專家面臨的挑戰與我們任何人在婚姻爭吵、政治辯論或是職場爭執所面臨的挑戰，有著明顯的相似之處。透過將這些專家的專業知識，結合溝通科學和認知心理學的觀點及研究，我發現一種有效的溝通分歧的語法，讓任何人都可以將其應用在生活中。

在發掘的過程中，我不僅扮演警察審訊者的角色，還曾前往曼非斯（Memphis）觀看警察的培訓，學習如何處理在街頭巷尾遭遇的緊張局面，因為這種場景通常伴隨著暴力事件的發生。我也曾和離婚調解員請教，他們是如何讓兩位幾乎無法忍受彼此同處一室的人前來達成協議；我還詢問過治療師，他們是如何與那些抗拒他們每條建議的病人交談，以及與人質談判專家了解如何勸人們不要炸毀建築物或是跳橋自殺。雖然這些專家所做的事情都截然不同，不過他們都是談話高手，非常擅長從最不樂觀的情況中取得有用的資訊。

在這段期間，我還學到很多關於人類的知識，包含撰寫這本書。我不是生活中的天生戰士，只要輕微的衝突就會讓我感到不適而發癢，但我開始明白，衝突不是要不惜一切代價地避免，而在正確的情況下，它有無限且令人滿意的好處。此外，我還學到當孩子們與父母毫不隱諱地進行意見分歧時，只要不變成惡意的意見分歧，他們都會更快樂；那些有激烈爭執的夫妻也往往比那些避免衝突的夫妻感到更滿足。此外，當工作團隊知道如何在不破壞彼此關係的情況下，直接、熱情地提出不同意見時，團隊就能發揮到更高的水準。因此，有過多一致的意見對我們來說是不好的，唯有我們良好地提出不同意見時，才能充分發揮我們的不同之處。

學會如何以一種促進進步和理解而非停滯和爭吵的方式提出不同意見，對於我們每個人都有幫助。富有成效的溝通分歧，已不僅是一項重要的生活技能，而是每當我們正在努力處理前所未有的生存挑戰時，我們不容忽視的必需品。

意見分歧是一種思考方式，這或許是我們將任何共事——從婚姻、商業到民主——推向良好發展至關重要的方法，因為我們可以用它把模糊的概念變成可行的想法、把盲點轉化成洞察力、把不信任變為共鳴，我們可以說是前所未有的非常需要它。

如果你還誤以為有效地進行意見分歧很困難，是因為演化沒有使我們具備這樣的條件，這也不是我們受過的訓練內容，事實上我認為，我們大多數人在這方面都非常不擅長。不過，這種情況是需要被改變的，否則我們日益激烈的分歧，注定只會產生摩擦而沒有結果，不然就是它們不會產生任何東西，因為我們拒絕擁有它們，而唯一比發生極不愉快的爭論更糟糕的，就是沒有爭論。

PART I

為什麼我們需要新的吵架方式

1. 不只是單純的戰鬥或逃跑反應

我們處在一個比過去更容易產生意見分歧的社會，但我們並沒有為此做好準備。

二〇一〇年，《時代》雜誌形容臉書的使命是「馴服狂呼亂喊的暴民，將這個偶然發生孤獨和反社會危險的世界，變成一個友好的世界」。

在人們大量使用網際網路的前十年裡，有一個流行的理論：如果人與人之間的溝通越良好，人就會變得更加友善和通情達理，進而讓人與人之間的交流更和睦。在進入這世紀的第三個十年，如果我們還有這種想法，似乎就太天真了！人們就像狂呼亂喊的暴民，可以說是日夜都在發生衝突。網際網路雖然建立起人與人之間良好的關係，但它卻不是每次都能理解或支持他人的觀點，在最糟的情況下，它可以像是一台產生無共識和意見不合的機器。

矽谷企業家保羅．格雷厄姆（Paul Graham）曾指出網際網路是一種透過設計產生意見分歧的媒介。其實，社交媒體平台本身就有互動性，只是人們天生就愛爭論，如同格雷厄姆所說，

「不同意往往比同意更能激起人心」；讀者在不同意某篇文章或資訊時，更有可能對其進行評論，而且在不同意的情況下，他們會有更多的意見（就只有那麼些情況，你會說「我同意」）。此外，當他們不同意時，會變得更活躍，同時也就開始憤怒。

二〇一〇年，一個資料科學家團隊研究了英國BBC論壇上的使用者行為，從一萬八千名使用者發布的近兩百五十萬個貼文中，衡量使用者對於情感的表達。他們發現，比較長的討論貼文，通常都是負面評論，且總體而言，最活躍的使用者通常都在表達負面情緒。

在我們身處的世界中，意見分歧總是無所不在，人們更頻繁地冒犯他人或被冒犯、表達越來越多自己的意見、更不願傾聽他人的想法，加上我們使用社交媒體與他人溝通，更是加速其發展。雖然我們很想將問題歸咎於臉書和推特，但如果這樣做，就忽略了這幾十年甚至是幾世紀以來，人類行為形成中，有更廣泛且更深刻轉變的意義。此外，目前的社交平台都沒什麼單向溝通的管道，使得每個人都可以開始與他人頂嘴。因此，如果我們變得越來越令人討厭，可以說是因為現代生活要求我們說出自己的想法。

☹ ☹ ☹

美國人類學家愛德華．哈爾（Edward T. Hall）將溝通文化分為「高情境文化」與「低情境文化」，如其他傑出的理論一樣，這個說法也將實際情況簡化，達到啟發的效果。在**低情境文化**中，溝通是明確且直接的，人們所說的話，就是在表達他們的想法和感受，你不需要了解事情發生的背景——誰在說話、在什麼情況下——就能直接理解訊息；而**高情境文化**是一種很少明確說出自己真實想表達意思的文化，大部分資訊都以暗示的方式呈現，也就是說，意思並不在於文字的本身，而是在於語境。因此，高情境文化可說是隱晦、微妙且不明確的溝通。

從廣義上來說，歐洲和北美的國家屬於低情境文化；亞洲國家屬於高情境文化。例如，「茶泡飯」是道簡單的日本菜，其做法是把綠茶或野菜湯直接澆在白飯上，在京都相當流行，如果你在一位京都當地人的家裡，當他們提議享用這道料理時，你可能會依照當下的飢餓感，決定回答好或不好；但其實在京都，「提供客人享用茶泡飯」是一個「示意賓客是時候該離開」的傳統方法。因此，你需要知道語境，才能真正了解這句話的意思。

像日本這樣高情境的社會，往往更傳統，也更莊重。良好的溝通，表示對於共同符號有深入的理解，且有不言而喻的禮貌規則，如長幼有序和敬老尊賢；其溝通的主要目的是想要保持良好的關係，而不是為了交換資訊或宣洩情緒。高情境的交流中相當重視傾聽，因為聽眾必須理解字裡行間的內容，才能明白說話者真正想表達的意思；另一方面，在高情境文化中的說話者，則喜歡節約用詞、輕鬆自在的停頓，且樂於等待發言。

相反，在低情境的社會中，如美國，就沒有那麼多傳統文化，而是十分多元、開放，因此他們的溝通產生更多短期關係、更多變化，但對他人也較不尊敬。他們不管是在說話或傾聽時，傳統、禮儀和級別這些情境常識，對於溝通的幫助都不大，因為每個人都在為自己說話，所以低情境社會中的人們不相信語境，只仰賴語言本身的意思。一位學者稱低情境交流的特色是「不斷地、有時是永無止境地使用詞語」，因為人們想要清楚地闡述意圖、表達慾望、作出解釋，但是低情境社會中的人通常都是呼喊他人的名字後，就加入寒暄，導致有許多話題被打斷、開始七嘴八舌，導致產生更多的爭論。

這讓我們了解到高情境文化和低情境文化之間最重要的差異在於「兩種文化各自產生衝突的數量」。在亞洲文化中，直接且強而有力地表達自己的觀點，是件不尋常的事情，還可以解釋為不諳世事甚至是一種冒犯的行為；然而，西方人則是很願意冒著與他人產生爭論的風險，直接表達自己的想法，對於他人可能會提出的異議甚至因此產生摩擦，都認為是在預料之中。因此，這兩種文化可以說是相對的。在西方，即使已經在文化上制定策略，以避免過多爭論，

高情境文化	低情境文化
• 含蓄的表達	• 含蓄的表達
• 間接：隱約、微妙的方式	• 直接：積極、好鬥的方式
• 情感面	• 事務面
• 較牢固的關係	• 較淺薄的關係
• 信任度高	• 信任度低

比如吃晚餐時不討論政治或宗教習俗，但隨著這些傳統文化的消逝，抑製衝突的效果也就隨之不見。

為了說明高、低情境文化的不同，我在前面以國家為例，粗略地比較並闡述兩種文化在各國之間的不同，但其實哈爾的高情境文化和低情境文化模型適用於任何範圍。例如生活在村莊裡的人會比生活在大城市的人，有更多高情境溝通，像是點頭或眨眼，因為每個人都認識彼此，而不像在大城市中，往往都是遇到來自不同背景的陌生人；在歷史悠久的組織中，就算會讓新人感到困惑，員工可能還是會以某種暗示的方式表達他們的用意，而在新創公司則都是以明文規定，任何事物都要明確且清楚地直接表達。此外，每個人本身也常常會在高情境和低情境的模式間切換，如果是與家人或朋友在一起，你可能會做很多高情境的溝通，但若是和服務中心的人員說話時，你則會選擇低情境的方式溝通。

或許，你會覺得低情境文化更適合這個正在經歷無窮變化和高創新的社會，但其實，低情境文化也會讓人感到不近人情、冷淡和難以預測，甚至可能會包含更多潛在的衝突。隨著越來越多人湧入城市，與陌生人做生意，加上透過智慧型手機就能交談，我們大多數人無論在哪裡，生活中都充滿越來越多低情境的交流。雖然不同國家仍有不同的溝通文化，但幾乎所有的文化都受到全球商業走向、城市化和科技相同的影響，使得各國傳統文化被迫消失、階級扁平化，反而增加人們爭論的範圍。那我們是否已經準備好面對上述的一切？這點並不確定！

我們作為一個物種存在的大部分時間裡，通常都生活在高情境模式裡，例如我們的祖先不管是定居還是生活在部落裡，都有共同的傳統和固定的指揮鏈；如今我們卻經常遇到與我們價值觀和習俗不同的人，同時我們也比以往更喜歡主張人人平等。人與人之間的互動隨處可見，而大家都可以擁有或是要求平等發言的權力。就以婚姻變化來說，若是七十年前，在大多數婚姻中，夫妻間幾乎沒有必要討論誰負責做哪些家務、誰負責照顧小孩等事情，而是交給整個社會的文化決定；但是，隨著性別平等的意識興起，現代的家庭需要更明確的溝通和談判，整個社會環境不再告訴我們應該由誰負責洗衣服。和我一樣，你可以相信這種變化絕大多數都是一件好事，不過同時也要接受這會增加意見分歧的可能性，而且問題都很棘手。

對於婚姻觀念的轉變，我們應先了解整個社會的變化，像是孩子不太可能安靜地遵守父母的教育、組織減少使用命令和控制，加入更多團隊合作、新聞記者不再期望讀者相信他們說的話、足球經理們發現在更衣室裡責備球員未必是成功的有效途徑……每個人都希望自己的意見能被聽到，而且越來越多的人渴望被聽見。在這個喧鬧、無禮、輝煌的多元世界裡，以前那些有關什麼可以說、什麼不可以說的潛在規則，都越來越寬鬆、越來越靈活，有時甚至是消失殆盡；正因為越來越少的情境能引領我們做出決定，所以「我們都同意」這件事情的數量正迅速減少。

人類是經過長年累月才慢慢從高情境轉變為低情境的交流，但是通訊技術突飛猛進的進步，卻大幅提升轉變為低情境溝通的速度。其實，人類具備一種高度進化後的能力，就是可以從一個人的眼神、姿勢、動作、說話的音調和語氣中，察覺他人的意向；但是，使用網路交流就無法看見他人的表情和行為，不管是智慧型手機或是社交軟體的介面，都是採用低情境方式設計，限制使用者一次只能看到幾個字或幾張圖片。因此，就算使用表情符號加強自己想表達的想法，我們還是只能從訊息中粗略地了解他人的意圖。

想想什麼是低情境文化的定義？在其最極端的情況下，人們會無止境的喋喋不休、頻繁的爭論，每個人無時無刻都要告訴你他們的想法，這種情況有沒有讓你想起什麼？正如衝突解決專家伊恩·麥克達夫（Ian Macduff）所說，「網際網路的世界很明顯是一個低情境的世界。」而我們解決的衝突策略，卻還在使用二十萬年前世界演變而來的方法。

☹ ☹ ☹

如果人類只是單純的理性實體，我們會有禮貌地聽取反對意見，然後再做出深思熟慮的回應；但現實中，意見分歧會使我們的大腦充滿化學信號，讓我們難以專注於當前的問題。這些信號也會告訴我們，這是**對自己的一種攻擊**，使得「我不同意你的觀點」變成「我不喜歡你」，最後我們都專注在為自己辯護，而不是敞開心扉地去了解他人的觀點。

這種對意見分歧的厭惡，在人類進化史上是根深蒂固的事情，神經科學家喬納斯·卡普蘭（Jonas Kaplan）、薩拉·吉姆貝爾（Sarah Gimbel）和山姆·哈里斯（Sam Harris）利用大腦成像技術，觀察當人們知道有證據可以挑戰他們堅定的政治信仰時，會發生什麼事情。他們發現，這情況會觸發人們受到生理威脅時大腦所作出反應的區域，換言之，就算在相對溫和的意見分歧中，人們也會把對話者視為一個要傷害自己的危險敵人，這就是為何我們的身體會有胸悶、脈搏加快等反應。

早在一九一五年，哈佛大學生物學家沃爾特・布拉德福特・坎農（Walter Bradford Cannon）就發現，動物對於威脅的反應有兩個基本策略，即「戰鬥或逃跑（fight or flight）」；人類也是如此，發生意見分歧時可能會讓我們變得咄咄逼人、大發雷霆，但也可能會為了避免衝突而退縮，不敢聲張自己的觀點。在現今這種低情境的環境裡，這些原始的反應仍然影響著我們的行為，我們不是陷入充滿敵意且幾乎毫無意義的爭論中，就是盡一切所能的避免爭論；但是，在二十一世紀，這兩種反應都是失常的。

你不必花費很多力氣就可以看到「戰鬥」反應：只要打開社交軟體，或是閱讀你喜歡的網站上的評論區，就能看到人們在意見分歧時的針鋒相對。我們已知的部分原因是網際網路讓每個人都有機會與任何人持有不同的意見，而社交媒體又可看作為每個人客製化的產品，導致意見分歧變成公開喊話比賽，再加上社交媒體以創造「迴聲室效應（Echo Chamber effect，或稱同溫層效應）」而聞名，因此人們在社交媒體上只會看到他們已經同意的觀點，事實卻可能指向其他立場。

另外，社交媒體的使用者比非使用者有更多接收新聞的管道。一項研究顯示，他們獲取新聞的方式是非使用者的兩倍，雖然他們可能還是喜歡瀏覽那些肯定他們世界觀的新聞；不過，當人們接觸到更多資訊的來源時，無論他們是否喜歡，都會更廣泛地接觸到不同的觀點。因此，網際網路並不是在創造泡泡，而是在刺破泡泡，讓人們產生敵意、恐懼和憤怒。

我們都知道主張道德的言論——**這好噁心、這人好醜**——是網路交流中一個重要的特色，耶魯大學的神經科學家莫莉．克羅克特（Molly Crockett）指出，在我們現實的生活中，很少會遇到我們認為不道德的行為；另一項在美國和加拿大進行的研究也表明，在我們的日常經歷中，目睹不道德的行為只佔不到五%。但是，在網路世界裡，我們總能一直看到不道德的行為。

新聞報導有時可以看作是一系列的禍首和暴行，資料顯示，人們在網路上，比傳統媒體更容易看到道德淪喪的資訊，其部分原因是因為人們比較喜歡分享駭人聽聞的內容。由紐約大學計算社會心理學家威廉．布雷迪（William Brady）領導的科學家團隊，就曾分析超過五十萬條有政治議題爭議的推文，他們發現這些推文中，每增加一個道德或情緒方面的詞彙，該文被轉發的機率就增加二〇%。

此外，發表憤怒訊息的使用者，會吸引更多人來按讚和轉發，而發布這些訊息的平台，就可以獲得他們賣給廣告商的關注度和參與量。因此，網路平台相當鼓勵將每個爭論都推向最極端且一觸即發的情況，而這些細微的差異、表達方式和相互理解，不僅是引起紛爭的犧牲品，更是必要的受害者。

人類幾個世紀發展出來的社會規範，是為了保護人與人之間的關係，不受憤怒情緒擴散的影響，比如不和陌生人討論有爭議的話題，但是這些規範在網路上都不適用。在網路世界裡，我們隨意地發布和轉發各種可能引起爭論的訊息給我們不認識的人；當陌生人與我們意見相左、使我們生氣時，我們不太可能為了理解他們的觀點而做任何努力，也無法一視同仁的對待他們。對此，心理學家發現，人們對於和自己持有不同立場的人，會先感到憤怒，然後很可能會對其產生偏見，就算這些人與他們原本生氣的原因無關。

當然，社交媒體並不是現實生活，幾乎沒有證據可以證明，是人們自己不停地重複意見分歧而產生憤怒。不過，沒有證據並不是個好消息，因為我們在網路上所看到空洞的憤怒，可能就是因為沒有真實且能讓人們反思意見分歧的證據，人們才會將「戰鬥」用於掩蓋「逃跑」這個真實的意圖。

威廉·布雷迪關於使用者在推特上傳播道德憤怒的研究中發現，散播行為主要是發生在自由主義派和保守主義派的團體**內部**，而不是在兩個團體之間。實際上，人們是藉由對其他群體有共同的憤怒，而拉近團體成員彼此的距離，不過，沒有人會真的參與爭論，所以從某種意義上來說，這種憤怒只是表面上的意見分歧；而你參與其中的原因，主要是為了認同你自己的觀點。

在美國，越來越多共和黨和民主黨的選民被劃分到不同的社區、教堂和商店。兩黨的選民並沒有因此產生更多的爭論，反而盡其所能地避免爭論，因為在媒體上已經看到太多煽動爭議的話題，所以他們都選擇避開政治議題。二〇二〇年，哥倫比亞大學的一項研究指出，「政治」是美國人最想迴避的話題；同時，政治學家薩馬拉·克拉（Samara Klar）和亞娜·克魯普尼科夫（Yanna Krupnikov）發現，在街區出現任何一個政黨的選舉標語牌，都會降低所有買家的購買意願。在一項線上調查中亦顯示，如果公司來了一位與自己有相同政治觀點的新同事，並在辦公室裡談論政治，只有二〇%的人表示會不開心，但這些受訪者在閱讀一篇關於政治兩極化的文章後，就對發生不愉快的互動產生了疑慮，使得調查結果上升到四〇%。

即使在低情境的文化中，人們也傾向於避免那些可能產生衝突，或是相對有壓力的對話，主要是因為被他人認可比被他人否決的感覺好、同意他人也比不同意他人的感覺好，尤其是對於我們不想疏遠的人更是如此。但是，迴避（「逃跑」反應）也會導致關係疏遠。

☹ ☹ ☹

二〇〇八年，加里．譚（Garry Tan）創立了 Posterous 部落格網站，是一個類似 Tumblr 的微網誌平台，而 Posterous 一推出就大獲好評，名聲像火箭一樣騰空而起，成為最受歡迎的網站之一。而譚和他的合夥人也募得數百萬美元，在矽谷獲得他們同齡人中的名人地位，但在二〇一〇年，Posterous 網站的流量突然開始下降。「我們不知道為什麼我們平台的流量會成長，也不知道它為什麼會停止成長。」譚是這麼告訴我的。然而，這問題卻讓譚和他的合夥人在決定公司未來走向的想法上產生意見分歧，且爭執不下。

哈佛商學院的一項研究發現，有六十五%的新創公司都是因為聯合創始人發生衝突而失敗。為了成功，新創公司的領導者通常都會經歷一個艱難轉變的過程，從一群為了一個很酷想法而一起工作的朋友變成一群管理者，管理由多位利害關係人組成的複雜企業。那些只憑自己的直覺和條件做出選擇的人，會在幾乎沒有任何準備的情況下，得到一個新興卻很繁重的工作。另外，新創公司如果因為是朋友或家人就雇用他們，高壓環境會暴露出他們的局限性，同時原始團隊也會被考驗到面臨崩潰的地步。

謹慎有禮的譚發現，與其他合夥人們產生意見分歧時，他很難與他們爭論（譚的父親是個意志堅定、不顧一切爭論到底的人，但譚卻是與其相反的人）。因為意見分歧，譚與朋友的關係變得緊張，將他的身心逼到崩潰邊緣，他無法入睡，也幾乎無法進食，他靜止時的脈搏就像一個在慢跑的人。最後，譚為了自己的健康，辭去他付出一切而創建的 Posterous。（Posterous 二〇一二年被推特收購後就不復存在了。）

當 Posterous 流量下降的速度宛如自由落體一樣快時，譚和他的合夥人們其實需要迫切地合作解決問題，而不是不斷避開彼此。在譚看來，他們的問題在於，在 Posterous 成功的那幾年裡，他們從未發生過任何爭吵。譚說到：「我和我的合夥人們很少直率且誠實地交談，所以在遇到衝突時，我忽略了一個困難的工作，就是應該和合夥人們一起面對衝突，並竭盡所能地一同解決問題。」所以，創業家與合夥人的朋友關係，表面上看來似乎很牢固，實際上卻是非常脆弱的。

人們在職場上遇到的最糟情況就是，每個人都不得不跟著點頭、壓抑心中的疑慮、強迫回答尷尬的問題，因此現代的工作場所都非常強調同事之間的相處和創造心理安全感。不過，一般組織內不同部門之間會處於緊張或相互抵觸的關係，因此員工應該先公開討論這些緊張的關係和問題，而不是默默地照著自身事情的優先順序處理；一個默示禁止不同意見的組織，會更容易受到辦公室的權術、錯誤判斷和濫用權力的影響。在組織討論時，圍著桌子的人們，如果認為某事或某人是錯誤的，理應要能夠表達自己的立場，甚至是大聲的說出來。

不過，直接面對意見分歧的好處和壞處並不對稱。避免意見分歧或任何衝突的好處是，不管從字面上或是心理上，你都能馬上離開衝突發生的地點，然後瞬間感到放鬆；反之，面對意見分歧的那種令人不適感，與其好處相比，並非每次爭執的當下都能馬上感受到，因為直接面對的好處是長期累積，然後變成一個更大的好處。

研究人格的心理學家已經確定有少數幾個相同的特質，可以衡量人們遇到意見分歧時的反應，例如開放性（一個人有多喜歡新的經驗）和盡責度（他們的效率和組織能力）。另外，心理學家還使用一種術語描述一個人同情心和憐憫心的程度，簡單來說，就是他們有多好心，而心理學家稱這種特質為「**友善性**（agreeableness）」。其實，不止科學家將「友善性」當作其他意思使用，我們在日常生活中也使用「討厭（disagreeable）」這個詞，描述我們不喜歡的事物或是人，此外我們還有一種根深蒂固的意識，就是認為「討厭／不同意」是一種不受歡迎，甚至可恥的行為。要克服我們面對意見分歧時的問題，並不表示我們要迴避它；相反地，我們應該要從根本上，徹底改變我們對此問題的思考方式和感受。

衝突不是人類偶爾才會意外陷入的事情，它可以說是生活中一個重要的部分。就像大家都知道的細胞和微生物，它們是將自己暴露在低劑量的毒素才得以生存，以了解自己處在變化多端的環境中；如果相同的毒素出現可能致命的劑量時，它們就已經為應付這種情況做好準備。而人與人之間的關係也是如此，為了生存和蓬勃發展，人類是需要衝突的生物。

研究家庭衝突的心理學家們過去一直在關注其造成破壞的潛力，因為父母和小孩間高度缺乏共識，是青少年不快樂的特徵之一。通常一天之中，青少年會與父母有三到四次衝突、與朋友有一或兩個衝突，而且現在的人越來越關注衝突的建設性作用。在一九八九年發表的一項研究中，由喬治亞大學亞伯拉罕．泰瑟（Abraham Tesser）領導的社會心理學家小組要求有十一到十四歲小孩的家庭，持續記錄父母和小孩問的任何意見分歧，從要看哪一個頻道的電視到哪個時間要做作業都包含在內。研究人員最後發現，與父母有較多意見分歧的小孩更快樂、更容易適應社會，而且在學校也比較會成功；不過，這研究結果只適用於那些冷靜面對意見分歧的小孩，其他那些在家裡遇到意見分歧時就生氣的小孩，並沒有表現的那麼好。

除了亞伯拉罕的研究外，二〇〇七年一篇以邁阿密青少年為研究對象的報告也顯示，在家裡有較多衝突的小孩，在學校的表現可能更好，但前提是只有在家庭關係是以溫馨和鼓勵為基礎的小孩，其理論才成立。這些研究都指出了我將在本書探討的問題——良好的意見分歧取決於優良的情感關係，反之亦然。頻繁且公開的意見分歧可以讓彼此的關係更牢固，並經得起嚴峻的考驗，比如發生內訌的企業。

作為一個投資者，譚建議新創公司的創辦人要有公開的意見分歧，他看到創辦人不斷犯下同樣的錯誤：認為衝突是不好的，所以應該盡量減少。另外，管理者最常犯的錯誤就是從許多爭論無效的證據中，得出衝突的本質是令人討厭且不受歡迎的結論。其實，衝突與一個成功的團隊合作並不是一個簡單的線性關係，即過多的衝突會導致成功減少，反之亦然；兩者之間的關係就是統計學家所說的曲線型，它是一個倒過來的英文字母U（見下頁圖）。

對於家庭關係，也有證據顯示意見分歧是有益的，因為它能顯露問題，並有促使改變的效果；但這些好處都實現後，其他的爭吵又開始腐蝕人與人之間的關係。對青少年來說，家庭中若有一些衝突，對於促進家庭關係是有效的，但如果是永無止境的缺乏共識，就只會讓他們感到痛苦。

這告訴我們，沒有一個好的詞語，可以用來形容人們正處在一個非敵意的意見分歧中，其共同的目標是要讓參與者都能對彼此有新的理解、更好的決定或是新的想法。若用「辯論（debate）」，感覺是一場有贏家和輸家的競爭；用「爭論（argument）」，感覺帶有敵意；用「對話（dialogue）」，這詞彙太平淡；用「辯證（dialectic）」，又感覺太隱晦。因此，這種語言差距，證明了我們在達到有效溝通意見分歧的方面，非常地缺乏經驗。

不過，戰鬥或逃跑反應對我們來說都是相當自然的，我們卻不會好好地表達不同意。在語言學家喬治・雷可夫（George Lakoff）和馬克・詹森（Mark

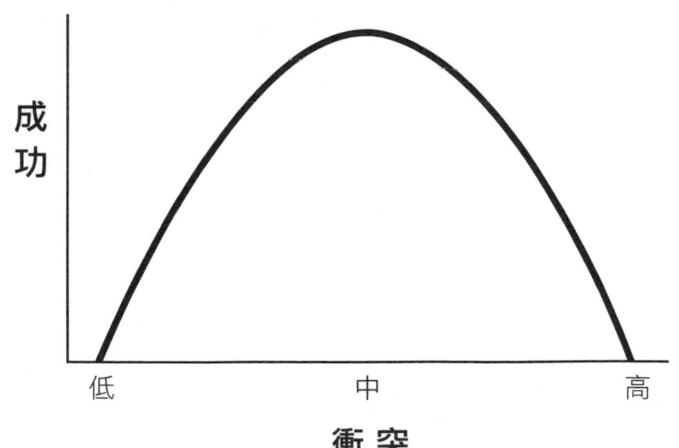

Johnson）的經典作品《我們賴以生存的譬喻》中指出，當我們談到爭論時，就像是在打仗：我們會說她的主張**站不住腳**、他會**攻擊**我論述中的弱點、我會**推翻**他的論證、她會**摧毀**我的想法……而這些隱喻都有真實的效果，因為我們藉由這些隱喻塑造我們爭論的方式。

此外，我們把與我們爭論的人，當作是必須被打敗的敵人，這是因為在爭論時，我們感覺是被攻擊，所以我們要捍衛自己的立場。不過，雷可夫和詹森認為我們可以想像有一種文化，將爭論視為一種舞蹈、一場合作的表演，其目的是以最令人滿意且優雅的方式進行。倘若如此，我們可能會以天壤之別的方式進行並體驗爭論，我們會發現它既有啟發性又有樂趣，而不是倍感壓力或不愉快。這種方式的爭論也不會破壞人與人之間的關係，反而可以促進彼此的感情。

2. 衝突如何讓我們的關係更緊密

如果夫妻或團隊間經常發生情緒激昂的意見分歧，這會讓他們更快樂，因為衝突可以凝聚人心。

奧克蘭大學的心理學教授尼古拉·奧瓦若（Nickola Overall）在一個龐大且無所顧忌的紐西蘭家庭中長大，家庭中沒有人羞於表達自己的想法，奧瓦若表示：「每當朋友或同事見到我的家庭成員時，他們都會跟我說『我知道你為什麼要研究直接衝突了！』」奧瓦若是一位研究伴侶之間如何及為何會發生爭吵的專家，她對於戀愛關係相當感興趣。除了覺得兩個人的關係本身就很有趣外，她還認為「人們在處理情感關係的衝突時，你會發現可以用在工作或是政治上的策略。」

二〇〇八年，奧瓦若開始對「關係」進行研究，而此研究對心理學領域產生久遠的影響。研究中，奧瓦若邀請已婚夫妻在房間裡沒有其他人的情況下，在鏡頭前討論兩人之間的其中一個問題，有些夫妻理智且冷靜地討論彼此的問題；而有些夫妻則陷入激烈的爭吵。

奧瓦若說：「人們經常問我，夫妻是否會真的在實驗室裡各執己見，他們確實如此，而且相當容易爭執不下。」此外，奧瓦若還說：「每對夫妻都有兩、三件他們經常爭吵的事情，所以當他們談論到其中一件事情時，他們都會非常迅速地暴露他們對此憤怒和難過的感覺。」奧瓦若和她的同事們重新查看實驗室內的這些錄影帶，然後根據該領域常用的圖表分析了每個人，將夫妻間溝通困難的情況分為四種溝通類型（如下頁圖）。

「直接合作」是指為了達成共識，明確的嘗試通過艱難的決定來推理或是解決問題，而「間接合作」是一種緩和及減少衝突的行為，包含一個擁抱、一句道歉或是任何試圖減緩氣氛的行為。「直接反對」是指雙方進入英國人稱為的「proper barney」的狀態，也就是雙方徹底大吵，會歷經憤怒、互相譴責和要求對方改變；「間接反對」通常也稱為「被動攻擊」，即試圖讓對方對某事物感到內疚、強調他們的行為對自己造成了多大的傷害，然後再故意說出像是「我會再清理一次廚房，**真的沒關係喔～**」這種話。

在戰後的幾年裡，研究人員專注於區分深陷敵意的夫妻和那些大多相處融洽的夫妻，有數以百計的研究發現，不幸福的夫妻會有更多的爭論，而幸福的夫妻則會表露更多的共識和對彼

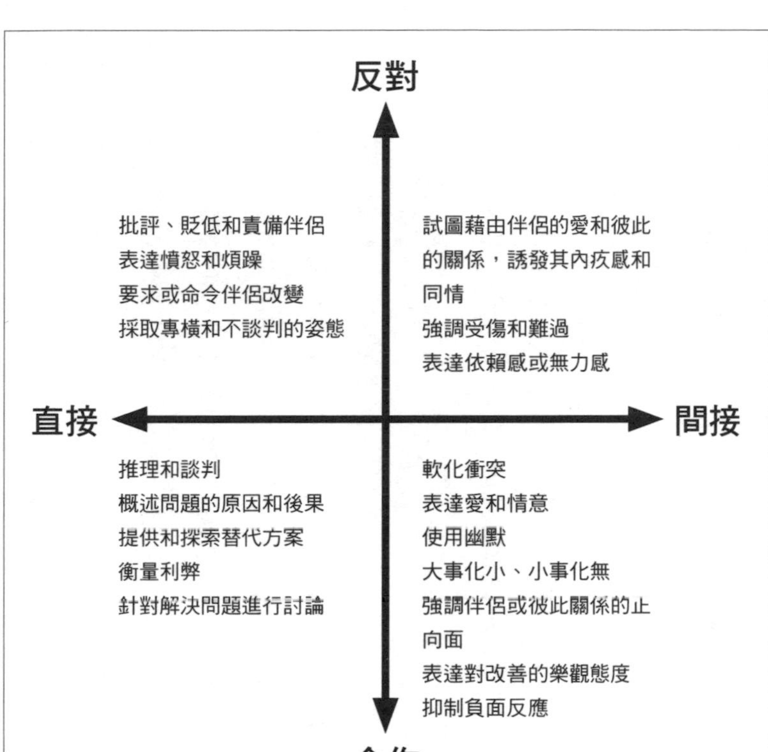

此的愛。衝突只被視為是一個問題，而我們可以在右下角的象限中找到解決方案，因此這就產生了一個我們稱之為「標準關係」的模型：一對「幸福夫妻」的定義是指彼此間會經常分享他們的感受，並且避免帶有敵意的爭論。其實，我們都知道一般夫妻之間意見分歧不會少，偶爾還會大吵大鬧，但看起來還是很幸福（或許你就是其中之一）。

在奧瓦若的研究中，發生許多公開衝突的夫妻們都表示他們並不享受這種過程，因為這讓他們感到焦慮和生氣，他們後來也告訴研究人員，這次研究中的談話並沒有成功解決他們的問題。不過，他們的看法不一定正確。一年後，當奧瓦若的團隊再邀請這些夫妻回到實驗室，並詢問他們對於解決之前在實驗室裡所談及的問題有無任何進展時，大部分情感關係的專家都預測，進展最少的組別，會是那些「直接反對」且激烈爭論的夫妻。奧瓦若卻發現情況正好相反，夫妻間的衝突越激烈，他們越有可能在解決問題上取得進展。

所以，「標準關係」模型有個很大的漏洞，就是公開衝突並非總是對婚姻或長期關係有害，而且現在有越來越多的證據表明情況正好相反。意見分歧、批評或是憤怒隨著時間的推移，都是可以增加彼此對婚姻的滿意度，因此爭論也是有好處的。

☹ ☹ ☹

一九七〇年代中期，德克薩斯大學的一名年輕研究心理學家威廉．艾克斯（William Ickes），對於只在人造條件下研究人類互動的方式相當不滿，因為如此一來參與者皆需嚴格遵守談論內容的指示。他對於「自發性談話中兩個人是如何了解彼此的想法」相當感興趣，或用該領域的行業術語稱做「非結構化二元互動」，其中的「二元」是指一對人，可解釋為兩人小組。而他的研究結果，將為我們提供一條有關衝突在幸福關係中有什麼作用的線索。

艾克斯以大學生作為他的受訪者，讓彼此不認識的男女以配對的方式來到實驗室。每對組合都會被帶進一個房間，裡面除了一張沙發和一台投影機外，什麼都沒有；實驗者會先請他們坐下來，讓他們看一些投影片並對其進行評分。這時投影機就會壞掉，實驗者不得不去拿一個新的燈泡來，獨自留下這對男女在房間中；他們會開始進行交談，一開始非常尷尬、生硬，但隨著時間一分一秒地過去，他們開始漸入佳境，會越聊越自然。過了一陣子，實驗者就會回來，告訴這對男女這個實驗真正的目的，就是有一台隱蔽的攝影機一直記錄著他們的互動。

在第二階段的研究中，受訪者則會被帶人不同的房間，觀看他們在第一階段時談話的錄影帶，然後他們會被要求在任何時候——只要是具體地記得當時有什麼想法的時候——都可以暫停影片，寫下他們在那一刻的想法或感覺，並評估他們的對話夥伴，可能會在思考什麼或有什麼感受。最後，研究人員會分析這些錄影帶，給予每個可以準確地了解其組合夥伴想法的人一個分數。

一九五七年，一位有影響力的心理治療師卡爾・羅傑斯（Carl Rogers）將「同感」定義為一種「可以無時無刻追踪他人感受改變時所代表的意思」的能力。在艾克斯的實驗出現以前，沒有人可以測量它，而艾克斯是第一個找到評估一個人的「同感準確性（empathic accuracy）」的方法，也就是人們可以成功地推斷出與他們交談者內心想法的程度。他的方法已被用於多種二元類型的研究中，包含朋友和夫妻。

關於心靈感應方面，艾克斯有個重大發現，就是人們在這方面真的很糟糕，如果以零到一百分為評分範圍，人們同感準確性的平均得分是二十二分，而最高分也只有五十五分（艾克斯也說，第一次約會的人們可以不用擔心，因為他們的對象幾乎不可能知道他們在想什麼）。艾克斯認為，彼此的情感關係才是影響分數的最大因素，朋友比陌生人更擅長心靈感應，因為他們有一個關於彼此資訊的共享資料庫，他們可以利用這點，做出快速且準確的推斷。另一種說法是，人們與陌生人會在一個低語境的環境中進行交流，在這種環境中交流的好處是，人們會明確表達，並把所有訊息傳遞出去；反之，朋友之間會在一個高語境的環境中溝通，我們可以在談話中，使用許多彼此能心領神會的訊息或共同的語言。

不過，親密朋友之間的溝通非常有效，幾乎不太需要說太多，就能理解彼此的用意；相較之下，隔壁桌第一次約會的情侶，就算非常努力地了解對方，還是會經常出錯。話雖如此，陌生人還是學得很快的，艾克斯發現他們交流的資訊越多，就越能理解對方的心思，特別是當他們的話題是關於彼此共同的領域或興趣時，就會更能了解對方。而朋友比陌生人能交流的資訊更多，因為彼此間談話更加自由，更重要的是這對彼此的同感準確性幾乎沒有影響。

這結果為我們帶來了重要的資訊：朋友和陌生人處理彼此新資訊的方式不同。如果是陌生人，他們會密切關注交流的新資訊，因為這有助於他們建立對方在自己心中的印象；但若是親密的朋友，他們會仰賴於有關對方的已知資訊，往往忽視關於朋友新資訊的重要性，而他們之所以沒有那麼認真地聽，是因為他們覺得沒有必要。

一般來說，男生在夫妻同感準確性測驗中的表現比女生差，而證據表明這並不代表男生的同感能力有多差，只是他們**不太想嘗試**。有實驗發現，藉由提供現金換取同感準確性的行為，可以消除男女之間的差異，所以並非男生不能察覺他們伴侶的想法和感受，而是在大部分時間裡，他們都懶得理會。

我們心靈感應的能力和所做出的舉動，有助於解釋在關係科學領域中那些有點令人不安的發現：情侶們在戀愛關係的最初幾個月和幾年裡，更善於了解對方的想法，但隨著他們在一起的時間越長，他們就越來越不明白對方。因為在最初的這幾年裡，情侶各自會建立一個關於其伴侶的心理模型，並藉由這個模型來解釋他們伴侶的任何言行。假設這段關係是好的，那麼這個模型就可以說是相當準確，以統計學家的用語來說，這就是一個很符合人們真實情況的模型。

因為，你了解你伴侶的喜好和心意轉變；你知道如果你伴侶早上脾氣不好，可能是因為對方晚上睡不好，或是在擔心工作；當對方問你昨晚在做什麼時，你可以知道對方是真心對此感興趣，還是對你晚上不回家而感到惱火。也就是說，你伴侶的許多話語，對其他人來說是難以理解或是無意義的，但你卻能瞬間明白對方的意思。

這樣的模型簡直是一個奇蹟，但它在有效率的同時，也是彼此關係可能滅亡的開始。因為一旦你認為你已經非常了解你的伴侶，你就不會再注意對方的新資訊，你甚至可能會相信，你比對方自己更了解他們；但實際上，無論你和你的伴侶有多麼親密，你們每天都有不同的經歷，雖然人們通常不會隨著年齡的增長而徹底轉變性格，不過，人們確實會有所成長及變化。

隨著時間的推移，當你發現伴侶的心理模型和其真正性格的差距越來越大時，你對伴侶言行舉止的理解也越來越差，這模型此時就成了一個不合適的刻板印象，將真實事物簡化且對其有不好想法。如果這個過程持續很久，很可能會以令人震驚的方式結束關係，比如你的伴侶轉身告訴你：「我要離開你了。」

如果彼此經常交談，也不意味著你們能夠避免這個陷阱，雖然我們相信更多的交談，能讓我們更理解彼此。儘管這聽起來很有道理，但一些研究發現同感準確性與夫妻間溝通次數的多少和清楚程度之間並沒有關聯性。的確，更多的溝通可能導致**較少**的理解，正如關係科學家和婚姻衝突專家艾倫・西拉斯（Alan Sillars）對我說的那樣：「『說出來』並非總是有效，有時它可能讓事情變得更糟。」如果任何一方或雙方的模型已經變成一個扭曲的鏡頭，那麼雙方都會不斷地對其伴侶的想法做出錯誤的假設，那麼對他們來說，如果這時候越是禮貌地交談，錯誤就越多，而且每個人都會因為對方不理解自己，而變得越來越沮喪。

有一些夫妻恰好能避免這種命運，是因為他們從未為對方建立有效的模型。根據艾克斯的說法，最有可能保持同感準確性的夫妻，是那些「繼續無視對方的偏好或是不願意接納他們的人」；換句話說，**無知**和**固執**在成功的關係中，也會發揮作用。此外，夫妻有時候可以採取強硬的立場，即使會產生衝突，也是好的。

實際上，製造衝突可能才是重點，西拉斯說：「傾聽和負面態度都是一條通往理解的途徑。」在激烈的爭論中，你更有可能聽到伴侶真正的想法和需求，你會發現他們真正是什麼樣子。奧瓦若說：「衝突提供我們資訊。人們在衝突中回應我們的方式，告訴了我們許多關於他們是如何合作、是否可以被信任、關心什麼事情。」因此，人與人之間發生衝突，並非一場不幸的意外，而是一種了解他人的方式，尤其是那些我們最熟悉的人。

二〇一〇年，美國研究人員吉姆．麥克納蒂（Jim McNulty）和米歇爾．羅素（Michelle Russell）分析了兩份情感關係縱向研究的資料，他們發現在研究開始時，在相對較瑣碎的問題上有憤怒爭吵的夫妻，四年後擁有幸福關係的可能性較小；而那些在較深層的問題上（如金錢或藥物濫用）產生不友好爭論的夫妻，在研究期結束時，則較有可能覺得他們關係很好。

在另一份文件中，麥克納蒂發現，對於遇到嚴重問題的新婚夫妻，一般給他們的建議是鼓勵各種「正向」行為，如常常向對方示愛且寬宏大量地對待彼此，但這其實阻礙了夫妻面對他們真正的問題，甚至傷害彼此的關係。「間接合作」是一個更柔和、更微妙的方法，可以解決一些小問題，像是週末誰應該開車送小孩去踢足球，但是當一對夫妻有真正重要的問題要解決時，例如其中一方是否喝酒喝太多了，這個方法就不適合。

另外，「直接反對」這個方法似乎對於解決棘手的問題至關重要，「在短期內，負面的行為會讓你感覺很糟糕。」羅素告訴我，因為沒有人喜歡被指責或是被告知他們有錯；不過，它可以激發效果，並真正觸及問題的根源，有時候其中一位伴侶根本沒有意識到某件事情是個嚴重的問題，他們需要伴侶毫不含糊的闡明。此外，羅素告訴我說：「強烈的情緒反應，像是大吼大叫和憤怒，才能向接收資訊的人表明某些事情對他們的伴侶來說有多重要。」

換句話說，偶爾爭吵是有用的，因為它會更新我們對於彼此的心理模型。人們以一種需要被密切關注的方式，自由的說出他們的想法，完全不擔心他們所說的話會影響彼此間的關係，這也表示他們經常明確或隱含地透露他們的感受和身分。所以，一個好的爭論可以打破對彼此陳舊的觀念。

在二〇一八年發表的一項研究中，奧瓦若發現「直接反對」的另一個好處，就是當「直接反對」發生時，其實代表著你們非常在意彼此。奧瓦若招募了一百八十對夫妻，並要求每位伴侶分別講出關係中一直持續，且是其中一位伴侶希望另一方改變的問題。接著，這些夫妻會被要求在一個房間裡一起討論其中一個問題，而隱藏的攝影機會則會拍下全程；此時的夫妻通常都會發生激烈的爭論。

奧瓦若和她的團隊會仔細紀錄夫妻間溝通和互動的情況，然後在接下來的十二個月裡持續追蹤這些夫妻的情況。她發現，「直接反對」會對維持健康的夫妻關係產生有益的效果，因為當主張希望改變的伴侶，被其伴侶認為是對彼此關係的忠誠度不夠時，他感到憤怒，甚至充滿敵意，這其實表明他／她真的很在乎。憤怒可以說是一種資訊，奧瓦若說：「表達負面情緒，可以傳達自己對這段感情的投入。」

同樣的原則也適用於其他類型的密切關係，像是父母不一定能透過與他們正處於青少年時期的小孩，談論任何與彼此情感關係有關的問題，而更加了解他們。孩子的壓力和反抗已經在告訴父母他們的感覺如何，對於想要更深入了解孩子的父母，不能只是簡單地希望他們在遇到問題時就敞開心扉。對此，西拉斯表示：「想要對彼此產生更多的理解，就需要頻繁且無拘無束的對話。」當你都是用坦率的態度面對小事情，包括所有煩擾你的事情，那麼發生大事時，你就能更容易應付。

西拉斯說：「我們仍然不擅長把驟然且困難的衝突表達成有建設性的方法，雖然人與人之間的關係可能在某些時候出現嚴重的問題，但如果爭論最後能夠幫助人們找到新的平衡點，那麼，這對人們來說是更好的事情。」羅素也贊同這個說法：「心理學會低估人們負面行為和負面情緒所產生的影響；不過，人們卻相當適應此方式，且認為心理學相當有用，但有時候，你還是需要對自己感到不滿。」

☹ ☹ ☹

與他人爭吵可能比我們自己意識到更有用，但爭吵也絕對有破壞性，那要如何區分好的爭吵和壞的爭吵呢？想要回答這個問題，我們需要先了解一些有關人們是如何溝通的基本情況。

在西拉斯進行的一項實驗中，他使用攝影機拍下一對夫妻討論他們的婚姻，接著，他們兩人分別觀看所拍攝到的影片，並對其給出自己的評論。以下是丈夫評論的樣本：

—好吧，佩妮開始談論當她生病住院時，她認為我那時候沒有做出足夠的貢獻……不過，我認為我有做到。

—這是我在家裡一直得到的回應，但我想……我並不經常外出。

—我在這裡只想嘗試向佩妮解釋，呃，她在我心中永遠是排名第一，儘管我有時候看起來，更努力地去做其他事情。

這是在同一部分的談話內容下，妻子評論的樣本：

—現在，我認為他是在試圖迴避真正的問題，所以我開始生氣和憤怒了。

—我想讓他明白我在說什麼，但他只是在傻笑、沒在聽的樣子，因此我很生氣。

—我覺得很受傷，因為他並沒有真正在聽我說出我的感受。

你從兩人的評論可以看到很明顯的差異：丈夫只專注於妻子所講內容的字面意思、所提到的事件和表面上的爭論點，比如他是否太常出門；然而，他的妻子則是隨時掌握彼此談話的發展情形，她提及她在談話中的感受，以及她丈夫想要迴避這些真正的問題。

其實，在任何談話中，我們都會從兩個不同層面對其內容作出回應，一個是回應討論或爭論表面上的內容，無論內容是金錢、政治、家務還是其他方面都會給予回應；另一個則是對於彼此間情感關係的信號做出反應，也就是每個人如何看待自己與對方的關係。

以內容層面而言，是相當明確且完全用語言表達，從具體資訊到現實世界的事件，比如某人賺了多少錢或是毒品政策上的孰是孰非；情感關係層面則是隱晦且基本上是不言而喻的，透過我們的聲調和溝通方式（溫和或冷淡、戲弄或諷刺、生動或沉默）所傳達的訊息量和我們用言語所傳達的一樣多。因此，在內容層面是用訊息交流，在關係層面則是用信號交流。

當參與者在關係層面基本上達成一致，且每個人都對自認為對方給予本身的評價感到滿意時，溝通就會很順利，雙方可以很快的解決問題、完成任務。但是，當人們在關係層面上出現意見分歧時，衝突的火花會擾亂彼此間對話的內容，單方或雙方都會發現很難專注於他們本應談論的問題，因為他們為了引起其他人的尊重、喜愛或簡單的關注，正在進行一場不言而喻且不被承認的爭鬥。所以，每當發生意見分歧時，不是陷入僵局，就是爆發成具破壞性的爭吵。

根據觀察和紀錄數以百計這種談話的西拉斯表示，當婚姻的意見分歧變得糟糕時，往往是因為其中一方只回應彼此談話的內容層面，而沒有注意到關係層面發生的事情。反之亦然，就是其中一方可能對於關係層面的警惕性過高，因而誤解對方所說的話，在對方沒有做出任何暗示或侮辱的情況下，接收到此類的信號。

根據資料發現（可能已在你的預料之內），男生更有可能犯第一種錯誤，而女生則更有可能犯第二種錯誤。也就是說，男生經常會沉浸在自己的話語中，以至於他們沒有注意到他們伴侶所發出的關係信號。此外，西拉斯發現：「丈夫對自己的考慮多於對其伴侶的考慮，但妻子是對伴侶的考慮多於他們自己。」當然，這混亂的狀態不管是男對女還是女對男都有可能發生，無論哪種方式，最有可能因為爭執而感到心煩意亂的人是對於彼此關係層面最敏感的人。當伴侶雙方都對兩個層面給予同樣的關注時，意見分歧就更有可能取得成效，但要如何實現這個目標呢？

答案就是如果你對彼此間的關係信號特別敏感，就儘量不要讓這些信號控制你對每次談話的看法；當你的伴侶看起來不高興或心事重重時，不要假設他的原因與你有關，應先傾聽他們說什麼，然後參與談話內容。如果你懷疑自己是容易陷於談話內容中且無法接收到伴侶感受的人，那要嘗試並更專注於非言語的信號，像是他們的聲調、臉部表情和身體語言；否則，你可能只會聽到你伴侶的話語，但錯過他們所說的內容。

☹ ☹ ☹

如果衝突可以在浪漫關係中發揮驚人的作用，那同事之間的關係會如何呢？工作從來都不僅僅是工作，我們所做的工作總是與我們對同事感覺的好壞息息相關。我們在辦公室裡的時間，甚至比我們在家裡的時間還多，但在辦公室裡避免意見分歧和經常伴隨著同事們的工作壓力和負面情緒，都讓我們感到窒息。不過，現代化的工作場所非常重視和睦相處，雖然這是一件好事，但也意味著，即使我們對某人的行為感到沮喪是非常合理的情況，通常還是會聰明的選擇將其隱藏。

但是，沒有說出來的衝突並不會消失，反而會以被動攻擊的方式表現出來，也就是大家所稱的「辦公室政治」。研究組織的學者們發現，在最糟糕且最沒有生產力的職場文化中，大多都充滿了被動攻擊，這就是為什麼最成功的公司都會下定決心，將他們的內部衝突公開化，因為謹慎地管理衝突，其實可以讓同事間的關係更加緊密。

西南航空公司可能是歷史上最成功的航空公司，這家位於德克薩斯州的低成本航空公司在二〇一九年慶祝其連續第四十六年的盈利。在這動蕩的產業中，這是一項獨特的記錄。談及西南航空公司富有魅力的前首席執行官赫布·凱勒埃（Herb Kelleher）時，其公司成功的經歷經常被拿出來討論，凱勒埃是西南航空公司在一九六七年創立時的聯合創始人之一。

凱勒埃在二〇一九年去世，是一位不折不扣的好男人，而且他按照自己的形象創造了一種企業文化，西南航空的工作人員都以友好的態度和獨特的幽默而聞名。布蘭戴斯大學（Brandeis University）的管理學教授喬迪·霍弗·吉特爾（Jody Hoffer Gittell）認為，該公司的成功不應該僅僅歸功於它的熱情接待或彈奏烏克麗麗的行李搬運人員，而是要歸功於所有西南航空員工間的溝通方式，包括他們如何處理內部衝突。

吉特爾在一九九〇年代，花了八年時間研究航空公司的企業文化，她從最資深到最資淺的員工都採訪過，並將重點放在美國主要的航空公司上，如美國航空、聯合航空和美國大陸航空。最終，吉特爾發現公司盈利的一個重要的阻礙是——派系鬥爭。此外，她還發現，在這個行業中，要讓滿載乘客的飛機完成起飛，必須仰賴各種職責間的配合，包含飛行員、空服員、登機人員、票務員、停機坪人員、行李轉運員、機艙清潔員、空廚、加油員和機械人員，但這些職位之間一直以來都有基於其身分地位的競爭傳統。美國航空的一名停機坪人員是這樣和她解釋他們的行業政治：

登機人員和票務員都認為他們比停機坪人員好；停機坪人員認為他們比機艙清潔員好……然後，機艙清潔員看不起建築物內的清潔員，而機械人員認為停機坪人員就是一群搬運行李的工人。

此外，員工會對其他部門使用嘲笑性的名稱，像是垃圾人、停機坪老鼠，還會在嚴厲的等級制度中，激烈地維護自己的地位，即飛行員是在等級制度中最頂端，而機艙清潔員是在最下層。美國航空的一位機場經理向吉特爾坦言，停機坪人員有種巨大的自卑感，因為飛行員不尊重他們；一位機艙清潔員也抱怨說：「當空服員五人睡一間公寓時，空服員認為他們比我們好，但他們也不過只是天上的服務員罷了。」

正如吉特爾所言，航空公司的不同部門之間，通常都缺乏共同的目標及相互尊重。在她的研究過程中，她不斷地聽說一個叫作西南航空的航空公司，據說它與眾不同，於是她開始研究此公司。西南航空與其他航空公司可說是巨大的對比，不同部門的員工似乎都相互尊重，甚至是喜歡彼此的：飛行員對停機坪人員的工作表示感謝、清潔員與機艙人員相處融洽……這種相互尊重的文化，不僅使西南航空成為一個更有吸引力的工作場所，也是其盈利的原因。

凱勒埃和他的聯合創始人羅林．金的願景是在繁忙的市場中，提供八百公里以下、頻繁且低成本的航班。當時，這是一個相當勇敢的決定，因為短途航班本來就比長途航班的成本高，對於航空公司來說，飛機在地面上的時間越多，賺的錢就越少，而飛行路線較短的飛機，降落的頻率也就更高。不過，西南航空的反直覺戰略之所以能夠奏效，是因為他們堅持不懈地專注於減少飛機的周轉時間，也就是不斷地減少飛機為下個航班做準備的時間。因此，如果沒有所有部門之間高度的協調，是不可能實現如此快速周轉。

飛行員、空服員、行李轉運員和其他人員都必須對過程中所遇到的任何困難，不斷地進行溝通，並立即找到解決方案；要做好這一點，他們必須和睦相處並共同關心整個公司的成功。西南航空的合作文化，意味著它擁有業內最快的登機周轉率。一位經理告訴吉特爾：「有時候我朋友問我：『你為什麼喜歡在西南航空工作？』雖然這麼說感覺很像呆子，原因就是大家都很關心我。」

不過，這並不代表西南航空公司裡，不同部門的員工之間不會發生衝突。在任何需要大量密切且複雜的協調的活動中，爭論和煩擾是無可避免的。不過，在西南航空工作的員工並不會將他們彼此的挫折感轉化為憤怒或是反感的情緒，而是會直接宣洩情緒，如同一位機場經理和吉特爾說：「西南航空的獨特之處在於，我們真實且主動地處理衝突，一旦出現任何鬥爭，我們都會立刻非常努力地解決它。」

☹ ☹ ☹

直到最近，研究企業管理的學者們都認為在職場上發生衝突，會對生產力不利；但其實這與婚姻關係一樣，現在有越來越多人認可衝突可以產生建設性的結果，如果避免衝突，反而是有害的。在「避免衝突」的職場裡，員工會認為衝突只是一種危險且具破壞性的武力，所以必須避開它，但是換來的結果是，意見分歧會因此轉為被動攻擊。

在擁有這種文化的線上教育服務機構中，一位員工告訴領導力專家萊斯莉・珀洛（Leslie Perlow）說：「我很早就注意到同事之間並非坦誠相待……當他們在生氣時，他們還是微笑；當他們內心深處持反對意見時，他們依然點頭。為了維護彼此間的關係和生意，所以他們假裝接受彼此的不同。」對任何組織來說，確保其員工將衝突視為個人競爭以外的事物是一個重要的挑戰，而管理學者將衝突區分為任務衝突（task conflict）和人際衝突（relationship conflict），前者是關於如何解決問題或做出決定的爭論，後者則是較適用於問題涉及個人情感時使用。

任務衝突是指即使是在爭吵激烈的情況下，如果參與者皆一心想解決相同的問題，還是可以合作且有效地解決問題。正如我們稍後將會看到的，它能激發出新的資訊，並刺激批判性思考。而人際衝突，則是在本質上就有競爭性且通常具破壞性，因為彼此間有衝突的群體會做出較差的決定，參與其中的人們也會感到不快樂，因此就不積極，這對於學生和專業人員、藍領階級的工人和行政團隊的研究結果皆是如此。

任務衝突和人際衝突之間只有一線之差，因為任務衝突往往會逐漸轉變為個人競爭。證據顯示，當人們把與他人的意見分歧解釋為人身攻擊時，他們的認知功能就會受到損害，這主要表現在兩方面：第一，他們的思維會變得頑固，即使他們選擇的第一個立場被證明是錯的，他們會繼續堅持該立場；第二，他們會進行「有偏見的資訊處理」，換言之，只有在新的資訊能鞏固他們的立場時才會被汲取。簡單來說，他們會變得只專注於證明自己是對的，而不是幫助整個團體朝向對的方向，因此，這會使團體本身變得更愚蠢。

組織心理學家弗蘭克·德·威特（Frank de Wit）研究任務衝突和人際衝突思維方式的差異，進而解釋為什麼任務衝突會過渡到人際衝突。他使用了一個常被運動心理學使用的事物，就是關於壓力的科學，即**威脅狀態**（threat states）和**挑戰狀態**（challenge states）的區別。

當人們評估一項可能為高難度的任務時，如打高爾夫球或發表公開演講，他們會本能地計算自己是否有足夠的資源處理它，如果他們覺得自己做到了，那麼他們就會進入一種高度心理和生理的準備狀態，稱作「挑戰狀態」；如果他們覺得自己可能力不從心，他們就會集中身心抵禦該任務，這就稱為「威脅狀態」。

挑戰和威脅狀態有不同的生理反應，在挑戰狀態下，心跳會變快速且更有效率，並會最大限度地增加可以輸送到大腦和肌肉的血液量；在威脅狀態下，心跳也會變快，但不會輸出更多的血液，相反地，心臟裡的血管會提高阻力、收縮血流，因此會出現一種獨特的焦慮感，就是同時有躁動不安和被困住的感覺。雖然挑戰狀態也含有一定程度的焦慮，不過在某種程度上可以將其轉化為身體和認知上的動力。在實驗室的試驗中，不管是在運動神經控制力，或是精神要求高的任務（如腦筋急轉彎）中處於挑戰狀態的人都會比處於威脅狀態的人表現的更出色且更好。

在一系列的實驗中，德．威特研究人們如何應對在群組討論中發生的意見分歧，他監測每位參與者的生理反應，同時評估他們的辯論策略。他發現每位參與者的心血管測量指標越顯示他們已經轉為威脅狀態，他們就越不可能改變原本的觀點，而且越有可能篩選出無助於他們贏得爭論的訊息；而處於挑戰狀態的參與者，對不同的觀點則相當開放，也很願意更改原本的假設。當人們感受到挑戰而不是受到威脅時，相信自己可以不丟臉地處理意見分歧，他們會對自己的論點採取更寬鬆的態度，而這就可以防止群組討論淪落為個人競爭，並使群組專注於解決當前的問題。

然而，不同的管理者通常有不同的方式處理團隊衝突，有些人試圖完全避免衝突，有些人積極培養衝突文化。在一九九〇年代末期，研究人員在研究一家成功的技術公司時，觀察到這家公司期望其男女高階主管們都遵從主流的規範，就是直截了當、誠實地說出想法，並可以控制自身的憤怒。當然，這些規範時常讓大家因憤怒而尖叫的聚在一起爭論，不過，這些爭論可視為是有劇本的演戲。而社會學家卡爾文・莫里爾（Calvin Morrill）研究一家化名為 Playco 的科技公司時，其核心文化就是演戲似的衝突。

一名員工認為在 Playco 成為一名強大的主管意味著成為「一個強硬的混蛋，一位不怕和他不同意的人拼個你死我活的傢伙，是位懂得如何玩遊戲，不管輸贏都帶著榮譽及尊嚴的人。」在 Playco 裡，上司和下屬之間被期望有所競爭，且總有人被判定為「勝券在握」（不一定是上司），競爭技巧可說是他人評價你的一個關鍵組成部分。「我們是正在盤旋的鯊魚，準備大開殺戒，如果有人咬你一口，你就咬他一口。」另一位 Playco 主管這麼說。

衝突文化可以促使組織加快決策速度，因為薄弱的論點很快就會被剔除，而這種文化在那些爭先恐後地適應變化的組織中效果最好。但是，這種文化同時也鼓勵人們開始激烈的個人競爭、分散大家對當前工作的注意力，還為混蛋們做出選擇（這只是我個人的直覺）。最好的一點是所有的衝突都公開進行，不過每個人都專注於整個團體朝向正確的方向，而不是證明自己本身是否正確的一種文化。在這種文化中，意見分歧是一種需要被迎接的挑戰，而不是一個要被擊退的威脅。

如果你在公司是一位相對資淺的員工，面對惡毒對峙所帶來的影響或被動攻擊的辦公室政治，除了儘量不要讓這種文化限定你，並尋找另一份工作外，你可能無能為力；但如果你是一個領導者，你可以做得事情就多了，你可以與關係親密的資深同事建立有建設性的意見分歧相處模型，讓每個人都知道在這個工作場所裡，人們可以因為不同意彼此而爭論不休，但仍然能和睦相處。另外，你還可以和你的團隊成員說，如果你公開地不同意他們的意見，並不是因為你不尊重他們，而是因為你尊重他們。

在必須快速做出艱難決定的工作場所中，溝通會從直接到生硬粗暴，幾乎沒有時間進行微妙或禮貌的交流。研究高度壓力下領導能力的心理學家內森．史密斯（Nathan SmiIth）告訴我說：「我建議醫院裡高階醫生，要提前為初級醫務人員在思想上和心理上作好面對這種互動方式的準備，當必須快速做出艱難決定的時刻發生時，他們才不會感覺自己被迫害。」

組織也可以採用簡單的流程，讓人們的挫折和沮喪得到宣洩和解決。相較於吉特爾研究中的所有航空公司，西南航空公司是到目前為止，對解決衝突採取最積極且主動的方法。她的分析結果表示，西南航空的方法讓其有更快的周轉時間、更高的生產力，且更少客戶投訴。

西南航空公司的一名員工告訴吉特爾說：「部門之間如果真的有問題，我們有一個稱為『到耶穌這裡來』的會議，以解決此問題。如果是在其他航空公司發生的話，那很可能會與他人陷入交戰，我們的目標是要維護每個人的尊嚴。」在這些會議獲得更深情的綽號之前，都被正式稱為「資訊收集」的會議，而他們有一個常規的模式，就是在達成未來發展方向的共識前，兩方可以先各自提出他們對於問題的看法。

吉特爾所研究的其他航空公司的經理們，正在試圖完全忽略內部的意見分歧時，其中一家航空公司，即聯合航空，就剛好設立一個「聯航接駁車」的新部門。其領導人決定效仿西南航空公司積極主動的做法，當「接駁車」這個部門的表現優於其他部門後，公司主要運作也開始舉行解決衝突的會議。

一位停機坪的經理告訴吉特爾，舉行解決衝突會議後，帶來了多大的變化，他說：「原本我們會責備他們，他們也會責怪我們，所以，我們就開始每個月舉行兩次聯合會議。一開始可以說是和一群婊子在開會；現在他們已經變成會說『我可以承擔這個或我可以做這個。』另外，還有一次會議可以說是個轉淚點，就是會議一開始，大家對管理層及彼此開始互相攻擊，一位高階經理泰瑞帶著翻頁書寫板走進來，覺得現場極度混亂；一位中階經理查理卻認為這是我們開過的最好的會議，每個人都說出了自己的想法，且大家都在說『這就是我們要做的事情』。」

☹ ☹ ☹

現代人際關係學創始人之一的約翰・戈特曼（John Gottman）提出，對人際關係最致命的行為是**蔑視**，因為蔑視是一種對於當前問題沒有任何關注、對共同目標也沒有任何虛偽表現的情況下，攻擊他人的表現。

奧瓦若同意蔑視對彼此的關係有害，不過她說：「儘管如此，蔑視也可能埋藏了一個等待被發現的信號，因為我相信所有的情緒都是重要的社交訊息。即使是那些困難的負面情緒，你有時也能體會到一絲對方的想法，因為你可以感受到他們的不滿和痛苦。」但是，這並不表示負面態度都該被同情地解釋。「有時候你得到的訊息是，這個人不能信任或是他們不忠於你，這時最重要的目標並不是解決問題，而是有時候你需要結束這段關係！」不過，這也意味著，負面情緒在健康的關係中是有作用的。

當然，爭吵總有風險，可能會失去控制、一發不可收拾，進而破壞我們與伴侶、朋友或同事之間的關係。因為這種風險意識，我們之中有許多人都儘可能地避免衝突，而這也是讓我們即使處於溫和衝突且可能好轉的前景下，還是感到壓力的原因。但是，我們往往低估了隱藏彼此之間的意見分歧所帶來的風險，如果我們害怕破壞彼此的關係，而不勇於面對彼此的意見分歧，那麼至少會有兩個危險來臨。

第一個危險是，我們因意見分歧而產生的挫折和沮喪非但不會消失，還會轉變為以低級的惡意攻擊方式表現。雖然研究人員在針對人際關係複雜性的議題上，有許多不同的看法，不過在該領域最明確的發現之一，就是被動攻擊沒有任何有用的功能。此外，證據也表明，無論是在家裡還是在職場上，「間接反對」都是在浪費時間，因為它既不能促使任何人改變，也不能解決任何問題，它所做的一切就只是在腐蝕彼此之間的信任。如果我們經常使用間接反對這種方式，是因為我們想讓別人知道我們什麼時候感覺受到傷害，但同時又對於雙方衝突在未來可能出現的情況感到焦慮而不敢直言不諱。

第二個危險是，我們可能不再了解對方，等到我們發現時可能為時已晚。那你能從爭吵中學到什麼呢？你可以了解這個人真正關心的是什麼或者是誰、可以了解他們是如何看待你、如何看待他們自己，因為無論你認為自己有多了解他們，他們看待自己都可能與你如何看待他們不同。

在理想的條件下，衝突會被整合，它可以迫使人們注意到其他觀點、更深入地思考他們想要實現的目標，並為新的想法提供養分。也就是說，衝突可以讓我們更聰明、更有創造力，而這就是後面兩章所要討論內容。

3. 衝突如何讓我們更聰明

共同的意見分歧是群體收穫智慧的最佳方式，因為它能改變原本傾向於不講道理的我們。

如果我要求你想像一個人在做一些真正的深度思考，你可能會想到羅丹的《沉思者》，一位孤獨的人物在自省中迷失，探索自己心靈的深處。這種認為人類思考是一項單獨工作的想法，是相對現代的；在一個較古老的傳統中，思考和推理在本質上是互相影響的，是一種獲得群體智慧的方法。

讓我們來看看最早的思想者。蘇格拉底是西方哲學之父，但是他並沒有寫下自己的思想，所以我們主要透過與他同時代人的描述，才對他有所了解。蘇格拉底不相信較新的寫作技術，因為這種技術無法回應問題，而蘇格拉底是一位較喜歡談話的人，他喜歡和那些與他意見相左或至少不同意他觀點的人交談。蘇格拉底的訣竅是藉由溫柔的提問，讓他們發現，他們其實也不同意本身的觀點。

蘇格拉底相信破除幻想和辨別謬誤最好的方法就是透過爭論，他在雅典的城市廣場上，常常與該鎮最受尊敬的知識分子一起面對面地進行爭論。他最喜歡的技巧是在詢問他們為什麼相信前，邀請某人提出一個論點（如公平或幸福的本質），然後再問他們怎麼能如此肯定自己的論點、他們能否解釋例外的情況？最後，在不斷的追問下，知識分子會發現自己最初的自信是建立在非常小的基礎上。不過，蘇格拉底這麼做不是為了羞辱任何人，而是為了揭示我們的知識都比自己想像的還要少許多。

作為芝加哥大學哲學教授和古希臘研究專家的艾格尼絲・卡拉德（Agnes Callard）向我解釋說：「蘇格拉底不僅是一位思想家，也是一位創新者。」他是第一個提出，如果有兩位或更多人一起參與爭論，而非只有自己要評估雙方的論點，那麼每個人都會被賦予一個獨特的角色，就能更可靠且迅速地得出真理。卡拉德將這種方法稱為「認識論勞動的對抗性分工」，就是一方負責提出假設，另一方則負責將其推翻。為了了解真理，人們可以合作提出不同的意見，就像在現代的法庭上，檢察官和辯護人透過相互推翻彼此的論點，以合作尋求正義。

不過，理論是一回事，實踐又是另一回事。因此，為了實踐這個理論，蘇格拉底必須以不同的方式創新，他必須灌輸人們一套新的社會規範，但這並不代表與蘇格拉底對話的人們都不習慣辯論。畢竟，這裡是雅典，一個以充滿活力的民主思想而自豪的城市，是一座每個人（雖然你必須是個有房地產的男人）都可以在公共場合自由表達自己意見的城市；但是，雅典有一種說服文化，所以大多數的雅典人都把意見分歧視為一種零和博弈，也就是非贏即輸。爭論是實現目標的手段，而且從屬於政治目標，它也是一種勝人一籌的文化，所以人們爭相成為最優秀的演說家、最熟練的辯論者，他們不是在追求真理，而是在追求威望。

因此，蘇格拉底必須建立一種全新、完全不同的談話模型。卡拉德說：「在談論的過程中，蘇格拉底有時會從討論的話題中抽身，就為了向對話者解釋，他和他們所做的事情是什麼。」蘇格拉底並不認為自己比對話者優秀，問問題並非要挑戰他人的地位，而是一起測試此論點的品質。人們應該花時間明白對話者的觀點，也不需擔心找不到答案，因為主要的目的是想多了解對方。與他們爭論，可以說是一種尊重他們的表現。《小希庇亞篇》（*Hippias Minor*，由蘇格拉底的學生，柏拉圖所做的蘇格拉底對話錄之一）裡有一段話是這麼說的：「希庇亞，我對於你比我聰明並無異議，不過當有人在說某件事時，我都習慣專心聆聽，尤其是當說話的人在我看來很聰明的時候，因為我渴望了解他的意思，所以我會追根究底的詢問他……這樣我就能學到新東西。」

蘇格拉底努力的向他雅典的同伴交流，告訴他們，自己並非要在任何事情上打敗他們，他沒有任何可作為手段的目標或別有用心的動機，他是為了讓他們一起破除虛假的追求。因為從未有人用這樣的方式辯論過，所以蘇格拉底必須在他做每件事的時候，一遍又一遍地描述他在做什麼。他是在為一座大教堂奠定基石，也就是我們在哲學和科學方面的自由智力探究的理念來自於一個前提，即探究本身是一個值得追求的目標，不同觀點的人可以共同追求它。

對於蘇格拉底的聽眾來說，這種辯論方式非常新穎，所以有些奇怪且令人不安。雅典的知識分子對此感到相當焦慮，在蘇格拉底推翻他們的論點時，甚至感到心煩意亂：「如果我丟臉了怎麼辦？如果我出來的時候臉色不好怎麼辦？」因此，蘇格拉底不得不做大量的安撫和安慰工作，稱其為憤怒管理（anger management）也不為過。卡拉德將柏拉圖的《理想國》中描述的這件事指給我看：

在我們說話的時候，斯拉西麻查斯（Thrasymachus）曾多次試圖接管我們的討論，但都被坐在他附近的人限制住，因為他們想把我們的爭論聽完。然而，就在我剛說完話時，他再也無法保持沉默，他把自己捲起來，像一隻要跳出來的野獸，朝我們猛攻，彷彿要把我們撕成碎片。

在雅典，蘇格拉底是令人討厭且像牛蠅般的存在，因為他總是挑剔不容質疑的信仰，在他的一生中，肢體暴力的威脅從未遠離過他，而最終當局判處他死刑。卡拉德說：「我們不應該認為這很令人驚訝，相反地，我們應該驚訝他能活這麼久。」因為雅典人並不習慣被某位沒有明顯想嘗試、想擊敗他們或說服他們做某些事情的人反對。

卡拉德表示：「他們讓蘇格拉底的事業蒸蒸日上，為什麼他們不生氣呢？」卡拉德認為是因為蘇格拉底非常努力地在緩和他們的不安全感，在一個共同的意見分歧中，必須有人是錯誤的，所以蘇格拉底盡一切努力想讓雅典人知道，被他人證明論點錯誤，不僅是可以被接受，也是一件值得慶幸的事情。例如，在《高爾吉亞篇》（*Gorgias*）中，蘇格拉底對卡利克勒斯（Callicles）說：「如果你反駁我，我不會像你對我那樣的生氣；相反地，你會被我時時記著，成為我最大的恩人。」

西方哲學的其他奠基人採用並發展蘇格拉底的方法，而我們對蘇格拉底的了解，來自於他的學生柏拉圖。柏拉圖也在一系列與蘇格拉底的對話中，提出自己的觀點；後來，柏拉圖的學生亞里斯多德也寫了一本關於如何成為一位有效的辯論家的教科書，並發展修辭學的藝術，即一系列的說服技巧。不過，對於這些思想家來說，觀點的衝突不僅僅是一場說服的戰鬥，還是一種產生真理——或至少可以消除謊言——的方式。有意思的是，希臘人還創立戲劇，以說故事的形式說明如何從衝突中提煉真理。

在中世紀的歐洲，基督教學者將希臘人制定的規則納入「爭論」的實踐中，這是一種辯論的方法。一開始源自修道院，後來在早期大學裡發展起來，旨在教導和揭開神學和科學的真理。爭論在師生間私下或大學社區前公開地進行，而每場爭論都照著類似的模式進行。首先，會提出一個問題；接著，先要求和審查一個支持正方的論點，再來考慮支持反方的論點；然後，在選擇正方、反方或找到第三個答案之前，對這些論點進行相互權衡。爭論是具有競爭性的，其目標是說服彼此或聽眾，不過人們也相信，透過從不同角度審視同個問題，新的真理可能會出現。這種做法基本上可以說是被定形和擴大化的蘇格拉底式對話，而這一時期的歷史學家也談論了「衝突的制度化（institutionalization of conflict）」。

制度有一個停滯不前的習慣，在十六世紀，文藝復興時期的思想家批評在大學裡的人們沉溺於枯燥的知識辯論，而沒有接觸真實世界。但是，真正使這種做法顯得過時的是十七世紀的法國哲學家笛卡兒（René Descartes），他蔑視學術界的爭論，認為這是一種只為了贏得爭論的人為遊戲，而不是為了發現新的真理。笛卡兒獨自坐在壁爐旁，發明一種新的哲學，就是以他對自己存在的確定性為基礎，即鼎鼎大名的「我思故我在」。笛卡兒說：「如果你想得到真理，那就審視自我。」

十六世紀的宗教改革強調了個人的良知，鼓勵人們轉向內心沉思，但印刷術的發明，讓爭論的實踐再次受到打擊。書籍的散播意味著每個人都可以自我教育，而不需讓自己承受與吹毛求疵的老師爭論。在十八世紀，啟蒙運動的哲學家將個人推理視為人類的最高天賦，康德（Immanuel Kant）將理性的運作置於心智的基本結構之中。在此之前，做出「判斷」只被視為是一種行為，像是官員在公共場合要做的某事，康德是第一個把它看作是一種心理活動，一種自我理解的行為。

智力的探究已被視為是發生在頭腦中的一件事，只有那些擺脫古代學者所規定傳統的傑出人物，才能取得突破性進展，天才（比如牛頓）的想法變得至關重要。不過，諷刺的是，這種對個人心智的推崇，卻發生在思考變得比以往都更熱衷於社交和爭論的時候，見證了各種科學協會的崛起，哲學家們交換信件、知識分子們聚集在咖啡館裡交換故事和辯論想法。

正當思考變得更加社會化的時候，關於思考的思考也變得更加抽象。在十九世紀和二十世紀初，對推理的研究（現在被認為是形式邏輯的研究）變得越來越數學化，比如論證的正確性可以使用代數符號計算，而普通語言是無法勝任這項任務的。

蘇格拉底在雅典中心與所有參賽者進行辯論的兩千年後，推理研究已經真正成為一種社會性的研究。不過，我們對什麼是良好決策和判斷的想法，仍然是以個人為中心，我們更傾向於讚美個人思想家、創新者和科學家，而不是他們來自的群體或環境。研究個人心智的心理學家，將其分為系統一和系統二，分別為有意識和無意識的心理運作，而大腦成像的出現也強化了這種關注。神經科學家可以檢驗單個大腦的照片，但是他們還無法精確地研究我們與他人互動時大腦實際發生的事情（因為磁共振成像掃描器一次只能容納一個人）。因此，除了少數幾位神經科學家還繼續對其研究外，其他大部分的神經科學家都已放棄此方法。

然而，我們不只是在「大腦」中進行思考，我們彼此之間也是在進行思考。我們對個人的關注，意味著我們低估了意見分歧是通往洞察力、想法和良好選擇的途徑。

☹ ☹ ☹

研究群體決策的科學家們觀察到有兩種情況，會讓一群沒有意見分歧的聰明人出現糟糕的決定，其中一種較常見的是被順應潮流的慾望所驅使，即跟隨房間裡一位或多位主導者的領導。當一個主流的觀點瞬間佔優勢時，整個團體的人會在沒有充分探索潛在的陷阱或替代方案的情況下，馬上做出決定。一九七二年，社會心理學家歐文・賈尼斯（Irving Janis）是第一個將這種現象命名的人，他稱之為「團體迷思（groupthink）」。你也可能會覺得這裡的問題是，這個群體的行為就像一個衝動的個人。

不過，科學家們觀察到的第二種情況與第一種情況有關，稱為「共享資訊偏誤（shared information bias）」，就是當房間裡的每個人都認為其他人比自己更了解當前的話題時，就沒有人認真地挑戰彼此，所以參與者最終只能進行表面的討論。而口香糖企業家小威廉・瑞格理（William Wrigley Jr）曾說：「當兩個人總是達成共識時，其中一個人是不必要的。」

在爭論一個問題時，新的理由、資訊和見解必然會出現，否則這些東西就會一直困在人們的腦海裡。因此，現在的我們合情合理地著重於組成多元化的團隊，除了出於社會平等的考慮，也因為人們提出的觀點越多時，討論就會變得越有創造性和洞察力。不過，只有當團隊中的人準備好公開挑戰彼此的時候，這種洞察力和創造力才能實現，因此，意見分歧可以說是打開了多樣性的好處。

正如蘇格拉底所認為的，這在理論上都是可行的，但人們實際上會覺得「不同意」是一件非常不舒服且不愉快的事情，對共識持不同意見者往往不被喜歡，且意見分歧可能變成鬥嘴大賽。在團體迷思的概念廣為人知之後，有一些組織開始尋找方法，防止團隊過早達成共識，避免討論的事情變成個人行為，而這其實就是賈尼斯提出的解決方案：指派一名「魔鬼代言人（devil's advocate）」。

這種做法起源於羅馬天主教會：當一個人被提議列品或冊封時，魔鬼代言人是被雇來證明候選人沒有資格被封聖的。從理論上講，通過明確要求團隊中的某人，反對正在提出的任何決定，你就可以獲得意見分歧的好處，也就是在不需要為團隊和諧付出代價的情況下，得到新的資訊和更好的解決方案。但是，有個問題，就是它起不了作用。

柏克萊大學社會心理學的教授查蘭．內米斯（Charlan Nemeth）做了一項實驗，她比較三個不同的群組如何處理意見分歧，這些群組分別為有**真的相信自己**的觀點異議者之群組、有**魔鬼代言人假裝**的異議者之群組和一個**沒有**異議者的群組。內米斯發現，與魔鬼代言人和沒有異議者的情況相比，真實的異議產生更有成效的討論，且有更多的原創思想。

其實，有魔鬼代言人的情況會產生反效果，它會刺激群組成員提出更多的論證來支持自己最初的計劃，而沒有真正考慮其他的觀點，內米斯稱這種行為是「認知支持（cognitive bolstering）」。我對此的解讀是，當有一位被指派的魔鬼代言人出現時，團隊中的人們會變得自滿，他們會開始相信自己，不願接受他人的意見，因為他們知道魔鬼代言人並不是真的相信自身所說的事情，因此他們並不會強迫自己反思魔鬼代言人所說的話語。

在進一步的研究中，內米斯測試了一個更微妙的區別，就是有一種情況下，有人會自發地對多數人的觀點持反對意見；另一種情況下，在被公開指派為魔鬼代言人後，這個人會被要求提出相同的論點（其他組員都知道這是其真正相信的論點）。在這兩種情況下，意見分歧都會在群組中造成緊張，並刺激了群組成員對異議者的厭惡。不過，自發情況還是比角色扮演的討論效果更好，產生更多且更好（更有創意）的解決方案，即使由相同的人在兩種情況下提出相同的論點，其結果也是一樣。

內米斯對兩者之間生產力差異的推測性解釋是，當異議者是由魔鬼代言人扮演時，群體成員會感覺異議者的威脅較小；但是，在自發異議的討論中，其立場感覺更勇敢。此外，當看到魔鬼代言人在執行研究人員的指示時，群組成員會認為有人在進行流暢、自信的論證，而有了大幅降低質疑自己立場的感覺。其實，在真實的狀況中，其他參與者會敞開自己的心扉，回應弱小無助的異議者，以提高相互説服的可能性，讓討論更加豐富。換句話説，只有在面對一個看起來真正相信自己所説的話，並願意冒著風險説出來的人，其他人更有可能正視自己的錯誤。

有效的意見分歧可以説是取決於人們對彼此的感覺，我們花了很多時間想著如何爭論，卻沒有認真思考如何塑造決定爭論走向的關係。人們常説，為了更好地達成共識，人們需要把情感放在一邊，純粹且理性地思考，但這是一個迷思；有效的意見分歧是一種需要信任的關係，一種我們最終是與對方合作，而不是相互攻擊的關係。

這是一個固有的情感問題，也是一個認知問題，這就是為什麼前一章對於理解本章至關重要。人們並不是純粹的理性，如果完全不考慮彼此的關係，會導致功能障礙，當我們把自己的不合理融入到這個過程中，我們才會釋放出意見分歧的所有潛力。

☹ ☹ ☹

當一家公司考慮收購時，通常會僱用一家投資銀行公司，如高盛集團，來為收購提供建議。

銀行家都有很強烈的動機要説服董事會進行交易，畢竟沒有交易就沒有收費，因此，這裡有一個明顯的利益衝突。世界上最成功的投資者華倫·巴菲特建議公司採取一種平衡措施：

> 在我看來，只有一個辦法可以獲得理性且平衡的討論，就是董事們應該聘請第二個顧問，負責提出反對收購建議的理由，且其費用取決於交易是否成功。

這個方法的厲害之處在於收費，巴菲特不只建議公司徵求第二種意見，他還建議公司給予第二個顧問財務獎勵，以贏得爭論。為什麼？因為如此一來，董事們可以利用「偏見」的力量，同時防止他們自己的思考。這時，第二個顧問就有強烈的動機，將會盡可能地想好的理由，以證明該交易不應被通過。然後，董事會將有一系列支持和反對的論證，進而處於更有利的地位，做出正確的決定。

當你帶著你的論點、我帶著我的論點，且我們都相當有動力的要盡全力做出最好的論證時，出現的答案會因為在我們意見分歧的磨煉中鍛造而更加強大。二〇一九年，由芝加哥大學社會學家詹姆斯·埃文斯（James Evans）領導的一個科學家團隊，使用維基百科這個龐大的意見分歧資料庫測試了這個觀點。埃文斯對於政治兩極化的影響及兩極化的人是否可能產生有效的意見分歧相當感興趣：強烈對立的政治觀點的爭論是否總是導致敵意或迴避（戰鬥或逃跑反應）？還是它可以轉變為更有效的東西？

埃文斯意識到，維基百科是調查這個問題的完美場所（我將用「埃文斯」簡稱他領導的研究團隊），因為這是一個團隊合作的傑作。其每個頁面都是由志願編輯者組成的臨時團體負責監管，且每個主題背後都有一個「討論頁」，任何人都可以打開它來觀察你所看到的頁面，其背後發生了什麼事。

在討論頁中，編輯們會對提議增加和刪除的頁面內容進行辯論，並進行詳盡的爭論，因為他們都在試圖說服彼此，對外的頁面上應該包含哪些內容。有些團隊製作的頁面品質會比其他團隊更好，這是因為維基百科會依據每個頁面的可讀性、準確性、全面性和資料來源品質，給每個頁面打一個品質的分數。埃文斯根據數十萬名編輯對政治網頁的編輯情況，利用機器學習識別他們的政治傾向——他們是「紅色」（共和黨）還是「藍色」（民主黨）——就能確定成千上萬編輯團隊的政治組成，包括那些負責政治和社會問題相關頁面的編輯。有些文章是由紅藍編輯所組成的高度分化團隊經營，而其他則是由政治傾向比較一致的編輯管理。埃文斯發現，編輯團隊越是兩極化，其經營的頁面品質就越好。

意識形態兩極化的團隊更有競爭力，他們比同質化或「溫和」的團隊有更多爭論，而他們的爭論同時也提高了該頁面的品質，因為他們在討論頁上的談話更長，任何一方都不願意在沒有鬥爭的情況下屈服於任一論點。而這些較長的爭論就會產生品質更好的內容，因為這些爭論能使假設被挖掘、論點被磨練。負責某一頁面的編輯告訴研究人員說：「我們**不得不**承認，在爭論結束時，其立場得到的回響更加強烈且平衡。」這個「不得不」很重要，因為是雙方不情願達成協議的方式，使他們得出的答案比其他方式更有力。正如埃文斯所說：「如果他們太容易更新他們的觀點，那麼他們就不會有動力去尋找激起雙方談話的反事實論證。」

自我主義（極度需要被他人肯定）和部落主義（自身團隊獲勝的慾望）時常只被描繪成良好意見分歧的敵人。這是可以理解的，因為在大多數情況下，他們就是這樣的關係。維基百科編輯團隊之間的有效競爭表明，只要參與者有共同的目標和行為準則，即使是部落主義也能結出智慧的成果（後面會有更多介紹）。而對於我們以自我為中心爭論的傾向，最好的辦法就是駕馭它。蘇格拉底、巴菲特和維基百科編輯之間的關聯是，他們對於人類認知都有一個深刻真理的理解，就是我們的智慧是互動的。

☹ ☹ ☹

從蘇格拉底的時代開始，推理能力一直被譽為人類至高無上的特質，是使我們有別於其他物種的東西。不過，這也引發一個棘手的問題：如果推理真的是人類的超能力，那為什麼每個人在這方面的表現都這麼糟糕？

如果你被要求幫助人們作出更準確的看法和更好的決定，你可能會從增進他們發現自己錯誤的能力開始，畢竟在他們充分考慮為什麼他們可能是錯的之前，沒有人能確定他們在任何事情上都是正確的。不過，一般來說，我們在這方面的表現都很糟糕，即使與我們相反的立場都已經擁有證據，我們仍然堅持自己的觀點，像是如果我相信這個世界不可避免地會走向災難，那我就會只注意壞消息，而阻擋了好的一面；如果我認定一個政治家很出色，我就會只注意他的成就，而忽略了他的失誤；一旦我認定登陸月球是一個騙局，我就會在 YouTube 上尋找同意我觀點的影片，並拒絕接受反證。

心理學家現在已經毫無疑問地確定，人們更有可能注意和考慮可以證實他們所相信事物的證據，而對任何顯示相反情況的東西都置之不理。換言之，人類對自己出錯的可能性，有一種本能的厭惡，所以他們有效運用自己的推理操控力說服自己是正確的，即使在他們不正確的時候也是如此。人類會用一個假設武裝自己，並會圍繞著這個假設扭曲世界，這種被稱為「確認偏誤（confirmation bias）」的特徵，顯現了我們這個物種一個嚴重的問題：它會使我們更傾向於欺騙自己、相信別人的謊言，而且較不可能看到其他人的觀點。

塔夫茨大學的心理學家雷蒙德．尼克森（Raymond Nickerson）說：「如果人們試圖找出人類推理的一個問題所在，那麼確認偏誤必須在候選人之中。」聰明是無法解決這個問題的，因為研究發現，聰穎和受過教育的人只是更善於說服自己是正確的，因為他們更善於產生自圓其說的論證。

因此，這就帶來了一個難題。為什麼進化論賦予我們一個不僅極其複雜，還非常有問題的工具？如果你是從商店購買這項工具，一定會把它退回去。兩位演化心理學家雨果．梅希爾（Hugo Mercier）和丹．斯珀伯（Dan Sperber）對這個問題提供了一個有趣的答案，他們說：「如果我們的推理能力在幫助個人理解真相這方面這麼糟，那是因為尋求真相並不是它的功能。其實，推理的進化是為了幫助人們**爭論**。」

智人（Homo sapiens）是個高度合作的物種，與其他物種相比，人類體型較小、力量也較弱；與我們的祖先尼安德特人相比，人類較瘦弱，不過，人類還是成功地支配他們所到之處的幾乎所有環境，主要是因為他們非常善於團結起來完成任務，而且人類為此已經進化出一套與他人相處的精巧能力。因此，在梅希爾和斯珀伯看來，推理是其中一種社會技能，而推理的進化是為了幫助人們與其他人一起做事，如獵殺、生火和建橋。

給予和詢問理由，讓一個人能夠影響他人、贏得他們的支持，還可以達到讓人們對自己行為負責的效果，比如我們會說：「好吧，讓我解釋一下為什麼我要拿超過我份額的長毛象肉……」而想出理由的重點在於，向他人展示這些理由以支持你的論點，或者推翻別人的論點。簡單來說，這就是爭論。

不難看出，為什麼那些具有超強推理能力的人更有可能生存下來，並將他們的基因傳遞下去。實際上，提供和審查理由的能力，可能會讓單純的意見分歧變得暴戾，進而演變成爭吵。如果我想生火，而你想建造一個庇護所，我們可以交流支持和反對這樣做的理由，而不是為此爭吵；那些特別善於參與這種與他人來來回回交流理由的人，能更好地抵禦威脅，並能向群組展示他們的能力、贏得盟友，並給潛在的伴侶留下深刻的印象。

給予和詢問理由是人們建立合作關係的重要方式，例如為了讓你相信我是一個可以和你做生意的人（無論是字面上還是隱喻），我不能只說我想要什麼或者說我不同意，我需要解釋我的理由，而且我希望你也能如此。而我們唯一不期待的人就是小孩，因為當他們被要求證明他們的需求時，他們往往只會說「**因為我想要**」，因此教導孩子們在「因為」之後說一些更有說服力的話，是他們社會化一個重要的部分。父母可以透過示範，以鼓勵他們這樣做，比如當你和你的孩子有意見分歧時，即使你真正想說的是「**因為我說了算**」，也要試著向他們解釋為什麼你想讓他們做某些事。

梅希爾和斯珀伯是「互動主義者（interactionists）」，而不是「知識分子（intellectualist）」的思想家。對於知識分子來說，推理的目的是讓一個人可以獲得世界的知識，但正如我們所看到的，推理似乎常常被用來鞏固我們想要相信的任何東西，不管它是真是假；在互動主義者看來，推理的進化並不是為了幫助一個人得出真理，而是為了促進溝通和合作。換句話說，推理的本質是社交，當我們在爭論的過程中與其他人一起練習推理時，我們才會變得更聰明。

蘇格拉底說得很有道理，善用推理的人可以透過思考他的方式（通常都是「他自己的」）解決任何問題，這種迷思雖然強大卻有誤導性。雖然人類已經積累極為豐富的集體知識，不過我們每個人都知道，我們知道的知識都少得驚人，且肯定比我們想像的還要少。二〇〇二年，心理學家弗蘭克．凱爾（Frank Keil）和列昂尼德．羅森布利特（Leonid Rozenblit）要求人們對自身理解拉鍊原理的程度進行評分，受訪者都自信地回答此問題，畢竟他們一直都在使用拉鍊。但是，當他們被要求解釋拉鍊的運作原理時，他們卻慘遭失敗；當人們被要求描述氣候變化和經濟時，也發現了類似的結果。因此，我們對周圍世界的了解比我們認為的還要少很多，而認知科學家將此情況稱為「解釋深度的錯覺」或「知識錯覺（knowledge illusion）」。

是什麼使人類能夠征服地球？並不是因為我們會「獨立思考」，而是我們無與倫比的群體思考能力。我們做的任何事情，從穿衣服到使用電腦，都不需要依賴他人的知識，因為我們每個人都像是插入了一個前人流傳下來的巨大知識網路，讓我們彼此分享資訊；當你的區域網路越開放、越流暢，你就能變得越聰明。而公開的意見分歧就是我們取走他人專業知識的同時，也把我們自己的知識捐獻給公共資源的主要方式之一。

然而，正如蘇格拉底所知，意見分歧只有在一定的條件下，才會產生真理，而其中之一就是梅希爾和斯珀伯所說的「認知勞動的分工」。在理想的討論中，每個人都主要專注於為自己喜歡的解決方案尋找理由，而群組的其他成員則對這些原因進行批判性的評價；每個人都提出他們自己的假設，然後由其他人進行測試，而這比讓每個人嘗試提出和評估雙方所有不同的論點有效許多，而且有可能產出更好的決定。

這解決了為什麼進化論給我們留下了確認偏誤的這個難題。在一個運作良好的群組討論中，如果我們按照大自然的意圖使用確認偏誤，那麼它是一個特點，而不是一個缺陷。想一想，當有人反駁你時，你是什麼感覺？你會被激發開始思考所有可以證明你是正確的理由，並引用這些理由，支持你關心的事情或被認為是正確的事情。這就是為什麼梅希爾和斯珀伯喜歡用「我方偏見」（myside bias）這術語來代替確認偏誤，不過它只有在你的身份或地位受到威脅時才會發揮作用。

那是一種情感上的反應，也是一種認知上的反應。有些人可能會建議你把你的情緒放在一邊，純粹理性地評估論點。但是，如果讓你的情緒驅使你找到好的論證，實際上，你是在做一件有意義的事情，是在為群組提供新的資訊和新的思考方式。或許，你可能是出於自私或狹隘的原因，像是你想為自己辯解和證明你有多聰明。即使如此，當人們努力說出自己的理由時，就會幫助群組產生多元的觀點。

由於每個人都有動力推翻與其競爭的論點，因此，最弱的論點會被駁回，最強的論點則會在更多證據和更好理由支持的情況下存活，而其結果是一個比你們任何一個人都能單獨進行的更深入、更縝密的思考過程。根據埃文斯的研究，這正是維基百科編輯過程的運作方式，也是巴菲特設計投資決策過程的方式，更是蘇格拉底式對話的基礎原則。

從互動主義者的角度來看，確認偏誤不是要被消除的東西，而是要拿來利用的東西。在適當的條件下，它能提高一個群體的集體智慧，而那些條件是什麼？首先，群組中的每個人都要真心的認為有必要公開地提出異議，且能夠提出他們最好的案例。第二，也是最基本的，就是群組成員必須在真理或正確的決定中，有個共同的利益，如果每個成員都只捍衛自己的立場，或試圖超越其他人，那麼較弱的論點就不會被淘汰，而群組也不會有所進展；反之，當每個人都採取堅定的立場，同時也允許自己被更好的論點動搖時，整個群組就會向前發展。

確認偏誤就像衝突本身一樣，是個曲線型，在一個倒U型的曲線上運行：太多確認偏誤是不好的，沒有確認偏誤也是不好的。我曾在公司與同事們一起圍著桌子討論，大多數人都沒有表達強烈的觀點，只是完全地接受房間裡最有信心的人所說的任何話，而其結果就是一個乏味的討論，且主要的觀點都沒有得到任何的檢驗或發展。就像在浪漫關係中一樣，你可能會懷疑那些人對他們所追求的方案的決心；當然你也可能會想，公司的領導人是否已經明確表示，他們不希望有人提出不同意見，且持不同意見的人將會受到懲罰。

我也曾遇過另外一種情況：會議上的人都在為自己極力爭取時，有時甚至稍微超出了看起來合理的程度，雖然這些討論看似喧鬧、讓人不舒服，不過它們的品質通常都較高，加上如果是恭恭敬敬地進行討論，可以讓團隊成員間的關係更加緊密。話雖如此，那些**從不**放棄自己觀點的人卻是在浪費大家的時間，在倒U的遠端有很多令人討厭的人，也有很多沒有結果的辯論，所以你應該把你完整、熱情且有偏見的自我帶到會議上，但你也必須判斷何時將自己從你所追求的爭論中分離出來。

意見分歧的化學反應本身就是非常不穩定的，它總是在威脅走向一個極端或另一個極端，這是自我主張變成攻擊性、信念變成固執、順從的衝動變成放任自流的本能。幾世紀以來，我們已經制定了流程和制度來穩定這種波動，並為有效的意見分歧提供適當的條件，其中最重要的就是現代科學的制度。但即使是在科學家中，偏見也可能會失控。

☹ ☹ ☹

在四百年前，法蘭西斯．培根（Francis Bacon）就對我們現在所說的確認偏誤提出警告，他說：「人類的理解力一旦採納了某種觀點……就會汲取其他所有的東西來支持和贊同它。」一為了解決這個問題，培根制定了「科學方法」，他指示學者們用現實世界的觀察來檢驗他們的理論，這樣他們就可以透過適當的拒絕和排斥，分析自然界的情況。在培根之後，科學發展成為一門學科，並成為一個有認知分工的群體。科學家們根據他們關心的主題發表研究報告，並試圖為他們的理論彙編證據，而他們的工作成果會經過同領域同主題的專家評論，並由該領域的其他專家進行審查；科學家們試圖推翻彼此論點的同時，他們也在相互學習。

科學充分利用了推理的社會性質，就像我們慶祝一位偉大的科學家一樣，是科學家們作為一個群體取得的進步。當一個人被其他意見相左的人孤立時，不管他們的心智有多聰穎，確認偏誤都會肆意妄為，而牛頓在他生命的最後幾十年裡，就是一直沉浸在將基本金屬變成黃金的徒勞探索中。如果這項工作沒有任何結果，有一部分原因是他獨自做此事，沒有其他合作者或評論者；相比之下，當他發表他在物理學方面開創性的作品時，牛頓是在借鑒別人已發表的工作成果（正如他所說的「站在巨人的肩膀上」），他之所以這麼做是因為他知道全歐洲的數學家和天文學家都會撲向任何薄弱的論點。

而在大多數情況下，這個系統運行得非常好，讓醫學和科技有巨大的進步，進而定義了現代性。就像約翰·尤德金（John Yudkin）的故事所說，當科學的參與者忘記如何很好地達成意見分歧時，事情就會變得一發不可收拾。

在一九八〇年代初期，西方政府在諮詢世界頂級營養學家後，告訴我們要改變我們的飲食方式，他們說：「如果我們想保持健康，就需要減少含有豐富的飽和脂肪、膽固醇的食物。」而基本上，我們都按照他們所說的做了，用義大利麵和米飯取代牛排和香腸、用人造鮮奶油和植物油取代奶油、用麥片和低脂優格取代雞蛋和吐司。

但是，我們非但沒有變得更健康，反而越來越胖，而且越來越多疾病。在接下來的幾十年裡，一場公眾健康的災難展開了。在改變飲食之前，一直是相對穩定的肥胖症，比率急劇上升，其相關疾病的發病率（如糖尿病）也是如此。雖然近年來，關於如何保持健康的建議已經有所變化，但我們仍然被建議要節制脂肪的攝取量，同時還被告知要提防我們健康的另一個敵人，一個不是比脂肪糟糕就是同樣糟糕的敵人——糖。

人們很自然地認為，這種飲食建議的變化，是因為營養科學的進步和新的發現而產生的，但事實並非如此。科學證據一直都在那裡，而它被忽視是因為營養學家們已經忘記如何與對方持有不同的意見，並允許確認偏誤的喧鬧。

在一九七二年，約翰．尤德金在《純淨、白色和致命》（*Pure, White and Deadly*）一書中警告世界，對人們健康的真正威脅不是脂肪，而是糖。此外，尤德金還寫到：「如果公布糖的壞處與其他食品添加劑的材料有關的話，該材料也將會立即被禁止。」

尤德金是倫敦伊麗莎白女王學院的營養學教授，他指出才三百年，精製糖就成為西方飲食中主要的一部分，從進化的角度來看，彷彿就在這一秒，我們已經服下了它的第一劑毒藥；相比之下，飽和脂肪與我們的進化密切相關，因為它大量存在於母乳中。因此，尤德金認為讓人們生病的可能不是糖，而是最近的創新，他也相信脂肪對我們有害的證據相對薄弱，糖才是更有可能導致肥胖、心臟病和糖尿病的原因。

在一九六〇年代，人們對於對人體最有害的是糖還是脂肪這個議題，爭論的相當激烈。但是，在尤德金寫這本書的時候，他所在領域的制高點已經被脂肪假說的支持者佔領了，且大多數營養學家已經達成了一個新的共識：低脂肪飲食就是健康的飲食。因此，加入尤德金領導的異議者隊伍的人也就越來越少。

他的書旨在向大眾發出警告，也是他最後的手段，他為了論證糖比脂肪更具威脅性，付出了高昂的代價。當然，世界頂尖的營養學家們並不喜歡他們的觀點受到如此公開的挑戰，所以尤德金不被邀請參加科學會議，且科學雜誌皆避開他，連他自己的學院亦違背讓他退休後還能繼續使用其研究設施的承諾，因為讓一個脂肪假說的反對者留在學院裡，不再被認為是精明的選擇。尤德金的研究最終完全停止流通，在他一九九五年去世時，可說是一個失望的且基本上被遺忘的人。

同時，根據營養科學菁英的建議，美國和英國政府告訴他們的公民要減少攝取脂肪和膽固醇含量高的食物，但是當人們減少脂肪時，他們通常會增加攝取碳水化合物；而食品製造商為了響應最新的指令，會在銷售低脂肪食品中加入糖，使其更美味。如今變得越來越明顯的是，把飽和脂肪變成我們的頭號飲食敵人後，我們忽略了最萬用、最可口且最不健康的碳水化合物的威脅。

尤德金職業垮台的故事，嚇跑了任何其他有興趣挑戰此共識——脂肪是西方飲食主要問題——的科學家。一直到二十一世紀時，科學界才再次接受研究糖是西方飲食的主要問題，甚至研究糖對我們的身體有什麼影響。一位名叫羅伯特．魯斯提（Robert Lustig）的小兒科醫生引領了這一潮流，在研究了糖對新陳代謝系統的影響後，他在二〇一三年出版的《雜食者的詛咒》（*Fat Chance*）一書，揭露了糖和肥胖之間的聯繫，並成為全球暢銷書。

尤德金的研究被埋藏得很深，在一次會議上若不是有同事剛好提到其研究，魯斯提也不會發現它。魯斯提驚奇地發現，尤德金的研已經預料到自己正在做的事情，而當我問他為什麼他是多年來唯一一個在關注糖是危險的科學家時，他告訴我：「因為約翰．尤德金，科學界把他狠狠地打倒了，真的打得太狠了，以至於沒有人願意再去嘗試。」

肥胖症的蔓延常常被歸咎於食品工業，當然食品公司也有很多問題需要解決。不過，如果連我們一直以來遵循的營養建議也有很大的缺陷，是因為即使是科學調查也容易出現功能失調的群體行為，如多數人的意見趨之若鶩、對承認錯誤感到非常不舒服以及對主導者的尊重。

《科學是否在一次次的葬禮中進步？》是美國全國經濟研究所的一個團隊在二〇一五年撰寫的一篇論文，是為物理學家馬克斯．普朗克的一句話尋找實證證據，那句話為：「任何科學真理的勝利都不是藉由說服其反對者，並使他們看到光明，而是因為其反對者最終會死亡，新一代的人們成長時，將只熟悉科學真理。」

研究人員確定了來自不同領域的一萬兩千多名菁英科學家，透過檢索訃告，他們發現有四百五十二名科學家在退休前就已經去世了，也深入調查這些科學家意外離開後，其領域是否有發生變化。他們發現，這證實了普朗克格言的真理：與精英科學家密切合作、一起撰寫論文的初級研究人員發表的論文數量較少，但與此同時，該領域新人的論文發表量明顯增加，他們不太傾向於引用已故知名人士的作品。而事實證明，這些新人的文章更具有實質性和影響力，吸引了大量的被引用，新人科學家少了與占主導地位的長者達成意見一致的壓力，因此得以推動整個領域向前發展。

意見分歧可以使我們不管作為個人或團體都變得更聰明，因為它讓我們能夠向他人學習，迫使我們更努力地思考為什麼我們相信我們所相信的事物。但是，正如蘇格拉底所見，為了讓意見分歧產生洞察力而不是憤怒，你必須處理意見分歧必然會產生的人際關係問題；在彼此都能相互理解、尊重和信任的情況下，你才能真正地進行意見分歧。此時，彼此才有可能相互傾聽對方的觀點，甚至說服他人、改變他人的想法。

4. 衝突如何啟發我們

衝突是點燃群體創造力之火的火苗。

在北卡羅來納州的戴爾郡，有一個稱為「斬魔山（Kill Devil Hills）」的小鎮，建在靠近大海的沙地上。一九〇二年九月，這個小鎮和它的機場都還不存在，但如果你當時在附近，你可能目睹一個奇怪的場景：在沙丘上，有兩個人面對面的站在一台重型機器旁邊，揮舞著他們的手臂，並對彼此大吼大叫。

幾個月來，威爾伯．萊特（Wilbur Wright）和奧維爾．萊特（Orville Wright）這對兄弟一直帶著他們有史以來製造出最好的滑翔機去斬魔山，利用風洞實驗的資料，他們精確地知道什麼樣的機翼設計能達到最好的升力和最小的阻力；但在試飛時，他們不斷遇到一個頑強存在的問題，最終還差點使他們其中一人瀕臨死亡。九月二十三日，當奧維爾試圖轉彎時，一邊機翼突然變高，另一邊突然變低，滑翔機失去控制，墜毀在沙地上。奧維爾的日記中寫道：「我站在一堆飛行器、布和棍子之中……沒有任何瘀傷或刮痕」。

經過他們的判斷，這個問題每五十次滑行就會出現一次，而且可能會致命，因此，兄弟倆稱它為「挖井（well-digging）」，後來被稱為「尾旋（tailspin）」。如果他們想要實現建造第一架飛行器的雄心壯志，就必需解決這個問題。在十月二日的晚上，萊特兄弟與他們的朋友喬治．斯普拉特（George Spratt）一起討論這個問題，但很快的就開始陷入爭論，弟弟奧維爾大吼大叫，並揮舞他的手臂，而威爾伯則是以短促、斷斷續續且忽快忽慢的方式回答。斯普拉特雖然對此感到非常不舒服，但他並不意外，因為萊特兄弟可以說是赤手空拳的辯論者。

我們都很熟悉萊特兄弟「發明飛機」的事實，以至於沒有人知道他們能有這種成就，可以說是個奇蹟。威爾伯和奧維爾都不是科學家，甚至都沒有上過大學，也不屬於任何公司或機構，他們只是在俄亥俄州的代頓市經營一家自行車店。因此，他們原本的成就，與其他人相比是相對較小的，他們卻解決了歷史上最偉大工程之一的難題。

萊特兄弟的出生雖相差四年，但兩人關係很親密。威爾伯寫道：「從我們都還是小孩時，我的哥哥奧維爾就和我一起生活、一起工作，事實上，我們還一起思考。」而他們一起思考的方式，就是透過「爭論」，對代頓市當地人來說，商店樓上傳出兄弟倆的爭吵聲，已是一種熟悉的聲音。他們的父親米爾頓．萊特（Milton Wright）在吃完晚餐後，都會教導他的兒子們如何進行有效的爭論，米爾頓會先介紹一個主題，並指示男孩們在不失禮的情況下，盡可能地激烈辯論。然後，按照經典辯論的規則，他會讓他們改變立場並重新開始辯論。事實證明，這是一個很好的訓練。

兄弟倆傳記作者之一的湯姆．克勞奇（Tom Crouch）寫道：「隨著時間的推移，他們學會以一種更有效的方式進行爭論，並以一種語言速記的方式，來回拋出觀點，直到開始出現真理的核心。」威爾伯也認為「討論」可以產出看待事物的新方法，並順利解決困境。

那天一起討論的晚上，斯普拉特回家後，寫了一封信給威爾伯表達他對於他們兄弟倆的爭論方式感到不舒服，尤其是他們在爭論中轉換立場的方式讓他很煩惱，因為他覺得這是不誠實的表現。對此，威爾伯的回信值得我們詳細閱讀：

> 我無意在爭論中提倡不誠實，也無意在爭論中主張不良的精神，但是，任何真理都離不開一些錯誤的混合，而沒有錯誤是虛假的，除非它不具有任何真理的要素。如果一個人太急於放棄一個錯誤，他很可能也因此放棄一些真理，但當他接受對方的論點時，他肯定會從中得到一些錯誤；而誠實的爭論，只是一個相互挑剔對方眼睛中光束和斑點的過程，讓雙方都能看得更

清楚……然而，在我掌握一個真理之後，我討厭再次失去它，所以，我喜歡在放棄一個錯誤之前，把所有的真理都篩選出來。

兄弟倆沒有盡全力地爭吵，不過他們樂此不疲，威爾伯深情地說道：「奧維爾是個很好的爭鬥對手」。在寫給斯普拉特的另一封信中，威爾伯譴責他過於理智，他寫道：「我看你又開始在玩你的老把戲了，在爭論中，還沒被打得半死不活前，就放棄了；而我，則是非常肯定自己的立場，只是在事情解決前，我期待一場酣暢淋漓的爭吵。」

作為萊特自行車公司裡，唯一的一位員工兼首席機械師的查爾斯·泰勒（Charles Taylor）描述道，當兄弟倆在他上面的房間工作時，空氣中瀰漫著「驚恐的爭論」，他回憶說：「在那些日子裡，兄弟倆正在研究大量的理論，偶爾他們會展開可怕的爭論，他們會對彼此大吼大叫、說一些可怕的話；不過，我不認為他們是真的生氣，只是他們肯定會變得極其激烈。」

但他們是如何做到激烈的爭論而不生氣的呢？兄弟倆的侄女伊沃內特·萊特·米勒（Ivonette Wright Miller）指出一個關鍵的因素：兄弟倆善於「爭吵和傾聽」，他們爭吵得越激烈，就越認真地聽彼此說話。而另一個因素是「信任」，就是來自於萊特兄弟對彼此的感情和他們持續專注於同一目標的深度信任。

在兄弟倆爭論如何解決挖井問題的那個晚上，奧維爾沒有睡覺，不是因為他和弟弟發生爭吵，而是因為他的大腦在飛快地思考他們爭論時，所產生的各種可能的方法。他回顧了威爾伯的觀點，然後將其與自己的觀點綜合起來，在吃早餐時，他提出了解決方案——製作一個可調整的方向舵。按照威爾伯一些進一步的建議，兄弟倆製作了第一架可控制的滑翔機。現在，他們可以開始一系列全新的爭論了。

☹ ☹ ☹

在基思·理查茲（Keith Richards）的自傳《滾吧，生活》（*Life*）中，他講了一個有關滾石樂團職場文化的故事。一九八四年，滾石樂團在阿姆斯特丹開會（是的，即使是理查茲也要參加會議），理查茲和邁克爾·賈格爾（Mick Jagger）晚上一起出去喝酒，喝到凌晨時分才回飯店。這時，賈格爾已經有些筋疲力盡了，理查茲輕蔑地說到：「讓米克喝幾杯，他就不行了。」而賈格爾想見見已經休息的查理·沃茨（Charlie Watts），他拿起電話打到沃茨的房間，說：「我的鼓手在哪裡？」但沒有人回答。

賈格爾和理查茲又喝了幾杯，二十分鐘後有人敲門，是沃茨。他穿著一套薩佛街的西裝，剛刮完鬍子、噴好古龍水，打扮得無可挑剔。他抓住賈格爾的衣襟，大吼說：「永遠不要再叫我『你的鼓手』！」然後往這歌手的下巴狠狠地打了一記右勾拳，使賈格爾撞上放有香檳和煙燻鮭魚的桌子，且差點掉出窗戶落入運河。

這是那種會結束許多友誼的事件，不過，滾石樂團之所以能堅持半個世紀，就是因為他們完全可以接受偶爾發生的爭執。作為搖滾傳記作者且曾擔任德爾富戈樂團（The Del Fuegos）前吉他手的沃倫·贊斯（Warren Zanes）告訴我說：「始終不解散的樂團不一定是那些在每場音樂會後，都會互相擊掌並給予對方擁抱的樂團。」

萊特兄弟是利用衝突驅動他們內心飛行夢的創新者。不過，衝突似乎是任何創造性合作的關鍵因素，你甚至可以說，創新和創造力的本身，就是產生於和世界的爭論。一個新創公司會認為，社會的做法都是錯誤的，無論是購買雜貨或是在市區裡移動，都還有另一種更便利的方式；藝術家的行為往往是為了反抗社會或是當代的主流習俗，像滾石樂團與戰後英國的社會保守派相互為敵。如此說來，有創意的群體揮拳猛擊的次數和他們親吻的次數一樣多，也就不足為奇了。

某種程度的內部衝突，似乎對創造力是有利的，但前提是這個群體要先找到一種可以有效地管理緊張關係的方法，否則，獲得成功的壓力會使這群體決裂。若是想研究任何具有創造力的群體的核心問題，搖滾樂團的歷史資料是相當豐富的資料庫，研究這些資料可以回答許多問題，比如要怎麼讓一群有才華的人加起來超過其各自的總和？一旦你做到了，又如何使樂團保持團結？成功的樂團都以不同的方式處理衝突，不過，創意性的爭執其實不用像賈格爾和沃茨之間那樣火爆。

R.E.M. 是有史以來運行時間最長且最成功的樂團之一，他們以一種非常不同的風格對待彼此的意見分歧。一九七九年，邁可爾．斯蒂佩（Michael Stipe，樂團主唱）還是喬治亞州雅典的一名大學生，他在市中心一家名為 Wuxtry 的唱片行瀏覽唱片時，認識了剛剛輟學的彼得．巴克（Peter Buck，樂團吉他手）。兩人都熱愛地下搖滾樂而密切往來，並很快地決定組建一支樂團，還招募了兩位同學，分別為鼓手比爾．貝里（Bill Berry）和貝斯手邁可．米爾斯（Mike Mills）。而在他們第一次演出的三十一年後，R.E.M. 和睦的解散，結束了搖滾史上合作最愉快的樂團之一。

在Wuxtry唱片公司的另一名常客是貝蒂斯·唐斯（Bertis Downs），他是一位法系律學生，後來成為了R.E.M.的經理。他告訴我，R.E.M.的運作方式非常恰當，就像雅典的民主制度，他們都有平等的發言權，沒有等級或排序；不過，意見分歧仍是至關重要的，每個人都有否決權，也意味著無論是商務還是藝術表演，每個人都必須接受每個共同的決定。雖然他們經常說「不」，但他們會對事情進行討論，一直到達成共識為止。（與譚創立的Posterous公司文化相比，後者可說是一直迴避衝突到無法解決的地步。）

如果民主對R.E.M.這麼有效，那麼，有個明顯的問題——為什麼它如此罕見？因為樂團的成員往往會成為競爭者而不是合作者。蛹音樂（Chrysalis Music）的前首席執行長傑里米·拉塞爾斯（Jeremy Lascelles），現在經營一家經紀公司，他告訴我說：「你正在處理人際關係中最惡毒的部分——自我。一個音樂家需要一個強大的自我，才能在舞台上袒露自己的靈魂，但這也表示你可以為了得到這些巨大的自我，與他人爭奪主導權。」在成功的樂團中，會有很多**任務衝突**，比如誰該負責這段獨奏、是否要表演某首曲目；相對來說，**人際衝突**就比較少，像是為什麼我是主唱，吉他手卻獲得這麼多關注？

矽谷風險資本家本·霍羅威茨（Ben Horowitz）表達了譚會認可的觀點，他說：「大多數商業關係不是變得過於緊張、無法容忍，就是在一段時間後，變得不夠緊張，而無法取得成效。」一位研究小型群體溝通的先鋒學者歐內斯特．包曼（Ernest Bormann）提出，每個群體都有一個可容忍彼此緊張關係的界線，而這就是其衝突的最佳程度，他說：「肆無忌憚的衝突會破壞群體，但如果沒有衝突，群體就會開始變得冷漠、無聊。」包曼相信，有創造力的群體不會停留在可容忍的界線上，而是會像正弦波一樣圍繞著它擺動，使頻繁的衝突與較平靜的協議期交替出現。包曼說：「衝突是必要的，因為它可以闡明目標、凸顯不同的觀點、刺激好奇心，並釋放壓抑的挫折感，比如有時候你真的需要告訴會計部同事，他的電子郵件有多煩人。」

當樂團解散時，他們傳統上都會將其歸咎於「音樂理念的差異」；不過，當成功的英國樂團美麗南方（Beautiful South）分開時，他們卻說是因為「音樂理念的相似性」。西蒙．納皮爾．貝爾（Simon Napier-Bell）是多個成功樂團的經理人，包含雛鳥樂團（Yardbirds）和轟！合唱團（Wham!），他告訴我：「那些不爭吵的樂團往往在創作上都死氣沉沉的，而當他們這樣做時，音樂就會變得都很相似且枯燥無味，因為這群體只是在重複使用其成功的公式；反之，藝術家是不會想與他人妥協，他們會與旁人發生衝突。嶄新和有趣的音樂藝術就是來自於衝突。」

他回憶起，他曾目睹雛鳥樂團在錄音室裡爭論，是否應該讓傑夫・貝克（Jeff Beck）進行吉他獨奏，因為貝克認為其他隊員沒有給予他足夠的空間來表達自己；最後，其他人勉強讓他在一首名為《The Nazz Are Blue》的歌曲中獨奏幾個小節。貝爾與其他團員坐在一起觀看貝克錄製他的獨奏，當到了關鍵的小節時，他只是敲擊一個音符，讓它從揚聲器的嘯聲中，發出怪誕奇妙的聲音，同時對其他樂團成員發出蔑視的目光。貝爾說：「他的一切感受都在那個音符裡，這是整張專輯的高潮！」

當然，最困難的部分是要阻止衝突升級為永久破壞彼此關係的情況，不管是群體還是夫妻間都需要一些方法，以化解激烈意見分歧所帶來的壓力，將衝突拉回到彼此可容忍的界限上。要做到這點，最有效的技巧之一就是幽默，尤其是彼此間逗趣的幽默，也就是我們常說的「戲弄」。而世上最偉大樂團之一的披頭四，就是一個非常好的例子。

一九六二年五月，布萊恩・愛普斯坦（Brian Epstein）為他的客戶爭取到百代唱片公司（EMI）在倫敦北部艾比路錄音室試鏡的機會。雖然披頭四在利物浦有一群熱情的粉絲，但這對他們唯一能成功通往全國的倫敦並不重要，而這個樂團知道這可能是他們成名最後的機會，因為他們在迪卡唱片公司已經試鏡失敗，如果這次再失敗，他們的歌聲可能永遠無法傳到家鄉外的人耳裡了。

百代公司的管理層將錄音這環節指派給一位溫文爾雅、穿著雅緻的新穎唱片製作人，名為喬治．馬丁（George Martin），在他的監督下，樂團錄製了《Love Me Do》、《P.S. I Love You》和《Ask Me Why》的搖滾版。當他們在晚上十點左右完成時，馬丁邀請這些邋遢、可愛的年輕人到他的控制室。他花了一些時間向他們解釋，他們必須要做什麼才能獲得成功，並特別關注他們設備不足的問題（因為保羅．麥卡尼的擴音器在錄音期間不得不一直替換）。然後，他停下來問道：「我已經和你們談了很長時間，你們都沒有回應，是有什麼你們不喜歡的部分嗎？」在沉默了一拍後，樂團中最年輕的成員喬治．哈里森開口表示：「嗯……首先，我不喜歡你的領帶。」

成員彼此間的關係對披頭四來說非常重要，麥卡尼和約翰．列儂都來自因喪失親友而破裂的家庭，哈里森和他們在學校裡也和其他人都合不來。因此，他們都渴望加入樂團所帶來的友情和歸屬感，尤其是在他們早期的時候，披頭四不管是在台上還是台下，他們所有的事情都是一起完成。而在遇到馬丁時，他們已經在彼此親密的陪伴中度過了許多年，無論是在利物浦、漢堡，或是骯髒的公寓、狹小的更衣室和搖晃的貨車裡。就像萊特兄弟一樣，這種個人的親密關係，讓他們能夠在專業上產生誠實的意見分歧；但是，披頭四處理衝突的方式與萊特兄弟、滾石樂團或R.E.M樂團都不同，讓人驚訝的是，他們之間很少有站著爭吵或拳腳相向，而且據我們所知，他們一般不會進行長時間的辯論。他們不管在舞台上還是舞台下都會讓對方發笑，所以他們多半以幽默的方式，幫助他們解決困難的問題。

雖然列儂是他們早年的實際領導者，但每位成員對於披頭四該如何運作都有發言權，且沒有他們所有人的同意，就不採納任何重大的決定。而主要造成他們內部關係緊張的問題是——誰占有主導樂團的地位：是列儂還是麥卡尼？雖然列儂是位很有魅力的創始人和主唱，但麥卡尼是更出色的音樂家。隨著時間的推移，麥卡尼成為越來越有自信的表演者，在英國的洞穴俱樂部（Cavern）裡，他也擁有最多粉絲和崇拜者。或許，列儂已經接受與麥卡尼平等的地位，不過他不可能一直都若無其事的輕鬆面對麥卡尼，而他處理這種緊張關係的其中一種方式，就是戲弄他的伙伴。一九六二年，在披頭四成名、前最後一次到漢堡的明星俱樂部（Star Club）演出時，我們就可以從簡陋的錄影帶中，看見這活潑的一幕。

麥卡尼正在領唱《Till There Was You》，這是音樂劇中一首傷感民謠，是那種女孩們會為他傾倒的歌曲。每當他唱一句，列儂就會落後一拍的在字句間，冒失且大聲的製造回音，比如麥卡尼唱「There were birds」，列儂就會落後一拍地再接一次「THERE WERE BIRDS」；麥卡尼唱「No, I never heard them at all」，列儂也會落後一拍地再接一次「NO, HE NEVER HEARD THEM」。不過，麥卡尼無所謂的繼續領唱，而且偶爾會在唱完一句後傻笑。其實，麥卡尼非常重視表演這件事，他絕不允許其他人這樣做，不過因為是列儂，所以才有趣。

在團隊工作中，使用幽默是一項重要的技能，不過，管理學理論家卻有點忽視這項技能。幽默可以成為衝突一個重要的安全閥，它認可困難問題確實存在，並藉由笑聲將彼此再次團結，而不是在痛苦中拆散他們。密西根大學的副教授兼動態衝突專家的林德里德・格里爾（Lindred Greer）告訴我，當她在教授企業管理碩士的課程時，給她留下最深刻印象的是前軍校的學生，她說：「在他們具備的眾多領導技能中，其中有一項是，他們能夠在適當的時候開一個玩笑，而且他們知道如何藉由這種良好的方式，轉移群體的情緒。我一直都覺得這非常吸引人，並想知道如何量化它。」

如果不是帶有體貼和親密的方式戲弄對方，與他們的關係就會出現問題；如果做得好，它是我們在管理衝突中最有價值的形式之一。戲弄者可以說一些有關對方行為的事情（如果不是熟人且說得過於直白，可能會引起對方痛苦或憤怒），幫助他們了解自己情況的事情。每個人都有些古怪的行為，沒有人是所有行為皆「正常」的，而我們也不該渴望成為正常人，但如果我們對於自己好的、壞的怪癖都有粗略地了解，肯定受益匪淺。而戲弄者能讓我們知道這些行為是什麼，卻並不會堅持要求我們改變這些怪癖，他們戲弄我們只是為了逗我們開心。

此外，戲弄也可以是一種測試新關係是否穩固的溫和方式，披頭四經常因為馬丁領帶的故事而被說厚臉皮，不過，我覺得這也是一個說明他們如何利用幽默來駕馭新社會環境的例子。另外，當他們在試鏡時，我也懷疑他們有意無意地在試鏡馬丁：當面對四位不接受被人指手畫腳的年輕勞工所提出的意見時，這位顯然是他們社會上司的人，會有什麼反應呢？哈里森的笑話是個試探，但也是個風險，如果馬丁做出了否定的反應，他們的交易可能因此結束，且很可能也是披頭四的盡頭；不過，對他們和我們來說，幸運的是，回覆的信號是正面的，因為馬丁笑了。

☹ ☹ ☹

一九五一年的劍橋，弗朗西斯・克里克（Francis Crick）和詹姆斯・華生（James Watson）

正在進行一項聯合任務，致力於發現DNA的結構。他們知道時間很少，因為與此同時，倫敦另一對傑出的科學家也在研究同一個問題。華生剛剛參加了一場會議，他們對手之一的莫里斯・威爾金斯（Maurice Wilkins）在會議上，展示了第一個清晰的DNA圖像。

當時，威爾金斯隸屬於國王學院，這是繼劍橋之後，英國另一個主要DNA研究中心。他在那裡的X射線實驗室裡，遇到了一位名叫羅莎琳・富蘭克林（Rosalind Franklin）的年輕研究員。在他們第一次見面時，威爾金斯就成功地惹惱富蘭克林，因為他以為她只是自己的助手之一，而不是一名研究人員（但其實，富蘭克林當時已經有相當關鍵的發現，即DNA有兩種形式）。從那時起，儘管兩人組合起來就相當強大，但威爾金斯和富蘭克林始終保持禮貌卻疏遠的關係。

然而，華生和克里克有一個秘密武器，那就是**無禮**。克里克後來回憶說：「如果我的理論有缺陷，華生都會毫不含糊地告訴我這是胡說八道；反之亦然，如果華生有一些我不喜歡的想法，我也會這麼說，而這就會動搖他的想法。」克里克認為，人際關係最重要的是完全坦誠，雖然這對你的同事而言，幾乎可說是無禮。另外，他說：「合作的敵人是『禮貌』」。

一九五三年，克里克和華生共同發表了他們獲得諾貝爾獎的論文，當中提出DNA的雙螺旋結構，而這項發現被認為是二十世紀最偉大的發現之一。克里克後來寫道：「我們已經發展出不用明確說明卻富有成效的合作方法，而這是倫敦小組相當缺少的東西。如果我們之中有任何人提出一個新的想法，另一個人會認真對待且同時也會試圖以一種坦率但非敵意的方式將其推翻，而這被證明是相當關鍵的方式。」

在職場上，人們往往傾向於否認衝突在創造性思考中發揮的作用，因此人們反覆強調的口號是——集思廣益下「沒有不好的主意」。柏克萊大學的心理學家查蘭・內米斯（Charlan Nemeth），是魔鬼代言人研究作者之一，他想知道禁止批評是否真的能讓群體更有創造力，因此她在美國和法國組織了九十一個五人小組，要求他們想出解決當地交通擁堵問題的方法。有些小組被吩咐要以傳統的方式集思廣益，且不批評彼此的貢獻，而其他組別則被告知要進行辯論和批評。

內米斯發現，有辯論的組別比腦力激盪組產生了更多的想法，而她推測其中一個原因是，建立一個公開批評的規範，實際上可能降低了人們對被評判的焦慮；當批評被認為是小組獲得更好答案的一種方式時，人們就不會太在意了。「沒有不好的主意」是一個善意的觀點，如果人們對於自己的想法被批評或被挑戰時感到緊張，那毫無疑問地，他們將不太可能說出自己的想法，而這會使談話內容變的很少。

不過，對我來說，內米斯的研究顯示，解決這個問題的最好方法不是試圖廢除意見分歧，而是要讓人們在面對意見分歧時更有信心。要實現這點的唯一方法是組織的領導者要示範和鼓勵允許犯錯和表現脆弱的文化，讓每個人都認可公開的意見分歧是創造性思考的來源。為了想出好主意、好點子，我們首先需要不好的想法。

☹ ☹ ☹

即使將最持久的關係都聚集起來，形成像是蜘蛛網的關係，他們也會被公開、情緒激昂的意見分歧摧毀。意見分歧會打開窗戶、掀起地毯，以發現任何我們選擇隱藏的事物，它甚至還能沖刷出關鍵的資訊和見解，否則這些想法都只在在我們的大腦中，無法被他人獲取，或處於休眠狀態。因此，意見分歧實現了多樣性的創造潛力。

正如我們所見，只有在某些條件下，意見分歧才能達成這一切，即人與人之間必須相互信任，而且在某種意義上，要有共同項目或共同目標。彼此之間不需要很深的信任，因為善意的意見分歧不需要親密無間的關係，而其最小的表達形式意味著「我相信你對這次談話的內容比**吵贏**我或達到你的目的還感興趣」；而共同的項目也可以很膚淺，像是雙方都希望透過社交媒體短暫地與他人互動，從彼此身上學到一些東西。不過，當信任感越強、項目對參與者越重要，意見分歧就會越大、討論就會越起勁，且越有啟迪、教化的作用。簡而言之，越強大的關係，能讓意見分歧的質量更高。

沒有保證能達成良好意見分歧的途徑，因為沒有人有這個能力。不過，我們大多數人在大多時候，可以做一些事情，讓它變得更好，而這就是下一章的內容。我不會告訴你如何贏得爭論，因為以贏得爭論為目標，並不是個遠大的志向。無論輸贏，更重要的是你們之間創造了新的東西，如新的洞察力、知識、計畫等。此外，我也不打算提供一個禮貌規範（關於為什麼不提供，請見本書最後一部分），我所要做的是，確立可以得到更好且更有創造性爭論的主要條件，所以總結出有效意見分歧的九條規則，再加上一條所有規則的成敗都取決此的黃金規則。

由於人與人之間的互動是無限變化的，所以你應該把這些規則（也許除了「元規則〔meta-rule〕」外）都當作是暫時性的，但我相信無論是在家庭、工作還是公共生活中（或在社交媒體上，這包含了以上所有三種情況），這些規則都是讓我們在面對意見分歧時，有更好應變之道的牢固指南。

審訊員、人質談判員、警察、調解員和治療師都是以處理高壓、棘手且激烈意見分歧為生的人，而這些規則就是來自於這些人實踐的智慧以及針對艱難對話的科學研究。所以，我相信這些規則構成了一種接近良好溝通意見分歧的普遍語法，它們不是作為技術或戰術，而是基本原則。因此，我從這些專家身上，收集許多極其實用的技巧，並將其整理成對話規則，列在本書的結尾處；所以，當你下次開始進行困難的對話時，你可以使用這些技巧。

PART II

有效的爭論規則

5. 首先，建立連結

在談論意見分歧的內容前，首先要建立信任關係。

在二〇一七年八月的兩個炎熱日子裡，數百名自稱是白人至上主義者的人，在維吉尼亞州夏洛茨維爾的街頭遊行，而遊行者是由新納粹分子和三K黨成員組成的一個雜牌軍，他們在那裡是為了「團結右派」，並宣布白人民族主義事業的團結。

他們高喊種族主義的口號，揮舞著納粹的旗幟，有些人攜帶半自動步槍，其他人則揮舞著棍棒，儘管他們試圖進行恐嚇，但同時他們也受到挑戰——反法西斯主義團體也在舉行反抗議活動。反法西斯主義者包括手持標語牌的政治活動分子、身穿儀式長袍的當地神職人員，以及許多夏洛茨維爾的普通居民，無論黑人還是白人，都到場表示對白人至上主義的蔑視。

八月十二日，在維吉尼亞州州長宣布進入緊急狀態後，警察終於解除了這場將近兩天緊張又暴力的對峙。當人群散去時，一些反法西斯主義者沿著一條狹窄的街道前進，就在這時，一位開著道奇挑戰者的年輕新納粹分子發現凶機：他飛速朝那條街道行駛，將人群撞開，撞死了其中一名反法西斯主義者，她是一名三十二歲的白人婦女，名叫希瑟．海耶爾（Heather Heyer）。

海耶爾在夏洛茨維爾的一家法律事務所擔任律師助理，阿弗雷德．威爾遜（Alfred Wilson）是她的老闆，也是她的朋友，他清楚地記得她去世的那天。威爾遜是非裔美國人，他曾想參加反抗議活動；但最後他和他的妻子決定不參加，因為在人群中很難隨時掌握他們三個孩子的行蹤。當他們正在家裡看電視轉播的集會時，他接到瑪麗莎的來電，她是海耶爾的同事和朋友，她瘋狂地大喊出事了，也找不到海耶爾，威爾遜則說他會看看他能做些什麼。不到一分鐘，他的電話又響了，這次是海耶爾的母親蘇珊．布羅（Susan Bro），布羅是從當地的醫院打給威爾遜，她說：「海耶爾走了。」並告訴他海耶爾是如何死的。聽到這消息後，威爾遜馬上趕往醫院。

在接下來的幾個星期裡，以夏洛茨維爾為中心的一場悲痛、憤怒和爭議風暴，在全國各地肆虐，海耶爾的死亡成為國家政治的一個引爆點，加劇了貫穿美國歷史的種族問題。布羅策劃和安排女兒的葬禮、處置她的財產、面對來自世界各地的媒體、接聽政治家和名人的電話，與此同時，威爾遜依照布羅的要求，以海耶爾的名義成立了一個慈善基金會，如此一來，就能善加利用來自世界各地好心人所捐贈的資金。在海耶爾去世九天後，該基金會就已完成註冊並接受捐款。

海耶爾去世大約六個星期後，在夏洛茨維爾有一場為了那些受到暴力影響的人所舉辦的音樂會，該音樂會由大衛馬修樂團籌劃，其陣容包括亞莉安娜·格蘭德和賈斯汀·提姆布萊克。當時，威爾遜的大女兒正讀大學一年級，她和三位室友一起從大學開車回家參加音樂會，而在音樂會結束後，威爾遜與女兒擁抱並道別。四位女孩就踏上返回大學之路，但大約四十分鐘後，他就接到女兒的電話說她們的車子拋錨了。因此，威爾遜開車過去看她們，但威爾遜自己無法解決這個問題，於是他叫了一輛拖吊車。

當拖吊車司機到達時，威爾遜還在他的車裡面打電話，後來當威爾遜出現時，這位白人拖吊車司機略微吃驚，因為威爾遜的女兒，有和他巴勒斯坦妻子一樣淺棕色的膚色，而她的三位朋友則都是白人。拖吊車司機問道：「這些是你的什麼人？」威爾遜告訴他，並解釋了他的計劃：他打算讓他的女兒和其朋友開他的車回學校，而他需要拖吊車把壞掉的汽車載到離威爾遜家不遠的一家補胎店。車程大約需一個小時，他打算和司機一起乘坐拖吊車過去。

威爾遜和司機上了拖吊車，並開始沿著64號州際公路行駛，威爾遜回憶說到：「當時很安靜。」兩人默默地坐了很久，當威爾遜偶然看向卡車後方時，他注意到了一件事——窗戶上掛著一面邦聯旗。對某些人來說，這面旗幟與南方文化遺產的自豪感有關；不過，對威爾遜和其他人來說，它是仇恨和壓迫的象徵。威爾遜選擇什麼都不說，畢竟，拖吊車的駕駛室是一個很小地方，威爾遜說他當時就想：「好吧，這將是漫長又尷尬的一小時。」

☹ ☹ ☹

我們都曾遇到過一種情況，就是我們想對某人說一些難以啟齒的事情，我們在開口前就知道他們不會同意，因此，說出這些話會出現的情況，以及可能隨之而來的憤怒和謾罵，讓我們決定閉口不談。我很想告訴你不要擔心、拋開你的恐懼，直接面對彼此的意見分歧，但我不能這樣做，因為彼此對談的開頭至關重要。

來自不同領域的學者們一再發現，對話開始方式的細微差別，對於接下來的溝通內容，會有不成比例的影響。哥倫比亞大學棘手衝突實驗室的研究人員發現，在有關道德衝突的對話中，參與者在前三分鐘對於談話的感受，就已為彼此剩餘的討論定調。而會話分析家們對現實生活中的對話進行了細緻的研究，他們發現，在電話中某人對於最初的「你好」做出反應前，只要停頓短於〇．七秒，就是很容易預測這通電話隨後的談話不會順利地進行。關係科學家約翰．高曼（John Gottman）發現，已婚夫妻對話中的開場白，決定了接下來他們的對話將如何展開，同一對夫妻在某天對於某件事情進行有效的對話後，在第二天可能就陷入爭論，而唯一的區別，就是他們對話的開始方式。

這是因為人類有一種根深蒂固的傾向，就是對彼此作出善意的回應。在不知不覺中，我們深受與我們交談者或是其言行舉止的影響：如果某人顯示他們喜歡我們，我們就會想表示我們也喜歡他們；如果某人向我們透露他們知道或感覺到的事物，我們就會有衝動要為他們做同樣的事；如果有人對我們有敵意，我們就會有強烈的衝動對他們產生敵意。這種行為和情緒基調的鏡像，並非不可避免的，但它經常發生，而艾倫．西拉斯稱其為「互惠規範（the norm of reciprocity）」。

一旦正面或負面的回應循環開始，就很難逃脫該循環，緊張的場面可能變成一場激烈的戰鬥，但其實雙方都不願如此。在高曼的實驗室裡，只有四%的夫妻能夠將最初的負面互動轉為正面互動。一開始，雙方皆想以善意的意圖進行爭論，這對雙方來說不算什麼，因為西拉斯說：「在大多數的婚姻爭論中，雙方都希望被視為公平競爭，並在不冒犯對方的情況下，努力實現自己的目標。」

但是，隨著緊張局勢的加劇，人們會開始有更多無意識且非戰略性的行為出現，他們會拋開禮節，發表傷人的個人評論；他們會加入完全不相干的問題，以達到壓制對方的目的，而衝突就會不斷升級。所以談話的開頭非常重要，那麼，你該如何開始談話才正確呢？

☹ ☹ ☹

一九四三年，美國海軍陸戰隊的少校舍伍德．莫蘭（Sherwood Moran）向整個太平洋戰區的部隊分發了一份有關審訊敵方戰俘的備忘錄。莫蘭曾是一名傳教士，戰前曾在東京養家糊口，當日本人襲擊珍珠港時，他已經五十六歲，住在波士頓。他意識到自己流利的日語及對日本文化的熟悉程度可能對戰爭有幫助，於是他就入伍了，而莫蘭也很快的就以對日本士兵異常有效的審訊而聞名。這些人都是著名的抗拒型被審訊者，他們就像今天的伊斯蘭恐怖分子一樣，許多人是狂熱、自殺性地致力於他們的事業，而且對美國人深懷敵意。

在他的備忘錄中，莫蘭解釋了為什麼他放棄使用其他審訊者欺凌的方法，因為他確信，如果用暴力提醒囚犯他面對的是他的征服者，那犯人會處於「防禦的心理狀態」，莫蘭不認為有必要讓囚犯感到害怕或無能為力，因為剝奪囚犯的尊嚴，只會加強他不說話的決心；相反地，審訊的目標應該是要實現「智力和精神上的友好關係」。

莫蘭的假設是，即使是最堅定的囚犯，也會有一個他想講的故事，而審訊者的工作就是要創造出讓他願意且能夠講述這個故事的狀態。想做到這一點，最可靠的方法就是讓他感受到你關心他這個人：

以他和他的困難作為關注的焦點，而不是你和你對戰爭問題的疑惑，如果他沒有受傷或疲憊不堪，你可以問他是否有足夠的食物……如果他受傷了，你就有個難得的機會，可以開始談論他的傷勢，詢問醫生是否為他治療過，並讓他給你看他的傷痕。

今天，大多數有經驗的審訊員都同意莫蘭的看法。前陸軍上校史蒂文．克萊曼（Steven Kleinman）是美軍最多產且最有經驗的審訊員之一，且他直言不諱地反對在反恐戰爭中出現虐待的行為。他告訴我，有一次他在巴格達進行審訊時，他的同事逮捕了一名向叛亂分子出售武器的伊拉克槍手，在咄咄逼人的審問下，該囚犯除了要求打電話給他的女兒，一直堅定地拒絕說話。

因此，當輪到克萊曼審問囚犯時，他首先談到他對於把兩個女兒留在家裡感到很難過，而這位伊拉克人也透露他的擔憂作為回饋，他擔心自己的工作會讓兒童在城市中變得不安全。克萊曼說：「在審訊期間，我們談論了許多擔心小孩的想法，像是兩位擔心小孩的父親交流，而不像審訊者和被拘留者之間的對話。」雖然他沒有這樣說，但克萊曼已經使用了互惠規範，他敞開了一點自己的心扉，而這促使囚犯也這樣做，接著這位伊拉克人就繼續告訴克萊曼他需要知道的一切事物。

雖然這種場景與我們大多數人的生活相距甚遠，不過這為人們提供了一個模式，以開啟緊張的意見分歧：在進入爭執本身前，要先專注於為其創造正確的背景，了解對方關心什麼，並在你與他們交談的過程中，認可他們所關心事物，以你希望他們回應你的方式行事，讓他們成為你理想的對話者。然而，因為與他人意見分歧會讓我們緊張，所以我們在做這些事情時，彷彿戴上刀槍不入的面具，但這樣做只會適得其反。只要稍微對他們敞開一點心胸，他們就更有可能對你敞開心扉。

更好的關係能產生更好的意見分歧，這順序是很重要的。如果有一件事能將困難對話中的專家與我們一般人區分開來的話，那就是在開始意見分歧的實質內容前，他們都會投入關心和關注，以塑造彼此的關係，這就是他們開始的方式。

☹ ☹ ☹

離婚調解員與正在分居的夫妻會面，試圖幫他們以節省法律費用的方式達成協議，但通常這種情況下，伴侶間幾乎無法忍受與彼此交談。已故的帕特里克·菲爾（Patrick Phear）是離婚調解的先驅，他向一位採訪者闡明，他總是從離婚協議中的其中一項協議開始，無論其多麼微不足道，他說：「如果有必要，我會從我們都能同意我們是人，且我們都在這個房間裡的這個事實開始。」這是因為你同意的行為比同意的內容更重要。

當我與另一位離婚調解員鮑勃·賴特（Bob Wright）交談時，他贊同菲爾的觀點，並告訴我說：「我會告訴他們，你們都同意調解，是件很重要的好事。」這雖然只是一個小技巧，卻很有效，除了對眼前的事情有效，也提醒雙方對於後續事情進行意見分歧時，並不需要定義彼此的關係。

在密西根州大急流城經營調解實務的賴特，經常要與那些至少有一方充滿怨恨和憤怒的夫妻坐下來談話。在這種情況下，你可能認為最好的方式，就是遠離他們的情緒，直接進行談判；不過，賴特知道最好的方法是讓當事人公開讓其心煩意亂的事情。他一開始會要求雙方都要提供他們的觀點，並談談他們想要什麼以及他們的感受，然後他會要求另一方概述他們所聽到的內容，最重要的是要說出講述者暗含的情緒；人們一般都能適應第一項任務，但發現第二項任務很難。賴特認為：「大多數人——或者我應該說大多數的美國男人——都不注重情感部分，我會告訴他們，這沒關係，你只是在猜測。」如果他需要的話，賴特會給他們提示，因為根據他的經驗，只要讓他們大聲說出這些話，就能改變談話內容。

我問他說：「當一個憤怒的人聽到某人說：『我看得出來你很憤怒。』會發生什麼事情？」

賴特回答說：「他們往往會說：『真是該死的正確，我不應該告訴你的！』然後他們就放輕鬆了。一旦情緒被提出來討論，他們就比較沒那麼容易生氣了，我每次看到這樣的轉變都會覺得很神奇。」

未表達的情緒就像一顆未爆炸的炸彈，如果把它表達出來，就能在某種程度上化解它，但前提是你必須傾聽。在加州大學洛杉磯分校醫學系的畢業典禮演講中，外科醫生兼作家阿圖．葛文德（Atul Gawande）講了一個他還是學生時的故事，他在醫院急診科值夜班時，被分配到一位吞下半塊剃刀片、割傷自己手腕的囚犯。當葛文德在檢查他的傷勢時，這位囚犯不斷地對醫院的工作人員、帶他來的警察及正在為他治療的年輕醫生粗口謾罵，讓葛文德有種衝動想叫這個人閉嘴，甚至想過要拋棄他，但他沒有這樣做。他描述說：

我突然想起了一位教授講述有關大腦功能的課程，課程中提到，當人們說話時，他們不僅僅是在表達他們的想法，更是在表達他們的情緒，且他們真正希望被聽到的是他們的情緒。因此，我不再聽這個人說的話，而是試著去聽他的情緒，我說：「你似乎真的很生氣，覺得自己不受尊重。」

他說：「是的，我非常生氣，覺得不受尊重。」他的聲音變了，他告訴我，我不可能理解監獄裡面是什麼樣子的，他已經連續兩年被單獨關押。接著，他開始流淚，情緒也平靜下來，而我也是如此。然後，在接下來的一個小時裡，我一邊縫合傷口一邊聽他說，試圖聽出他話語背後的感受。

☹ ☹ ☹

當然，在進行有效的意見分歧之前建立彼此信任的關係，說起來容易，但做起來難，尤其是在沒有什麼事情可以做的情況下。你可能會陷入與一位你不太了解的人爭論中無法脫離，因此幾乎沒有任何時間能建立信任關係，但這並不代表你應該跳過第一個階段，它只是意味著你要更快速地完成這個工作。

有一群專業的溝通者，需要在瞬間與不信任，甚至鄙視他們的人建立融洽的關係，且一天需重複十幾次，他們就是警察。在衝突發生時，我們通常會聽到警民對峙，而最好的警察往往都是高度熟練的溝通者。對於美國警察來說，這是一個生存問題，不管是對他們自己而言，對每個他們遇到的人來說都是如此；在美國，警察和許多罪犯都會攜帶槍支，如果警察敏銳地意識到潛在、致命暴力行為爆發的可能性，他們在正確的時間、以正確的方式、說正確的話，就可以改變這一切。

過去的幾年裡，在一系列駭人聽聞、濫用權力的事件曝光後，美國執法人員使用武力的問題成為焦點。為了對此做出回應，美國最具前瞻性的警察部門，一直在思考他們要如何與他們所服務社區的人們進行近距離互動，因為警民相遇往往是緊張且可能迅速變成對峙的情況，這就是為什麼緩和衝突（de-escalation）被認為是一項越來越重要的技能。

為了了解這項技能的教學方式，我來到田納西州的曼非斯警察局，這裡在非裔美國人局長邁克爾・拉林斯（Michael Rallings）的領導下，一直處於緩和衝突的領先地位。二〇一六年，一場「黑人的命也是命（Black Lives Matter）」的社會運動讓曼非斯的一座橋被堵住好幾個小時，拉林斯在不使用武力威脅的情況下，說服他們讓出一條道路，並在他們離開時，與抗議者手拉手。這三天以來，我在曼非斯警察學院與大約二十名警察共用一個房間，大部分都是有經驗的警察，裡面所有人都渴望學習，有白人、非裔美國人和亞裔美國人，有男有女。

警局聘請了一家名為 Polis Solutions 的培訓公司，該公司是由一位擁有哲學博士學位的前警察喬納森・文德（Jonathan Wender）共同創辦（我們將在後面介紹他）。在曼非斯，由唐・古拉（Don Gulla）負責領導 Polis 團隊，古拉是一名退休警察，曾維持西雅圖街道三十多年的治安；現在，古拉和與他同樣都退休的警察同事邁克・奧尼爾（Mike O'Neill）和羅伯・巴茲利（Rob Bardsley）一起，對警察進行緩和衝突培訓，雖然他本人不太喜歡「緩和衝突」這個詞。

在第一天訓練的前一天晚上，我和他們三人在酒店裡共進晚餐，當我提出關於緩和衝突的命名問題時，他們普遍聳肩，而古拉是位有著和藹可親眼神的菲律賓裔美國人，他微笑著說：「每個人都在談論緩和衝突，但從來沒有人說過這是什麼。假設有一個人在大廳裡，拿著一把切肉刀在發瘋，我該如何緩和這種情況？也許最好的辦法是向他開槍，這就是緩和衝突嗎？」對古拉來說，用「緩和衝突」來表達良好的溝通過於花俏。

第二天早上，古拉問他的學員們：「當有人對你大吼大叫時，你會怎麼做？你會說：『閉嘴，冷靜下來』嗎？不，你不要這麼說，因為這會讓他的情況變得更糟。」古拉建議，與緩和衝突同樣重要的是，不要讓衝突升級。在壓力下，警察可能會犯錯，陷入對等的惡性循環中。不過，古拉說：「你不要對他們大吼大叫，而是要說：『夥伴，我明白你的意思了。你和我，我們有工作要做。』」

正如我們所看到的，在有潛在危險衝突的情況下，一開始的對談是至關重要的，而這就是警察大多數的遭遇。在開始討論該怎麼做之前，必須先建立一種聯繫，但是當你在教訓對方如何感受時，你就無法建立這種聯繫。實際上，就像古拉的同事奧尼爾所強調的，他說：「一旦你告訴他人要冷靜下來，他們就會說：『不，是你要冷靜下來。』」而這時，你已經打開爭論或鬥爭的大門了。

因此，這樣做只會引來錯誤的回應，Polis 團隊建議曼非斯的警察要「從他們所處的位置開始」，這句話其實是他們在路易斯安那州一次偶然的相遇中獲得的。當時，他們在開辦上一屆的培訓課程，他們三人正在一家中式餐廳吃午餐（古拉和他的同伴們都是專業的美食愛好者）。這時，一位穿西裝的男人走進來，並問他們這邊的食物味道如何，後來他們聊了起來。當他們解釋他們為什麼在城裡時，那人說他是一名保險理賠員，負責調查索賠事宜。

這表示他必須與處於各種情緒狀態的人打交道，而他也分享了有效的訪談方法，他說：「我從他們所處的位置開始，如果他們生氣，我就跟著他們生氣；如果他們高興，我就和他們一起高興。」但這位保險理賠員並不是說他對憤怒的人生氣，他的意思是他總是試圖從他所說的話語，或他說話的方式中，回應他們的感受；他會根據他們的情緒程度，調整自己的溝通方式。從此以後，「從他們所處的位置開始」這句話就成為 Polis 的口頭禪。

從他們所處的位置開始，意味著要關注他們所處的位置。奧尼爾在課堂上談到，警察在到達一個可能發生動盪的現場時，需要暫停一下，即使只是短暫的暫停，也要評估無論是情感還是身體上正在發生的事情，再進行干預。「我走進去之後**傾聽**了幾秒鐘，再試圖把它拼湊起來。

簡單來說，就是有時候我們到達現場，儘管已經知道問題是什麼，但只有在我們問了一些問題之後，我們才會發現真正發生了什麼。」

一位女警也分享到：「我會試著和人們打交道，如果房子裡有一個嬰兒，我可能會問：『我是否可以抱抱她？』當焦點集中在孩子身上時，每個人都會平靜下來。我也曾走進某人的客廳，看到 SIG 的標誌（SIG Sauer 是槍支流行品牌），我就想，好吧，家裡有槍，很好。不過，我也發現一個很好的話題，就是問他：『那麼，你都有什麼槍？』」

另一位女警談到她知道自己逮捕的人父母生病後，她向這個人透露自己的母親最近死於癌症。在全班同學聽她說完後，奧尼爾點了點頭，他說：「在我生命中曾發生的一切事物，都會回到我身上，並在我的工作中幫助我。就算是我爸媽之間的爭吵也能幫助我，因為一切都能產生共鳴。」

還有一位警察回憶說，他去了一個需要以家庭暴力名義逮捕一名男子的家裡，「我到現場後，媽媽想帶著孩子離開，但那名男子抱著孩子站在那裡，不願意把孩子交給我。然後，他開始問我問題，比如我是否相信上帝？起初我想，這不關你的事，我是個警察，但後來我想，為什麼不呢？我們開始談論不同的宗教、談論中東發生的事情、談論我們在歷史頻道上看到的內容。在我意識到之前，他已經把孩子放下了，我們在朝警車走去的路上，還在聊天。」

我們的意見分歧中，只有一些是與完成履約有關。在進入較困難的部分前，與他人建立情感聯繫的原則，適用於各種艱難的對話，包括政治對話。作為線上活動家兼媒體企業家的伊萊．帕里瑟（Eli Pariser）觀察到，最好的美國線上政治討論，有些是在運動團隊網站的論壇上進行。因為參與者知道他們彼此間有共同點，就是都相當熱愛自己支持的球隊，所以他們更容易放下戒備，並參與和自己不同觀點的討論中。如果你們唯一的共同點是意見不一致，那麼就很難有效地提出不同意見，而我們太常談論尋找共同點，會讓人感覺彷彿它本身就是我們的目的，但其實，它是可以成為通往有效意見分歧的一個跳板。

☹ ☹ ☹

在拖吊車的駕駛室裡安靜地坐了十五分鐘後，威爾遜被他腦袋裡的一個聲音訓斥了，他告訴我說：「我感覺有人在拍我的肩膀……是海耶爾，而且她還跟我說：『阿弗雷德，你要大聲說出來。』」威爾遜決定採納他去世朋友的建議，但他又不想直接討論那面旗幟，因為那樣感覺太過對立了。所以，他捫心自問，如果是海耶爾，她現在會怎麼做？她會先和他接觸。

威爾遜在夏洛茨維爾的一家律師事務所工作，他專門負責指導人們完成破產的程序。五年前，他一直想僱用一名資料輸入員，能在新客戶首次來訪時，負責與他們見面，並將他們的資訊輸入系統。而威爾遜的一位法律助理向他推薦了她的朋友海耶爾，但同時也提醒他必須要有個開放的心態。

海耶爾與威爾遜正在面試的其他候選人不同，她沒有法律經驗，也沒有學位，但威爾遜還是決定無論如何都要讓她加入。他見到了一位緊張但迷人的年輕女子，她說：「這對我來說很奇怪，你們所有人都穿西裝，而我只在酒吧裡工作過。」威爾遜問她一般周末可以賺到多少小費，而當海耶爾告訴他兩百美元時，他就得出結論，他知道海耶爾一定是位相當好的溝通者，所以決定抓住機會、冒險一試。

當海耶爾第一天來上班時，她似乎有點眩暈無力，那天早上，她到威爾遜的辦公室詢問他是否可以改變早上八點半到下午五點的工作時間。這問題讓威爾遜大吃一驚，不過他還是聽她把話說完，海耶爾解釋說：「我一直是都是調酒師，從未在中午前起床，我不確定我是否能做到這一點。」因此她提議從中午十二點工作到晚上八點，而威爾遜被她的厚顏無恥逗樂了，他對海耶爾說：「我說，你在開玩笑嗎？我們的客戶晚上八點不會在這裡。」但海耶爾相當堅持，最後他們商量好從上午十點開始上班。而威爾遜回憶起這件事時，笑了起來，他說：「那就是海耶爾，讓人們進行艱難的對話，並作出妥協。」

海耶爾工作勤奮，而且學得很快，事實證明，她有一種與客戶溝通的特殊能力。威爾遜說：「來我們辦公室的人運氣都很差，他們可能最近有心髒病發作，或者他們正在對抗癌症。他們的房屋被取消贖回權、汽車被收回，所以當他們進來時，他們基本上都很難受，而海耶爾將是他們遇到的第一個人，她有辦法能讓他們感到舒適，幫助他們放鬆。」

幾個月後，威爾遜注意到，海耶爾對他的案件申報有所幫助，「因為我們的客戶在與海耶爾交談後，願意告訴我們更多資訊，這就表示我們可以幫助他們更多，因此，海耶爾可說是正在為我們打開大門。」

海耶爾也認識威爾遜的家人，威爾遜說：「海耶爾和我小女兒的關係很好，海耶爾會告訴她坦率說出自身想法的重要性。」有時候，當威爾遜走進海耶爾的辦公室時，她會因為在社交媒體上看到某個弱勢群體被虐待而哭泣。而有一天，當他問海耶爾為什麼哭時，她說是因為他，她說：「阿弗雷德，我不明白你為什麼要幫助這些人。」她說她都已經知道新的客戶會如何對待他了，威爾遜感到相當困惑，問她是什麼意思。她說：「當你伸出你的手時，他們卻不和你握手，好像他們不希望你幫助他們一樣。」

威爾遜意識到她是對的，他說：「我想這在我的生活中已經發生很多次了，以至於我沒有注意到，也沒有說什麼，甚至已經到了開始接受被這樣對待的地步。」海耶爾還注意到，同一批人在離開他的辦公室一小時後會擁抱他，並對他表達深深的感謝，但這只會讓海耶爾感到更加難過。

威爾遜一心只想避免衝突的可能性，所以他允許這種不公正的小現象長期存在。後來，威爾遜改變自己的行為。他說：「現在，如果我伸出我的手，而他們沒有回應，我就說：『嘿，我還來不及和你握手。』我讓他們與我接觸，並處理他們不舒服的感覺，然後他們就會更敞開心扉。海耶爾真的對這些對話很有天賦。」他回憶起，在集會當天，有人拍攝海耶爾與一名白人民族主義婦女交談的影片，他說：「海耶爾和三位黑人朋友在一起，她非常平靜地詢問這位女士：『你能解釋一下為什麼你不喜歡我的朋友嗎？如果你不能解釋，你確定你在做正確的事情嗎？』」

在拖吊車的駕駛室裡，聽到海耶爾的聲音對他說話後，威爾遜想了一會要如何開始談話，最後威爾遜說：「你做拖吊車司機多久了？看你把那輛車放上去的方式，就知道你真的很擅長你的工作。」司機反應熱烈，而兩個人就聊了起來。威爾遜說：「我們發現我們都有三個孩子，而且我們都兼做多份工作，因為我們想確保他們有最好的未來。」當拖吊車駛近輪胎店時，大約已經凌晨一點，威爾遜問了一個艱難的問題，他說：「我只想問你一件事，你為什麼把那面旗子放在後面？」

拖吊車仍在行駛，但一切似乎都停止了。司機並沒有直接回答，他之前一直是用一隻手開車，現在他把兩隻手都放在方向盤上，並直視前方。接著他說：「為了擁護我的遺產。」威爾遜真的很感興趣地問道：「你的曾祖父參加過內戰嗎？」司機似乎不太確定，他說：「我想應該是一個曾叔父之類的吧。」威爾遜說：「了解，但你是一位公眾人物，你負責拖吊別人的車，而很多人會對這面旗幟感到不舒服，比如我一開始看到你車上的旗幟，就很不開心。不過，你和我，我們其實有很多共同點。」這位司機也同意威爾遜的說法。

在店裡，威爾遜說了聲謝謝後離開，他的妻子正在來接他的路上，而拖吊車一直停在原地。「我走過去告訴他可以離開了，他卻說：『天很黑了，你不應該一個人在外面。』所以，我知道他是關心我的。」大約一星期後，威爾遜接到了那位司機的電話，他說他只是想確認一下一切是否順利，威爾遜告訴他女兒的車已經修好了，並感謝他的關心。司機說：「喔，我只是想讓你知道，我已經把那面旗幟拿下來了。」

☹ ☹ ☹

在海耶爾去世後的幾天，她的母親布羅在全美和全世界數百萬人面前，為她被謀殺的女兒致悼詞。布羅有個訊息向要給殺害海耶爾的兇手和他的盟友：「他們試圖殺死我的孩子，讓她閉嘴。但你們猜怎麼了？你們反而引起更多人關注她和這個議題。」

這些簡單又挑釁的話語，瞬間傳遍了大街小巷，布羅的演講成為全球的頭條。儘管這些話很有力量，但它們掩蓋了演講中的一些內容，而這些內容或許不容易在推特上發表，卻也相當重要。與其說布羅將她的女兒神化，不如說她在描述自己與熱情、有主見的女兒一起生活時的真實寫照：

哦，我的天哪，與她共進晚餐，我們就知道這將是一場傾聽和談話的折磨，或許會有意見分歧，但這是不可避免的。因此，我的丈夫會說：「好吧，我要去車上玩一下電子遊戲。」然後，她就會和我談話，我會認真傾聽。接著，我們會進行談判，我再繼續傾聽。

是什麼讓布羅的演講如此特別？是因為她不只是告訴人們要改變世界，或堅持自己的信仰，她還談到，提出不同意見雖然**困難**，但這對我們來說非常重要：

讓我們進行一場令人不舒服的對話吧！要坐下來並說出「好吧，你為什麼不高興？」這句話並不容易，或是「好吧，我是這樣想的。我不同意你的觀點，但我還是要有禮貌地聽你說，我們不會圍坐在一起、握手言和，並一起高唱Kumbaya」……這些話語也不容易。重要的是，我們會有不同的觀點，我們會對彼此感到憤怒，但是，讓我們引導這種憤怒，不要變成仇恨、不要變成暴力、不要變成恐懼，而是變成正義的行動。

像現在，這裡就有一群人願意相互傾聽、相互交談。昨晚在新英格蘭，他們以海耶爾的名義舉行了一次和平集會，進行一些敏感性議題的對話。如果你想知道這些對話內容是什麼樣子，可以看看她臉書的貼文。我告訴你，這些對話有時很粗暴，但它們是對話，是必須發生的談話。

布羅之前是一名教師，她與她第二任丈夫住在維吉尼亞州的一個旅行拖車停車場裡，離夏洛茨維爾大約半小時的車程。自從海耶爾去世後，她一直以促進艱難的政治對談作為個人使命，她試圖在臉書和推特上針對種族和政治問題進行強硬，有時是尖銳的爭論。

她對反對者的禮貌令人印象深刻，就算是那些對她女兒死亡大肆宣揚陰謀論的人也是如此有禮。布羅告訴我，她不認為每個人都可以真誠地參與其中，她認為與組織白人民族主義集會的人進行對話沒有什麼意義，但她有興趣接觸那些可能會對他們的目標，產生同情心的人。

> 推特是一個讓人們站在角落裡互相謾罵的地方，當孩子們害怕且不知道還能說什麼時，他們有時候會這樣做。不過，我想我們可以說得更多，但我們卻已經養成喜歡做最容易事情的習慣，那就是只管大吼大叫，然後封鎖別人。我們完全沒有試圖向對方學習。

布羅也談到尋找連接彼此背景正確的方法：

> 如果我告訴他們我住在旅行拖車停車場裡，他們馬上就會假定我的政治觀點和教育水平；如果我告訴他們我是一名教師，這又會改變人們的看法；又或者我可以告訴他們我喜歡搖滾樂……所以，如果你願意做一點誠實的分享，你就可以成功開啟對話。

6. 放手吧！

想要良好地表達意見分歧，你就必須放棄試圖控制對方的想法和感覺。

二〇一三年，一名英國男子因計劃綁架和謀殺軍人而被逮捕。這名有犯罪前科的嫌疑犯曾在社交媒體上發布支持暴力聖戰的訊息，警察在突擊檢查他家時，還發現一個袋子，裝有一把錘子、一把菜刀和一張標有附近軍營位置的地圖。

在他被捕後不久，一名反恐警察負責來審訊他，希望他能說明他的計劃，並揭露他是與誰（如果有的話）一起密謀；但是，被拘留者（我們稱他為尼克）拒絕透露任何信息，還滔滔不絕地闡述了半個多小時英國的罪惡，且幾乎沒有中斷。當審訊官嘗試問他問題時，尼克以輕蔑的態度回應，並指手畫腳地指責英國的無知、天真和道德敗壞，他說：「你不知道你自己的政府有多麼腐敗，如果你不在乎，那就詛咒你！」

觀看這次會面的影片，只能看出尼克以咆哮的方式，掩蓋他渴望說出自己所知道的一切。

他面前放了一本《古蘭經》，他表示他是為了讓英國人民生活美滿才採取行動，而他願意與警方交談，是因為作為一個上帝的子民，他想要防止未來發生的暴行；但他不會回答任何問題，除非他確信審訊官和他一樣關心英國。他說道：「我接受審訊的目的不是為了回答你清單上的問題，讓他人表揚你，說你做得很好。如果我發現你是墨守成規的人，我們的談話就到此結束，所以態度請真誠一些。」

觀看這場對話的進行，不可能不感到緊張。當尼克對說過或沒說過的話感到不悅時，他就會轉身離開審訊官、沉默不語，或是離開房間。而他每次回來時，尼克的律師都會勸他不要說話；雖然尼克都沒有理會他，但從某種意義上來說，尼克已經接受了他的意見，因為在審訊中，尼克雖然講了很多冗詞贅句，不過，他並沒有告訴審訊官任何事情。

尼克：告訴我，為什麼我應該告訴你？你問我這個問題，背後的原因是什麼？

審訊官：我問你這些問題是因為我需要調查這整件事情的來龍去脈，並了解你在這些事件中，扮演什麼角色。

尼克：不，那是你的工作，不是你的理由！我是在問你，為什麼這對你本身很重要？

面對尼克的言語攻勢，審訊官一直英勇地保持著冷靜，但卻無法打破這場交鋒，走出僵局。最後，他的上司將他召回；而當新的審訊官入座後，尼克又恢復了他的審問姿態，他說：「你為什麼要問我這些問題？仔細想想你的理由。」

你會怎麼說？

這位審訊官可以簡單地重複上一位審訊官說過的話，畢竟，這是事實；但這可能會讓尼克有同樣的反應。而在觀看這段影片時，我相當驚訝，因為它與我所經歷的爭論非常相似：你被困在一場意志之戰中，沒有人願意讓步。只有其中一方轉變立場或簡單地改變他們的語氣時，狀況才會解除，雙方才會開始談話。你也會意識到，這場爭論並不是關於你認為你所爭論的事物，而是有關主導權在誰手上的問題。

新的審訊官開始說話了：

在我們逮捕你的那天，我就相信你有殺害英國軍人或警察的意圖。我不知道發生了什麼細節、為什麼你覺得必需這麼做，或者你這樣做想達到什麼目的。尼克，只有你知道這些事情，如果你願意，你就告訴我；如果你不願意，那你就別說。我不能強迫你告訴我，我也不想強迫你告訴我，我希望你能幫助我了解，你能不能告訴我發生了什麼事情？

審訊官打開了他的筆記本，給尼克看它是空白頁，並說：「你看，我連個問題清單都沒有。」尼克回答說：「好極了！因為你對我很體貼，也很尊重我，所以，我現在就要告訴你。」接著，尼克就繼續把整個犯罪計畫詳細且完整地敘述了一遍。

☹ ☹ ☹

第二位審訊官到底用了什麼方法，讓尼克打開話匣子？勞倫斯·艾莉森（Laurence Alison）認為是第二位審訊官用明確的方式提問，以至於尼克根本不需要開口，而讓某人分享秘密最糟糕的方式，就是要求他們分享秘密。艾莉森是利物浦大學的法醫心理學教授，也是世界上有效審訊方面的權威之一，我和他還有專業諮詢師埃米莉·艾莉森（Emily Alison）一起觀看這段影片。艾莉森夫妻與英國警方密切合作，構建了世界上第一個以實證為基礎的有效審訊模型。

埃米莉．艾莉森暫停了影片，皺著眉頭說道：「當我第一次看這部影片時，我不得不關掉它並走開，因為我非常氣憤。當然，在房間裡觀看的話，情況會比現在還糟糕一千倍。」勞倫斯點了點頭，同意道：「作為審訊官，遇到尼克這種情境，你會想說：『你他媽才是那個要被訊問的人，不是我！』因為尼克在試圖控制你，所以你也開始試圖控制他，這段關係就開始惡化。」

當審訊變成一場爭奪主導權的鬥爭時，它就失敗了。在我們觀看尼克的影片時，英國反恐警察部隊的一名警官也在房間裡，而他說：「警察習慣掌控局面，而我們也常常提醒自己，要把自尊心留在審訊室外。」

埃米莉從她威斯康辛州的家來到英國，在利物浦大學學習法醫心理學後，認識了勞倫斯。當時，勞倫斯是一名博士生，而且已經是該領域的一顆新星，在勞倫斯建立他學術生涯的同時，曾在威斯康辛州監獄擔任輔導員的埃米莉創辦了一家諮詢公司，幫助社會工作者為受到家庭虐待影響的家庭提供諮詢。

勞倫斯有時候會接到警方的電話，請他針對如何進行棘手的審訊提供建議。他一般都與埃米莉合作，因為埃米莉的諮詢經驗，讓她學會很多審訊難纏人們的方法。因此，艾莉森夫妻很快就獲得擅於解鎖最具挑戰性嫌疑犯的聲譽。

二〇一〇年，勞倫斯得到一個美國政府機構的資助，該機構委託他研究非脅迫性的審訊方法，而勞倫斯也因此立下一個大膽的目標，就是說服英國的反恐部門，讓他觀看他們審訊恐怖主義嫌疑犯的影片。為了達到這個目標，勞倫斯花了兩年的時間，打了一百多通電話後，他們終於同意了。這些影片包含對愛爾蘭非法軍事人員、蓋達組織特工和極右派極端分子的審訊，有些是什麼都不了解的草包，有些則是高度危險的特工。

艾莉森夫妻利用錯綜複雜的審訊行為分類法，對審訊內容進行詳細的分析，他們研究了嫌疑犯採用的策略（完全沉默？發出低沉的噪音？）、審訊官的提問方式（對立？專斷？消極？），以及最重要的——嫌疑犯所提供資訊的數量和質量。他們總共收集一百五十個不同變量所產生的資料，在完成這過程後，他們就開始對這些資料進行統計分析；結果顯示，審訊者如果與嫌疑犯建立比較好的關係，就能從他們那裡獲得更多、更好的資訊。藉此研究，艾莉森夫妻首次從實證的角度，證明之前一直介於假設和內部秘密之間的事情——和睦的關係是審訊者擁有最接近真相的東西。

這還不是艾莉森夫妻發現的全部內容，他們比任何人都更進一步地定義**什麼是和睦的關**

係。儘管「和睦的關係」在菁英分子中享有盛譽，但這概念的定義模糊不清，人們對其不甚了解，還經常將它與簡單的友善混為一談。實際上，根據勞倫斯的觀察，發現審訊者可能會因為他們人太好、太快默許嫌疑犯的要求而失敗，而最優秀的審訊者是知道什麼時候該表示同情、什麼時候該直接和坦承，他們從來不會讓受訊者感覺是被逼著說話。

強調嫌疑犯有能力做出自己選擇的審訊者，更有可能成功取得他們想要的資訊，例如失敗的審訊員往往在訪談開始時，會咕噥地宣讀法律規定的權利聲明：「你有權保持沉默……」；而成功的審訊者則是更可能大肆宣揚，並明確強調嫌疑犯有不說話的權利。按照勞倫斯的意譯，他們可能會說：「我不能告訴你該怎麼做，這個人（律師）也不能告訴你該怎麼做，想怎麼做完全取決於你。如果你想離開，你現在就可以離開這房間，而我只是對你為何來到這裡，非常有興趣。」結果，嫌疑犯們都會乖乖聽話。

埃米莉與勞倫斯一起處理警察案件的這些年裡，她發現審訊與成癮諮詢密切相關，因為兩者都涉及到，讓一位不想和你在同一個房間裡的人，談論他們不想談論的事情。正如她向我指出的，大約二十年前，成癮諮詢的實踐因為納入一個簡單的事實而有所改變，那就是沒有人喜歡被告知應該怎麼做。

☹ ☹ ☹

一九八〇年，一位名叫斯蒂芬．羅尼克（Stephen Rollnick）的二十三歲南非人開始在酗酒者康復中心擔任護士助理。這個中心的臨床醫生對這項工作，都採取對抗性的方式：他們認為他們的客戶在酗酒問題的嚴重程度方面，不管對自己還是他人，都在撒謊；因此，在病人走上康復之路前，臨床醫生必須對病人不誠實的行為，提出質疑、剝去他們的幻想，並打破他們的抵抗。

這間診所並不是一個特例，戰後醫學界對成癮治療的共識，就是將病人視為不聽話的孩子，所以需要教導他們如何做人。輔導員的工作就是要告訴成癮者他們真實的狀況，如果他們否認，就再更有說服力地告訴他們，直到他們接受為止。對羅尼克來說，這似乎注定就是要毒害彼此間的關係，他在茶水間裡注意到輔導員下班後的談話，都略帶對病人的蔑視。

一位名叫安東尼的嗜酒者是羅尼克照顧的其中一位客戶，安東尼常常在團體治療時，幾乎都沒有說過一句話。某天，安東尼一樣安靜地離開；羅尼克隔天早上發現安東尼在他年幼的孩子面前射殺他的妻子，然後再自殺。被這場悲劇所震驚的羅尼克辭掉在酗酒中心的工作，離開南非到英國定居，他開始在卡地夫大學學習臨床心理學的課程，並開始尋找幫助成癮者的不同方法。

幾年後，羅尼克看到一位年輕的美國心理學家威廉·米勒（William Miller）寫的一篇新論文，他對論文內容表示贊同的程度，讓自己十分驚愕。專門研究酗酒治療的米勒認為，輔導員與成癮者的對話方式是錯誤的。米勒認為成癮者在渴望改變和希望維持他們的習慣間徘徊，「被告知該怎麼做」只會產生一種反常的效果。因為一旦成癮者感到自己被評判或被命令時，他們就會想到所有他們不想改變的理由，而當輔導員將自己定位成一位權威人物時，可能會讓自己感覺更好，但同時會強化成癮者繼續成癮下去的決心。

米勒提出了一種替代方法，就是輔導員不應該堅持改變和煽動與成癮者的對抗，而是應該專注於建立一種信任和相互理解的關係，所以，輔導員應該允許病人講述他們的經歷，且不需要為他們的選擇辯護，因為最後他們會開始提出改變自己的論點。屆時，因為是他們自己做出的決定，而不是按照別人的指示行事，所以他們會更有動力實現改變，而米勒稱這種方法為「動機式訪談法」（Motivational Interviewing，或簡稱 MI）。

之後，羅尼克就開始在他的臨床實踐中運用 MI，並取得了顛覆性的成果。有一天，他在一場會議上遇到米勒，告訴他自己對MI的熱忱，兩人後來決定一起寫了一本書，以發展米勒的想法。在書中，米勒和羅尼克指出，大多數的成癮者都是真誠地想要改變，他們明白他們的習慣對他們生活和他們周圍的人所產生的影響，他們想要停止，但同時又想繼續成癮下去，所以他們是矛盾的。但是，矛盾心理常常會被誤解，它並不代表成癮者不關心所發生的一切，其意思正好相反，矛盾的人是因為有過多的動機，且他們想要兩個不相容的東西，導致這兩樣東西在他們心中相互爭鬥。其實，這不僅僅是成癮者的真實情況，我們也都經歷過矛盾心理，米勒和羅尼克展示如何用一句話表現矛盾心理：

我需要對我的體重做些什麼（**渴望改變**），我已經嘗試了所有的方法，但從來不會持久（**渴望維持**）。

矛盾的人的大腦裡，彷彿正在進行一個委員會的會議，有些委員提議改變，另一些人則主張反對改變。當輔導員提倡改變時，他就像在為委員會的一方發言，但矛盾的人的本能反應會是為另一方發聲，就是想出他們不該改變的理由。這聽起來可能像是一個僵局，但實際上，「不改變」的一方會勝利，因為比起其他人，人們往往更相信自己。因此，米勒和羅尼克得出一個讓人擔憂的結論——透過與某人爭論有關他們為什麼要改變的方式，只會讓他們**更不可能**這樣做。

在成癮治療的背景下，矛盾心理是好的，因為矛盾的成癮者比仍然完全投入在他們習慣的人，更接近於康復；但矛盾心理也可能是成癮者陷入困境的原因，除非治療師可以透過傾聽，而不是以教訓的方式，幫助他們贏得他們自己內部的鬥爭。米勒和羅尼克的書開創了一種讓病人說出想法的方式，稱為「反映」（reflection），就是對發言者所說的內容作出回應或總結，並形成對他們意思的猜測，比如當成癮者說完後，輔導員可以說：「所以如果我理解正確，你說的是……」，而發言人可以接受其解釋，也可以糾正這種解釋。無論哪種方式，他們都會覺得自己被傾聽且被賦予權力，同時，治療師也能深入了解他們的想法和感受。

米勒和羅尼克的書成為該領域的暢銷書，事實證明它在各類型的治療師中，都有巨大的影響力，主要是因為其方法是有效的。在超過兩百項隨機對照的試驗發現，MI 在一系列領域中都比傳統方法更有效，包括賭博成癮和心理健康領域。米勒現在已是世界上最經常被引用的科學家之一，MI 背後的原則也被證明適用於許多類型的艱難對話中。

艾莉森在威斯康辛州的緩刑服務機構擔任輔導員時，曾接受 MI 的培訓。後來，她與勞倫斯一起和英國警方合作時，她注意到，審訊失敗或審訊成功的原因與治療過程相似：審訊者如果把他們的對象當作對手，就會空手而歸；若是把他們當作夥伴，才會得到他們所想要的資訊。這個觀察結果，成為艾莉森夫妻和睦關係模型的基礎，後來他們還找到強而有力的實證法則支持這個模型。

和睦是一種信任或喜歡的感覺，也就是談話中的彼此都把對方視為平等的人，都能夠做出自己的選擇、有自己的想法，且沒有人想試圖控制或主宰對方。在任何種類的意見分歧中，包括我們在家裡的意見分歧，都必須牢記這一點。

勞倫斯說：「我告訴警察，如果你能對付青少年，就能對付恐怖分子。」他舉了一個例子給我聽，他說有位父親在女兒晚歸時為她開門，並告訴她，她違反了他們的協議，但他的女兒覺得自己被父親使喚，於是就反擊了。因此，一場權力的鬥爭接踵而至，直到其中一人或兩人憤怒地各自回房間。當然，青少年可能極難對付；但可以肯定的是，當彼此的對話變成爭奪主導權的鬥爭時，對談就會失敗。勞倫斯說：「如果這位父親強調他是關心女兒的安全，可能可以展開一個更有效的對話；因為在拔河比賽中，你拉得越緊，對方就拉得越緊，所以我的建議是——放手吧！」

☹ ☹ ☹

米勒和羅尼克批評傳統成癮治療中，有個令人不自在的建議，就是輔導員應該質疑他們自己的動機。他們「改正」對方的本能，包含更正或糾正錯誤的想法，就代表一種主導彼此對話和關係的渴望。米勒和羅尼克為這種本能創造了一個名詞，稱做「反射性改正」（righting reflex）。在我認識這個名詞後，發現它隨處可見的蹤跡，因為反射性改正是造成我們許多不正常意見分歧背後的原因。

在安黛爾．法伯（Adele Faber）和依蓮．馬茲麗許（Elaine Mazlish）有關育兒的經典著作《怎麼說，孩子會聽 vs. 如何聽，孩子願意說》中，概述了一段典型的母子交流：

小孩：媽媽，我很累。

我：你不可能很累，你剛剛小睡片刻了。

小孩：（更大聲）但我還是很累。

我：你不累，你只是有點困了，我們穿上衣服吧！

小孩：（大哭）不要，我很累。

法伯和馬茲麗許觀察到，當對話變成這樣的爭論時，往往是因為父母直截了當地告訴孩子，他們的想法是錯誤的。但其實讓孩子正確看待這世界的方式只有一種，就是父母之道，當父母直接指出孩子的錯誤時，孩子自然的反應，就是會更強烈地堅持自己的觀點。

許多成年人之間的意見分歧也是如此，面對我們認為有錯的人，我們就迫切地想糾正他們，因為我們自認為只要我們能闡明正確的論點或提供關鍵的事實，我們就能打破他們對真理的抗拒。就像輔導員相信他們能打破成癮者的抗拒一樣，我們幻想我們的對話者會在我們做一些令人信服的論證後，他們會轉身對我們說：「我的天呀，你是對的！我在這方面完全錯了。」這種情況偶爾會成真，但更多的時候，對方只是會變得更加堅持己見。

我們通常都是真心實意的糾正他人行為，但試著回想一下，當你被他人糾正，或有人向你詳細解釋為什麼你對某些事情的看法是錯誤的時候，你的感覺如何？你可能會很生氣，或甚至覺得很丟臉，好像對方在試圖命令或壓制你，再想想我們會如何描述這種感覺（我要去挫挫他的銳氣，或是覺得自己很渺小）。因此，這就是為什麼即使我們知道對方是正確的，我們也經常想反擊，而且他們越是正確，我們就越要反擊；對方就會再以與我們相同的態度回應，其結果不是彼此的對談升級為全面性爭吵，就是停止對話。

然而，反射性改正不僅存在於看法中，也存在於情緒中。Polis 團隊建議曼非斯的警察，永遠不要叫一位心煩意亂的人冷靜下來，這讓我想起我和我小孩之間的爭論。我告訴他們不要為一些在我認為微不足道的事情生氣，例如我早上拿錯杯子幫他們倒牛奶；但我必須告訴你，這很少有好的結果；同樣的道理，如果有人在推特上告訴我，應該或不應該對新聞中的任何內容感到憤怒時，我也不會作出積極的反應。仔細想想，我的妻子似乎也不喜歡我叫她冷靜下來，就像邁克．奧尼爾告訴我的那樣，會有完全相反的效果。

姑且不論其它因素，我們這樣做，就已經在犯同一種類型的錯誤了。情感的特色就是它不受理性的干預，那麼，我們為什麼要堅持告訴人們應該是什麼感受？和「我們相信自己能打破他人對真理抗拒」同樣的原因，就是我們對自己理性的說服力太有自信了！我們發現我們很難接受，其他人類也擁有和自己一樣真實且複雜的思想。

對反射性改正保持警惕，並不等於避免意見分歧，它只是意味著在你們兩人有機會了解彼此的立場前，不要太早進入意見分歧的階段，這也不表示放棄對與錯；但最關鍵的是，它會讓你放下「你可以用你說的話控制對方思想」的信念和渴望。你不該把意見分歧作為一種需要抵禦的威脅，而是將它視為一種雙方都可能從中受益的合作，畢竟，我們通常可以從一位與我們意見相左的人身上，學到一些東西及他們所說的真理。事實上，對方可能沒有像他們表面上看起來那麼肯定，因為他們的想法中也含有矛盾心理的因素，只要他們不忙著為自己辯護，就可以找出一些緊張或矛盾的地方，不過，這可能也是你的真實情況。

如果你的對話者不希望以任何方式進行合作，你可能也沒有什麼其它的辦法，但至少你不會被拉入一場耗費精力的意志之爭中。透過阻擋反射性改正，並積極傾聽，那麼你發出的信號就是你有興趣學習，而不是支配對方，這會讓他們放輕鬆，而你也因此放鬆。雖然彼此可能還是有強烈的意見分歧，但你們將會平等地對待彼此，而這將改變一切、改變思想，甚至是你自己的想法。

☹ ☹ ☹

也許我在迴避真正困難的問題，但當你至少尊重對方的意見時，可以更容易的阻擋反射性的改正：如果我認為你的觀點錯誤但合理，我甚至可能因此被說服而相信這個觀點時，那麼，我就會更認真地傾聽，且不那麼傾向於開啟說教模式。讓我們在更極端的情況下測試這種方法的價值：假如和我談話的人堅信一種明顯且完全大錯特錯的觀念，那該怎麼辦？難道我不應該在第一時間直接告訴他們嗎？

近年來，這個問題已經變得相當急迫，因為網際網路讓那些對既定科學知識的基本原則有異議的人可以聚在一起，分享和傳播錯誤的想法。在某些情況下，這會產生嚴重的後果，比如由反對兒童接種傳染病疫苗的人所組成的反疫苗運動，會讓以前在發達國家已經根除的疾病（如痲疹），更有可能又重新出現。

因為我們通常把這種人稱為「妄想（delusional）」，因此我想知道是否可以向治療臨床妄想症的專家了解如何處理這些問題，這就是為什麼我到倫敦國王學院拜訪艾曼紐．彼得斯（Emmanuelle Peters）博士。彼得斯博士是一名臨床心理學家，專門治療患有精神病性質妄想症的病人，這種病人因為這些錯誤的信念，讓他們難以展開自己生活。不過，要說清楚的是，不相信一個已被廣泛接受的科學事實，或相信登月相關的陰謀論，並不等於精神上的妄想；但事實證明，它也不是完全不同。

臨床妄想症的想法通常都相當偏執，比如病人可能認為她在街上經過的每個人都參與要摧毀她的秘密計劃，或是相信外太空寄給她一封即將發生攻擊事件的編碼訊息；其他病人則有更華而不實，或說「自大型」的妄想。這些妄想可能會讓人衰弱，像是有人相信自己是國王，有一天會繼承一大筆財富，所以他從未努力賺取任何收入，現在他才發現自己在窮困潦倒的邊緣。

妄想症患者來找治療師，是因為他們的想法使他們的世界變成一個很有壓力且艱難的地方，而不是為了治愈他們的妄想。因為他們並不相信這是一種妄想，例如深信政府要追殺他們的人，可能會覺得離開家裡去上班或去商店都相當可怕。彼得斯博士說：「治療師的首要工作就是理解這種感覺，因此治療師正確的態度不是想著『我必須讓這個人擺脫痛苦、讓他們知道他們是錯的』，而是『我必須理解這個人的出發點』，也就是治療師必須從他們的角度出發。」

彼得斯博士仔細聆聽我的問題，並用快速且流利的句子回答，儘管她經常使用**也許**、**或許**和**可能**這些試探性的措詞，還習慣性地確認對話者是否有跟上她的想法。她告訴我說：「有些精神健康專家覺得必須告訴妄想症患者事情的真實情況，比如告訴他們，公園裡那個往地上吐痰的人，當然不是在向你發出信號，他就只是在吐痰，沒有什麼巨大的陰謀，這都是你自己在胡思亂想。」但他們很快地就會發現，他們做了一件毫無成功希望的事情，因為病人已經忍受他人幾個月或幾年以來，一直說他們是錯的、是瘋子。因此，他們並不會因為一位醫生告訴他們同樣的事情，就突然改變想法。「當你試圖改變他們想法的時候，他們就會反擊，如果你和他們有正面衝突，你將無法幫助他們，因為他們會花費所有時間說服你；反之，治療師應該幫助病人處理他們發現自己所處的困難點。」

「病人不會相信自己想法是錯誤的」這件事情，並不是彼得斯博士在傳遞錯誤的觀念，而是她透過支持病人的想法，讓病人更有可能聽取她的建議。隨著時間的推移，彼得斯醫生試圖慢慢地減少病人對自己想法的肯定度，只要有一絲懷疑，她就會善用這一點懷疑，請病人思考支持和反對這想法的證據。她說：「我不會對病人說：『魔鬼崇拜者根本不存在』，但我可能會說：『當有人在公車上推你，這種**具體**的情況發生時，我想知道它是否可能是個意外？』」

其實有時候，只是聆聽別人談論自己妄想的行為，就能削弱病人堅定的看法。在一篇二〇一五年的論文中，紐約康尼島醫院的精神科醫生凱爾·阿諾德（Kyle Arnold）和朱莉婭·瓦赫魯舍娃（Julia Vakhrusheva）講述了一位年輕女子的案例研究，她在接受數個月的治療後，才發現自己患有妄想症。在一次的治療中，她抱怨說她交不到朋友，當治療師問及為什麼會這樣時，她回答說：「嗯，有件事我沒有告訴你，但我如果告訴你，你會認為我是個瘋子。」治療師請她繼續說，病人說：「這全都是關於 Big Kahuna*的事。」

治療師說：「是指《征服錢海》（The Big Kahuna）這部電影嗎？」

病人說：「是的，我被困在這個電子遊戲中，我是Big Kahuna，而遊戲名稱也是《征服錢海》。」然後，病人解釋道，她相信全世界的人都參加了這個電子遊戲，其目的是要將她銀行帳戶中的餘額轉入他們的帳戶裡。

治療師問：「你怎麼知道別人將你的錢轉入他們的帳戶？」

病人驚呼答道：「手機！每當我經過一群人，他們就會拿出手機，用手機把我的餘額轉給他們。」

治療師請她對這些「想法」的確信度進行評價，她說她九九．九％確定這些想法都是真的。

阿諾德和瓦赫魯舍娃都同意彼得斯博士的觀點，雖然正面挑戰妄想並不是一個好主意，但這並不意味著你不能探究或是刺激它，治療師可以要求病人對於他們的想法提出證據，以促使病人思考也許在某些層面上，他們的想法其實並不成立。阿諾德和瓦赫魯舍娃認為最重要的

＊編按：Kahuna為夏威夷語，對某領域的權威人士的總稱。

是，應該由**病人自己**闡述、推翻他們妄想的論點，而這一點與米勒和羅尼克的觀點一致。治療師的角色是幫助病人思考他們自己的想法，在某些情況下，這也意味著什麼都不需要說。

當這位年輕女子闡述她生活在電子遊戲中時，她的治療師沒有因為不相信而揚起眉毛或是搖頭，反而繼續傾聽。到了下一次治療時，病人對自己想法的確信度只有八〇%，當治療師問及為什麼確信度會急劇下降時，這位女子說：「我以前沒有認真想過 Big Kahuna 是一種『想法』，而當你認為某件事情是一個『想法』時，就意味著它可能不是真的，所以你必須思考這個問題。」

治療師問說：「那你是怎麼想的呢？」

病人說：「嗯，它似乎很**奇怪**……我的意思是，如果有人告訴我 Big Kahuna 的事，我會認為他們完全瘋了。」

適用於妄想症患者的方法，也適用於否認疫苗有效的人；如果說他們妄想或發瘋，你只會讓他們更堅定地主張自己的觀點。作為兩個孩子的母親，卡莉．萊昂（Carli Leon）在改變主意前，曾是反對兒童接種疫苗的支持者，她告訴《美國之音》（*Voice of America*）：「當人們嘲笑我，說我是位壞媽媽時，只會讓我更加鑽牛角尖。」因此，侮辱只會增強他人與我們對抗的決心。

醫生就像其他處於權威地位的人一樣，如今面臨的意見分歧比以往任何時候都還多，因為病人會帶著他們在網路上看到的資訊到醫院，以期望任何決定中擁有發言權。而反疫苗想法的擴散，更為醫學界帶來非常嚴峻的挑戰。美國的反疫苗接種運動很普遍，公共衛生官員也已經學會區分頑強的拒絕者和許多只是不確定的父母（也就是矛盾的父母）；事實證明，對於後者，最好的策略是認真對待他們關心的事，適當地傾聽並取得他們的信任，而不是直接探討他們的想法。

二〇一一年，艾瑪·瓦格納（Emma Wagner）在喬治亞州薩凡納城的一家醫院分娩，當病房裡的兒科醫生問她，對於接種B型肝炎疫苗是否有興趣時，反疫苗接種的瓦格納表示懷疑，而兒科醫生沒有說她是錯的，也沒有試圖當場說服她。醫生反而告訴她，他將支持她的決定，並同時告訴她說：「幾年後，我們也可以討論學校免疫接種的問題。」這位醫生對瓦格納的尊重和關心，打動了她，讓她開始反思自己是否錯信他人。此後，她成為堅定的疫苗接種支持者。

阻擋反射性改正需要謙虛和自律，即使理智上你知道告訴某人他們是錯的，會讓事情變得更糟，但人們時常難以抗拒這樣做的衝動，就連受過訓練的治療師們也仍在為這個問題掙扎。阿諾德和瓦赫魯舍娃認為，其原因是當你聽到有人公然否定自己真實的模型時，會感到憤怒，所以就像其他人一樣，就算這會阻礙治療師對病人的幫助，治療師還是覺得自己必須做出反擊。

這與個人治療師有效性研究中一個有趣的發現相吻合，就是經歷過更多自我懷疑的人，在工作表現中更出色。二〇一一年，《英國臨床心理學雜誌》（*British Journal of Clinical Psychology*）的一項研究發現，那些對自己評價較差的治療師，獨立專家通常都判定他們更有能力；受到這篇論文的啟發，德國的一項研究將病人自己感受的進步程度與治療師認為他們的進步程度進行比較。研究人員發現，治療師認為他們越不成功，病人就覺得自己進步越多。奧斯陸大學臨床心理學的副教授海倫．尼森．里（Helene Nissen-Lie）也曾研究過這個問題，她發現自我懷疑程度較高的治療師，能取得更好的效果，因為他們更善於傾聽。

當我們遇到一位妄想，或只是某位我們強烈反對的人時，我們就會想改變他們的想法，但如果我們試圖這樣做，只會讓他們的情況變得更糟。比較好的方式就是創造條件，讓病人自己導正他們的想法；而實際上，也許最好的辦法是，完全不要把彼此當成是病人和醫生，而是兩位同樣愚昧無知的人，彼此相互依靠，一起想出更好的解決辦法。如此一來，他們更有可能以你的方式看待問題，而你也更有可能學到某些事物。因為錯誤的想法通常都會有一個真理的核心，一旦你放下對正確的渴望，你就更有可能發現它，在放棄試圖控制對方想法的同時，你也能釋放自己的心靈。

7. 給面子

當彼此間的意見分歧變成地位之爭時，意見分歧就成為雙方關係的毒藥。因此，出色的反對者會盡一切努力，讓對手感覺良好地表達不同的意見。

一九九三年五月六日，一萬五千名白人男子在離南非約翰內斯堡不遠的波切夫斯特魯姆（Potchefstroom）鎮上遊行，他們全副武裝，並身穿帶有納粹標誌的棕色襯衫。這些人是南非極右翼中相互競爭派系的成員，而他們都相信南非白人的基因較優越，其中有許多退役軍人都曾參加過安哥拉戰爭，現在他們都聯合起來，反對他們視為敵人的黑人接管他們的國家。

就在三年多前，南非政府在國內外巨大的壓力下，釋放了關了二十七年的納爾遜·曼德拉，並將他的政黨「非洲人民族大會」（African National Congress，簡稱 ANC）合法化。因為種族隔離制度，讓少數的南非白人可以統治南非，並排斥人數較多的黑人；但釋放曼德拉後，這種制度將走向終結，因為曼德拉已經與白人政府達成權力分享方案，正計劃要進行民主選舉，無論是黑人還是白人，每個人都可以投票。因此，這就意味著ANC將掌握大權，並由曼德拉擔任總統。那麼，南非白人除非透過武力，否則這民族永遠都會選輸。

波切夫斯特魯姆的遊行在這位崇拜希特勒的阿非利卡人抵抗運動（Afrikaner Resistance Movement）領導人尤金·特雷布蘭奇（Eugene Terreblanche）所發表的激烈演講中達到高潮；而在儀式部分的高潮，則是特雷布蘭奇從人群中單獨挑出一位滿頭銀髮、氣宇軒昂，名為康斯坦德·維爾容（Constand Viljoen）的人，而當他走上講台時，大家都熱烈地鼓掌。

維爾容將軍是南非國防軍的指揮官，是一位功勳卓著的退伍軍人，在黑人激進分子最猛烈的年代對抗他們，因此他一直是白人至上主義的無情執行者，負責籌劃暗殺黑人領袖，並對威脅到白人生活秩序的黑人群體實施暴行；現在，他被要求消滅白人民族主義者認為早該絞死的曼德拉，而這位維爾容可說是種族隔離制度的最後希望。在雷鳴般的歡呼聲中，他向人群承諾，他將帶領他們前往白人分離主義國家的應許之地，他說：「一場需要犧牲的血腥衝突是不可避免的，不過，我們很樂意做出犧牲，因為我們是為了正義的目標。」

曼德拉對波切夫斯特魯姆發生的事情感到相當震驚，因為他收到的消息是，維爾容正在組織一支多達十萬人，且有許多訓練有素戰士所組成的軍隊。雖然曼德拉可以以叛國罪或煽動暴力罪逮捕維爾容，但他推測此舉將使維爾容成為一位烈士，就像幾十年前他自己被捕一樣。同時，曼德拉也不確定，南非軍方是否會支持他與一位有許多人崇敬的人進行鬥爭。

然而，曼德拉的目的不僅僅是要贏得權力，他最重要的目標是讓南非成為一個所有種族和政黨都有參與感的完全民主國家。因此，他決定採取不同的方法，這種方法不那麼明顯，但在某些方面更難達成——邀請維爾容一起喝茶。

一九九三年九月，曼德拉透過秘密渠道與維爾容聯繫後，與他會面；維爾容在其他三名前將軍的陪同下，出現在曼德拉位於約翰內斯堡郊區的家中。他敲了敲門，等曼德拉的僕人來開門，但令他驚訝的是，迎接他們的竟是曼德拉。這位 ANC 的領導人面帶微笑，與他的來訪者握手，並宣稱自己很高興見到他們，然後招呼他們進來，並表示在正式會議開始前，他要和維爾容先私下談談。

兩個人走進曼德拉的客廳，曼德拉問維爾容是否喝茶，維爾容說喝，曼德拉為他倒了一杯；曼德拉問維爾容是否加牛奶，維爾容說好，曼德拉為他送上牛奶；曼德拉問維爾容是否要加糖，維爾容說要，曼德拉就加了一些糖。

十三年後，維爾容向英國記者約翰．卡林（John Carlin）講述了這次相遇的每一個細節，年邁的維爾喬恩身體僵硬、小心謹慎，但在講述曼德拉請他喝茶的故事時，他罕見地露出驚奇的表情，並說：「我需要做的就只有攪動茶杯！」

☹ ☹ ☹

假設你第一次見到某人，不管是面試你的雇主，還是你在大學的新導師，當你開始說話時，你想給對方留下什麼印象呢？社會學家厄文．高夫曼（Erving Goffman）把這種渴望他人對你的**印象**稱為：一個人想在社會互動中所建立的公眾形象。

我們都努力為每次的相遇，建立適當的神情，你想給可能成為你老闆看到的表情，和你想在約會時，給對方看到的表情是不同的，而高夫曼把這種努力稱為「臉面工作（facework）」。當我們與信任和熟悉的人在一起時，我們不會太擔心面子問題；不過，對於那些我們不認識的人，尤其是那些人對我們有一些控制權的話，我們就會花時間做臉面工作。但是，如果我們做了臉面工作，卻仍沒有達到我們想要的面子時，這感覺就很差，比如你想被看作是位有權威的人，但某人對你的尊重微乎其微，你會感到尷尬，甚至是蒙羞。

出色的異議者不會只考慮自己的表情，還會高度關注對方的神情，而最強大的社交技能之一，就是**給面子的能力**，也就是認可對方希望塑造的公眾形象。不過，你也不需要一直無私地認可他人。在任何談話中，當對方覺得自己想要的臉面被接受和肯定時，他們會變得更容易打交道，也更願意聽你說的話。

而曼德拉就是臉面工作的天才，特別是他給面子的本領上特別厲害。他精心禮遇維爾容的表現，其實是個戰略，因為他知道在他和這位前將軍之間，有個難以啟齒的困難對話；但如果是位不老練的人，遇到這種情況，就會直接進入對話。不過，曼德拉知道他需要先做一些前置作業。

☹ ☹ ☹

一九七二年，在西德舉辦的奧運會上，一群巴勒斯坦的恐怖分子抓走了十一名以色列運動員。政府拒絕恐怖分子所提出的要求，慕尼黑警方只能動用火力，共有二十二人被殺，包括所有人質。

在被稱為「慕尼黑慘案」的事件發生後，世界各地的執法機構意識到他們有個緊迫的問題要解決。為了避免或盡量減少暴力，官員與劫持人質者進行溝通時沒有任何可以遵循的規程，因此警察部門意識到他們需要學習談判技巧。人質談判員可能是專家，也可能是訓練有素但負有其他職責的警官，只是現在被部屬到各種情況中幫忙。最好的人質談判員不僅僅是戰術專家，也會微妙地給他人面子的技巧。

在「實質性」危急時刻，互動往往是相對理性的，劫持人質者會先提出明確的要求，接著就是討價還價的過程；而在「表達性」危急時刻，劫持人質者會想對家裡的人或對世界**說一些話**。後者的劫持者通常是衝動行事的人，例如一位失去監護權的父親，綁架自己的女兒；一名將自己女友綁起來，並威脅要殺死她的男人；最常見的情況是，談判人員面對的是將自己作為人質的人，像是那些爬到高樓樓頂，並威脅要跳樓的人。

在表達性的場景中，劫持人質者通常都處於憤怒、絕望、極度缺乏安全感的情緒邊緣，因此難以捉摸他們可能採取的行動，所以談判者必須在進入談判前，撫慰和安慰劫持人質者。密西根大學傳播學教授威廉．多諾休（William Donohue）花了幾十年的時間，研究充滿衝突的對話——有些成功、有些失敗——其對話的對象包含恐怖分子、索馬利亞海盜和處於自殺邊緣的人。他告訴我一個組成面子的關鍵——一個人對自己有多強大的感覺。在表達性的情況下，劫持人質者希望他們的重要性，能以某種方式得到認可，就像是承認他們的地位。

英國蘭卡斯特大學的保羅·泰勒（Paul Taylor）是多諾休的合作夥伴，他們創造了「一級部屬」（one-down）這個術語，以描述在任何類型的談判中，對自己相對地位感到最沒有安全感的一方。一級部屬的那一方更可能在尋找共同點或提出解決方案都失敗的情況下，採取攻擊且激烈的行動。

一九七四年，西班牙和美國開始談判有關某些美國軍隊在西班牙領土上的地位問題，而政治學家丹尼爾·德魯克曼（Daniel Druckman）研究美國和西班牙雙方的談判者何時採取「強硬戰術」、何時採取「溫和戰術」。他發現，西班牙團隊使用威脅和指責的頻率是美國團隊的三倍，這說明了一級部屬的西班牙人在積極地主張他們的自主權。

當劫持人質者感覺被控制時，他更有可能訴諸暴力，多諾休告訴我說：「這時語言就會失效。」而實際上，劫持人質者會說：「你不尊重我，所以我必須藉由控制你的身體，來獲得尊重。」人們會不惜一切代價，甚至自我毀滅，來避免他們被他人擺佈的感覺。所以，一級部屬的一方經常會耍花招，或從意想不到、難以防禦的角度，攻擊他們的對手；他們不是在尋找可能對所有人都有效的解決方案，而是把每次談判都當作一個必須有人贏、其他人必須輸的零和博弈。換言之，他們並不會認真對待談判的內容，而是在攻擊對方，作為宣揚自己地位的一種方式。

反之，有些人希望談判時可以獲得成功，是因為他們確實或認為自己處於更有利的地位。因此，他們很可能採取一種更輕鬆、更友善的方法，專注於意見分歧的實質問題，並尋求雙贏的解決方案。此外，他們也可能在他們的面子上冒更大的風險，做出可能被視為軟弱的舉動，以進行更友好、更和諧的對話。因為他們不怕丟臉，所以他們可以與別人溝通，這就是為什麼給他人面子如此的重要。

談判者讓對手盡可能地感到安全，是對他們有益的。因此，熟練的談判者總是試圖創造他們想要的對手，他們知道，當他們勝人一籌時，聰明的做法就是縮小差距，好比曼德拉的茶水服務就是吸引維爾容的一種方式。不僅如此，這也是一種降低自己的方式，以便讓維爾容感覺他不是一級部屬的那一方。

多諾休分析了加州丈夫和妻子間，因監護權和探視權而產生的二十起調解糾紛筆錄，他發現，丈夫們使用較多攻擊性的戰略，而妻子們則專注於真實情況。此外，丈夫們更有可能提出與夫妻關係有關的問題，以抱怨沒有考慮到他們的權利，並懷疑他們配偶的可信度。這些戰略往往會提高談話的情緒緊張程度，使雙方的立場更加強硬，並將爭端轉變成純粹的權力鬥爭，導致達成協議變得更加困難或不可能。那為什麼丈夫們會有這樣的行為呢？因為他們覺得自己是一級部屬，他們覺得法院會傾向於將監護權判給妻子。如果這能顛覆人們認為女性在婚姻糾紛裡比男性更容易受到情感影響的刻板印象，那這種差異就是相當有啟發性的。

正如艾倫．西拉斯所發現的，人們有這種刻板印象是有一定的道理，因為女性往往更關注婚姻談話的關係層面，而男性則較關注對話的內容。不過，你要記得，人們可以靈活地轉換到另一個層面，也就是說當男性想調整到情感層面時，他們是可以做到的。那麼，誰會情緒化地採取行動的問題，與性別沒有太大關係，而是與哪位伴侶在權力關係中處於錯誤的一方有關。

在任何權力不平等的對話中，較有權力的一方更可能專注於眼前重要的內容或事務，而一級部屬的一方則會專注於情感關係。以下是幾個例子：

- 審訊官說：「告訴我們你所知道的，否則你就麻煩大了。」
  嫌疑犯認為——你在試圖控制我。
- 父母說：「你為什麼這麼晚回家？」

十幾歲的女兒認為——你把我當成小孩子。

・醫生說：「我們找不到你有什麼問題。」

病人覺得——你根本不關心我。

・客服代表說：「我們沒有把包裹送到你那裡是因為⋯⋯」

顧客覺得——你就不能真心實意地說聲對不起嗎？

・政治家說：「經濟增長比以往任何時候都更強勁了。」

選民認為——別再把我當作白痴一樣的說話了。（實際上，政治家有一種誤判選民的情況是，他們低估了選民對他們失望的程度，因為政治家可能會太專注於他們辯論的內容，而不夠關心辯論暗含的情感關係。）

當一場辯論變得不穩定且不正常時，往往是因為對談中，某人覺得自己沒有得到應有的面子，這有助於解釋大家普遍在社交媒體上的壞脾氣。社交媒體上的爭執彷彿就是地位之爭，而這場競爭中的貨幣是注意力。理論上，在推特、臉書或IG裡，任何人都可以獲得他人按讚、轉發或有新的追隨者；但實際上，對於那些還沒成為名人的人來說，很難建立自己的粉絲群。

使用者很容易被高地位的承諾迷惑，所以在身分被拒絕時會感到憤怒。二〇一六年，南加州大學的研究人員開始對這個現象進行量化研究。以推特為主，他們確立了約六千名使用者的隨機樣本，並在一個月的時間裡監測這些使用者的活動，他們觀察到，排名前二〇％的推特使用者，擁有九十六％的追隨者、九十三％的轉發和九十三％提及率。研究人員發現一個「富者更富，窮者更窮」的效應，即已經擁有大量追隨者的使用者更有可能獲得新的粉絲，而關注度低的使用者則更有可能失去追隨者。

社交媒體**看似**讓每個人都有平等被他人傾聽的機會，但在現實中，它只是為了獎勵極少數獲得大量關注的人，而大多數人都只有很低的關注度。因此，這系統是被他人操縱的。

到目前為止，我們一直在談論臉面工作中的其中一個部分——地位。然而，還有另一個與面子密切相關，卻又截然不同的組成部分，而這部分與他們感覺自身地位的高低沒有太大的關係，重點是**他們覺得自己是誰**。

☹ ☹ ☹

在為維爾容端上一杯精心準備的茶後，曼德拉換了一個話題，他向維爾容指出，如果雙方開戰，維爾容的軍隊不可能打敗政府的軍隊，但他們可以造成巨大的傷害，讓雙方都會有很多人喪生，最後沒有明顯的贏家。因此，只有達成協議才會符合雙方的利益，對此，維爾容沒有提出異議。

隨後，維爾容第二次對曼德拉感到驚訝，因為他開始談論他對南非白人的尊重，這一群人曾將恐怖分子和叛徒這些汙名加諸於他、囚禁他數十年、破壞他的家庭生活，甚至壓迫他的黑人同胞。曼德拉卻說：「雖然南非白人對他和他的人民造成巨大的傷害，但他仍相信他們的人性，如果一位南非白人農場的工人（黑人）孩子生病了，南非白人會用他的卡車把孩子載到醫院、打電話詢問他的情況，並帶他的父母去看他。」

我們無法確定曼德拉是否相信他所說的南非白人，但可以肯定的是，維爾容並沒有懷疑他的誠意；曼德拉直截了當地講述南非白人對他造成的傷害，讓維爾容更加相信他說的是實話。另外，還有一件讓維爾容相信曼德拉的事情，就是曼德拉在當時及之後的會面中都沒有使用英語，而是使用南非語和他交談。

當人們習慣處於權力關係中錯誤的一方時，他們往往會變得非常善於觀察別人，因為他們會衡量彼此對話的關係程度，以便將他們心理的洞察力轉化為影響力。如果要說曼德拉是特別善於觀察別人的人，那有一部分的原因是，他花了很長的時間弄懂如何從一個無權的位置上獲得他想要的東西，如曼德拉在監獄裡把白人警衛變成他的盟友，在某些情況下甚至是親密好友，以便在囚禁中獲得一些自由。其中一個方法就是讓他們看到，他尊重他們作為南非白人的身分。

在獄中，曼德拉為自己設定的首要任務之一，就是學習捉拿者的語言，有些政治犯同伴為此對曼德拉感到不滿，因為對他們來說，這感覺就像是向敵人屈服。不過，曼德拉考慮的是未來，這是他與壓迫者合作的一種方式。此外，他還研究南非白人的歷史，包括他們戰爭英雄的事蹟，以及閱讀南非語的小說和詩歌。因此，這一切都不是騙局，曼德拉真誠地相信，南非白人也是南非人，他和他們同屬一片土地；他也相信，總有一天南非白人會被說服，並同意他的觀點。

曼德拉被囚禁的早期，就已經確定南非黑人不可能透過爭吵獲得自由，他們只能通過談話，以實現民主，這意味著要與南非的白人統治者對話。為了要與他們成功的進行對話，曼德拉意識到他必須教會他們不要害怕他，也不要恨他，所以他必須創造他想要的對手。這表示曼德拉需要讓南非白人放心，他們的身分並沒有受到威脅。

在他們第一次見面後的幾個月裡，曼德拉試圖説服維爾容和他的盟友放棄槍支、參與民主程序，他還做了一個具體的措施，使得在説服維爾容投降方面起了很大作用。那就是南非的國歌是一首南非語的征服之歌，由於種族隔離制度正逐漸地廢除，所以大多數 ANC 的領導人都希望用他們自己的解放國歌取代它，但曼德拉並不同意。他表示，壓制一個代表南非白人驕傲的象徵，將會是一個嚴重的錯誤。

對此，曼德拉提出了一個尷尬但可行的解決方案，就是兩首國歌都將在官方場合相繼演唱，這是一個實質性的政治讓步嗎？不，這只是一種表示，卻是一種強而有力的方式，這也是曼德拉給維爾容的承諾，就是他永遠不必放棄自己的身分。

☹ ☹ ☹

聖地牙哥州立大學的人類學教授伊莉莎·索博（Elisa Sobo）曾採訪過拒絕接種疫苗的父母。為什麼這些人中，有許多很聰明且受過高等教育的人，卻無視建立在合理科學基礎上的主流醫療建議？索博的結論是，對這些人來說，反對疫苗不僅僅是一種看法，更是一種「識別行為」；也就是說，更多人選擇的是加入一個群體，而不是選擇放棄治療，就像紋上一個幫派紋身、戴上一枚結婚戒指，或狂看一部流行的電視節目一樣。

「拒絕」這件事，與一個人是誰和誰認同他更有關係，而非一個人不是誰或誰反對他的問題。索博指出，支持接種疫苗的人也是如此，我們希望與主流的醫學觀點有所關連，這也是表明我們是誰的一種方式。這就是為什麼雙方的爭論，很快就會變成身分衝突。

已經研究這個主題數十年的威廉．多諾休告訴我，將參與者拖入毀滅性衝突的通常是關於「他們是誰」的鬥爭。他說：「我在人質事件、政治和婚姻爭論中見過，當一方說你什麼都不知道、你有問題、你麻木不仁時，另一個人會覺得對方在攻擊自己的身分，所以他們要為自己辯護或是反擊，於是衝突就升級了。」

正如我們前面所看到的，我們的觀點與我們的自我意識糾纏在一起，這並不一定是件壞事；但是，當我們試圖讓某人做他們不想做的事情時，無論是戒菸、適應新的工作方式，或是為我們的候選人投票，我們都必須注意這一點。我們的目標應該是從個人的自我意識中，確定有爭議的意見或行動，以降低身分認同的風險。因此，熟練的異議者會找到一種幫助他們的對手得出結論方法，讓他們可以說或做一些不同的事情，不過，他們仍是他們自己。要實現這點的其中一個方法就是——在遠離觀眾或聽眾的情況下，發生意見分歧。

一九九四年，在波士頓的一家墮胎診所發生槍擊事件後，慈善家勞拉．查辛（Laura Chasin）聯繫了六位墮胎運動分子，其中有三位反對墮胎、三位支持墮胎，並要求他們秘密會面，看看他們是否能相互達到某種共識。儘管很艱難，甚至很痛苦，但這六位女人還是在幾年的時間裡進行秘密會面。一開始，他們發現自己越來越堅持己見，且沒有人改變過自己對基本觀點的看法；但隨著時間的推移，彼此相互了解後，他們能夠以比較不受約束，且不像原本那樣過分簡單化的方式，進行思考、溝通和談判。這就像曼德拉和維爾容第一次見面時，曼德拉把他拉到一邊。當人們越不覺得必須在盟友面前保持自己的面子時，他們就越能夠靈活應對他人。

這個原則同樣也適用於職場衝突，在同事們面前，人們更有可能把注意力集中在他們希望別人如何評價他們，而不是在解決問題的正確方法上。如果被視為有能力對我來說很重要，我可能會對任何質疑我工作的事務，做出憤怒的反應；如果我想讓人覺得我是友善且樂於合作的人，我可能會避免用很強烈措辭，表達我對某項提案的強烈反對，讓每個人都注意到。

這就是為什麼當一個困難的工作談話出現時，參與者會經常提議「稍後再討論」。這句話本來意味著簡單的當面討論，但如今多了一層涵義：「讓我們在一個對彼此面子風險較小的地方，再討論這潛在的艱難對話吧！」雖然「稍後再討論」是個有用的方法，但只能將它視為次好的選擇，因為之後再討論時，會是在較少人的情況下共同審視此問題，但這就失去公開討論意見分歧的好處了。降低身分風險的最好方法是「創造一種讓人們覺得**不需要保護自己面子**的職場文化」。這種文化明確地鼓勵人們發表不同的意見、期待他人犯錯，以及有一套大家都遵守的行為準則，而且每個人都相信其他人都關心著共同的目標。那麼，你就可以真正降低身分風險了。

在大多數的意見分歧中，面子在某種程度上是很重要的問題，離開觀眾視線是降低身分風險的一種方式；而另一種方式則是給他人面子，也就是肯定對手對自己的理想感覺。就如曼德拉對維爾容所做的那樣，當你向我表明你相信我是誰，並希望被看作是誰時，你會讓我更容易重新考慮我的立場。親切地對待他人，可以消除他人個人化的意見分歧，有時給他人面子也很簡單，就是在你的對手感到最脆弱的時候，給予他們一個讚美。

聯合創辦 Polis Solutions 的前警察喬納森・文德寫了一本關於警務的書，他在書中指出，逮捕行為對嫌疑犯來說，是一個潛在的羞辱時刻；因此文德認為，當警察進行逮捕時，他們應該盡其所能地讓嫌疑犯的感覺更好。他舉了一個例子，有位稱為凱文的人因涉嫌暴力襲擊而被逮捕。

> 我和另一名警官分別抓住凱文的一隻胳膊，告訴他，他被逮捕了。他開始掙扎，且顯然準備好要戰鬥，但有鑑於他高大的身材和暴力史，我們都想避免與凱文打鬥，因為一打鬥，將不可避免地使他和警察都受傷。所以，我告訴凱文說：「聽著，你太高大了，我們不能和你打鬥。」

文德寫道：「警察可以透過肯定他的尊嚴，緩和潛在的爭鬥，特別是在公共場合。」正如我們所見，讓警察逮捕的人感覺良好或至少不那麼糟，其實符合警察的利益，就如肯定維爾容的尊嚴符合曼德拉的利益一樣，這可說是常識。但令人驚訝的是，人們經常犯下「占上風」的錯誤，即當他們取得了主導地位後，就會粗暴地將自己的優勢強加於人，傷害對方的自我意識；這樣做，他們可能會獲得一些短暫的滿足，但同時，他們也創造了他們不想要的敵人。

受傷的人都是最危險的人物，我在曼非斯看著 Polis 的培訓師奧尼爾在課堂上說，當他還是位警察時，曾看到警察在嫌疑犯被銬上手銬後毆打他們，而且有時還是在嫌疑犯的朋友或家人面前。他說，這不僅是錯誤的，而且相當愚蠢，因為在逮捕時，羞辱某人的行為「足以殺死你的同事」。此時，教室裡很多同意的聲音此起彼落，因為被羞辱過的嫌疑犯不會忘記這點，他們就會經常找方法來報復警察——任何警察——就算是多年以後也是如此。

這是研究歷史的學生所熟悉的一種模式，羞辱會傷害到羞辱者和與之相關的人。政治學家威廉·扎爾特曼（William Zartman）和約翰內斯·奧里克（Johannes Aurik）在一個分析十次國際外交危機的研究裡，描述了當強國對弱國施加權力時，弱國是如何在短期內同意，但隨後尋找報復的方法。

想像一下，如果曼德拉以今天人們在公共場合相互爭論那樣的方式，開始和維爾容對話。一開始，他會先攻擊維爾容的身分，而且曼德拉會盡可能在越多人面前，稱維爾容是雙手沾滿鮮血的白人至上主義者。然後再以咄咄逼人的語氣向這位前將軍說明，為什麼他必須解除武裝，並接受曼德拉的條件，因為這是他唯一在道德上正確且實際可行的做法。雖然曼德拉這樣做是完全合理，且他在各方面都正確，但你認為維爾容會如何反應？

美國政治家亞歷山德里婭·奧卡西奧·科爾特斯（Alexandria Ocasio-Cortez）描述如何與

你強烈反對的人進行對話，你不必贊同她的政治觀點，就能看出這是個好建議：

我有一位導師給我最好的建議之一是「永遠給他人留條退路」，也就是給別人足夠的台階、足夠的同情心，並在談話中讓他們有足夠的機會，改變他們的想法。要做到這一點，是件非常重要的事情，因為如果你只是說：「哦，你這麼說的話，你就是種族歧視！」那麼，你現在就是在強迫他人說「不，我沒有！」諸如此類的話語。那他們根本就無路可退，而唯一的退路就是直接衝破反對意見的束縛。

當我們與某人發生爭論時，我們應該考慮的是，如何讓他們在改變主意的同時，保持或甚至是增加他們的面子，讓他們看起來很好。但這在爭論發生時一般很難做到，因為這時候，**各自的意見和面子**比爭論前和爭論後都更緊密地結合在一起，而作家瑞秋．庫斯克（Rachel Cusk）將這種爭論稱為「自我定義的緊急情況」。

不過，通過表明我們已經在傾聽並尊重對話者的觀點，我們就更有可能像我們之前聽到疫苗接種者的立場轉換一樣，他們會在以後的某個時間點回心轉意，而如果他們這樣做了，我們就應該避免責罵他們一直不同意我們的觀點。但令人驚訝的是，在兩極分化的辯論中，人們經常這樣做，卻很難讓人更傾向於改變立場；相反地，我們應該記住，他們已經取得了我們沒有取得的成就，即思想的改變。

☹ ☹ ☹

在與曼德拉一起喝茶後的六個月內，維爾容做出了他認為是一生中最艱難的決定，就是他命令他的追隨者們放下武器。此後不久，維爾容宣布，他不僅不會破壞即將到來的民主選舉，他也會參加選舉。這位十個月前還曾發誓要與曼德拉鬥爭到底的維爾容，對政治的進程給予祝福，以回報曼德拉繼續維持政治的平衡。

曼德拉把他最可怕的敵人，變成一位他可以和平地提出異議的對手，我們不得不佩服曼德拉在應付他需要贏得這危險敵人的精明和技巧，而他精明的一部分在於，他知道自己需要贏得維爾容的信任。不過，他的對手在這裡也值得稱讚，因為維爾容對自己的心態做了深刻且痛苦的改變，他為了接受南非黑人可以成為同胞、曼德拉可以成為他的領袖，他放棄了自己原本的立場。此外，他還必須說服他自己的陣營相信這個遠見，且用他的「面子」承擔這巨大的風險。

曼德拉所做的是，幫助維爾容了解他不必放棄自己的身分，也可以成為國家的一部分，同時也可以驕傲地做自己，做一位南非白人、一位退伍軍人、一位南非公民。

一九九四年五月，曼德拉就任總統，新的國會拉開序幕，議會上反映了南非的種族多樣性——新的議員裡有三分之二是黑人。而維爾容的政黨在選舉中贏得九個席位後，他本人也贏得了一個席位。參加開幕式的卡林看著曼德拉走進這以前全是白人且絕大多數是男性的會議廳，如今同樣的會議廳裡體現了南非的多樣性。

此外，卡林特別注意到一件事，就是維爾容正神情專注地盯著曼德拉。十二年後，卡林和維爾容說，他那天在他臉上看到的是深深的敬意，甚至是愛意，但維爾容對於感性的事情不是很自在，只簡短地回答說：「是的，這麼說也沒錯。」接著，維爾容想起了另一件事：「那天，曼德拉走進來時看到我，他走到我面前，但按照議會的禮節，他其實不應該這樣做。然後，他和我握手，臉上掛著燦爛的笑容說他很高興在那裡看到我。」突然，一個聲音從旁聽席傳來：「給他一個擁抱，將軍！」

卡林問：「那你有嗎？」

維爾容說：「我是個軍人，他是我的總統。我和他握手並立正站好。」

8. 檢視自己的「怪異」

許多的意見分歧是彼此陌生文化的衝突所致，別以為你的文化才正常！

施奈德：從我還是個很小的孩子時，我總喜歡仰望星空，想知道為什麼這世界會如此，我們要去哪裡？我們如何到達那裡？這片廣闊的土地是怎麼回事？

美國聯邦調查局：了解。

施奈德：地球為什麼是一個墓地？六千年的悲哀和人類歷史，植物、人們、動物都將在這裡死去。我們會得到一點快樂，但我們永遠不會感到滿足，因為我們的親屬和朋友終將死去。上帝啊，這到底是怎麼一回事？

美國聯邦調查局：對啊。

施奈德：你是誰，上帝嗎？在我生命的大部分時間裡，我試了基督教的常規做法，但我從來沒有聲稱自己真正了解上帝。說實話，我的意思是，我從來沒有真正了解過上帝，但我一直想了解上帝。

美國聯邦調查局：嗯哼。

施奈德：我曾經看過一本書，它邏輯性很強，也很清晰，這個人還解開了非常深奧的科學、物理學、天文學，而且這些都是最近沒有多少人聽過的事情……

美國聯邦調查局：你知道嗎，我剛剛收到一張紙條，寫道大衛已經完成電台採訪，他的傷勢如何？

一九九三年二月二十八日星期日的早上，大約八十名武裝執法人員來到德克薩斯州韋科鎮附近一個被稱為迦密山中心（Mount Carmel）的建築群，這些來自美國菸酒槍炮及爆裂物管理局（Bureau of Alcohol, Tobacco and Firearms，簡稱ATF）的執法人員負責調查涉及非法槍支的犯罪行為；他們有一張逮捕弗農·韋恩·豪威爾（Vernon Wayne Howell）的逮捕令。這人也被稱為大衛·考雷什（David Koresh），是居住在迦密山宗教團體的領導人，其宗教派系被稱為大衛教派（Branch Davidians）。執法人員有理由相信，該組織已經積累了大量非法武器。

ATF被告知考雷什從未離開過這個建築，因此逮捕他的唯一辦法，就是突然襲擊；不過，大衛教派已獲得密報，也已準備好防守陣地。隨後，一場激烈的槍戰就此展開，六名迦密山的居民和四名 ATF 的執法人員都因此喪命，考雷什受傷但性命無礙。

當地的一位副警長拉里．林奇（Larry Lynch）與大衛教徒談判，達成停火協議。第二天，美國聯邦調查局接手，包圍迦密山、要求大衛教派和平投降，並接受司法審判，但大衛教派拒絕。於是，美國聯邦調查局開始一場封鎖式的圍攻，組建了可能是有史以來針對美國本土平民最大的軍事力量，他們在迦密山建築群內停放了十輛布雷德利步戰車，且除了美國軍隊和當地執法機構的人員外，共有八百九十九名政府官員聚集在迦密山。

聯邦調查局的戰術小組也盡可能地使大衛教徒處於不舒服的環境裡，他們切斷建築群的通訊與供電，並在深夜時他們用明亮的燈光照亮整個迦密山，並使用超大聲的揚聲器播放音樂。同時，一組專門處理這種封鎖式圍攻的聯邦調查局談判專家，正從全國各地飛來，他們安頓在附近的一個飛機機庫裡，用剩下的唯一一條電話線接入迦密山與大衛教徒對話，他們與大衛教派的領導人進行了連續五十一天的談話。

後來，這些談話記錄也全文公布，可說是一次痛苦且艱難談判的獨特記錄；在閱讀這些記錄時，可以發現雙方是在幾乎沒有任何交流的情況下，進行長時間的對話。其中考雷什摯友兼助手的史蒂夫・施奈德（Steve Schneider）與一位不願透露姓名的聯邦調查局談判專家交談的特點是，當施奈德在反思生命的意義時，談判專家似乎不感興趣，而只有當談判專家找到理由回到他認為的談判目的時，才會認真與其談話。

在大多數情況下，聯邦調查局的談判人員都是專業且完全遵循標準程序進行談判：他們會試圖表現出對大衛教徒的尊重、提供他們合理的選擇，以培養和睦的關係；他們甚至會聽取心理學家有關如何處理不同人格類型的建議。簡言之，他們所做的一切都是按部就班；但事實證明，他們遵循的這本書少了個關鍵章節。

☹ ☹ ☹

語言學家理查・路易士（Richard Lewis）是最早掌握文化差異對談判的重要性的學者之一。當來自不同國家的人見面商討商業交易或政治協議時，就算使用共同的語言，也不能保證雙方都能了解彼此想表達的意思。因此，跨文化的談判之所以會演變成混亂和個人爭吵，並不是因為雙方在實質的問題上有意見分歧，而是因為雙方都在與對方進行不同類型的對話。比如說，

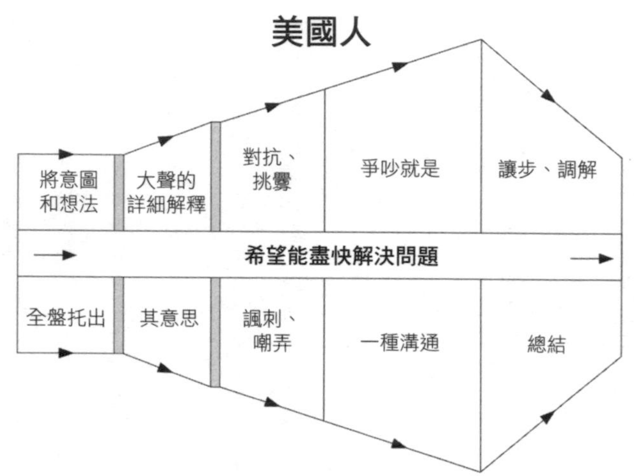

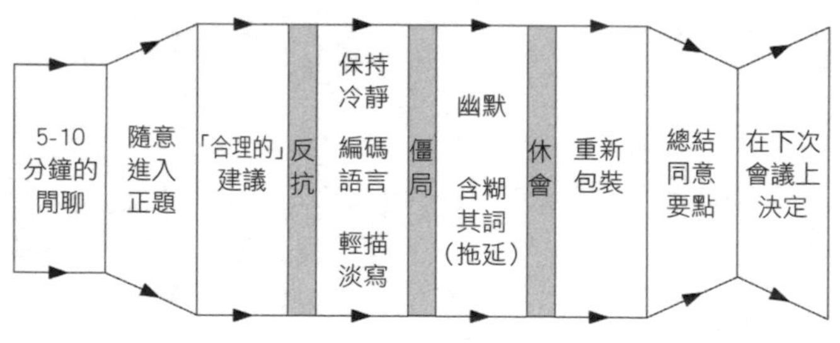

在你與義大利人談判之前，你應該要先了解義大利人所認為的談判是什麼。這四張圖是路易士將幾個不同民族的談判方式圖解化的例子。

路易士的模型不是基於定量實證研究，而是結合自己的觀察和語言的專業知識後所研究出的結果。不過，他基本的觀點是個相當重要的見解：除非你花時間了解對方的文化世界觀，否則你很可能會誤解他們所說的話，或是誤判他們的動機。如果美國人不理解為什麼與他交談的德國人不和他寒暄，美國人就會認為他傲慢無禮，幾乎和那講話含糊不清又輕率的英國人一樣糟糕；如果中國人不懂美國文化，就會把美國人急於求成的心態誤解為侵略；英國人則低估了德國人對正當程序的渴望，認為他們只是在刁難自己，最後幾乎每個人都可能會低估法國人喜歡爭論的程度。

文化塑造了人們的行為和說

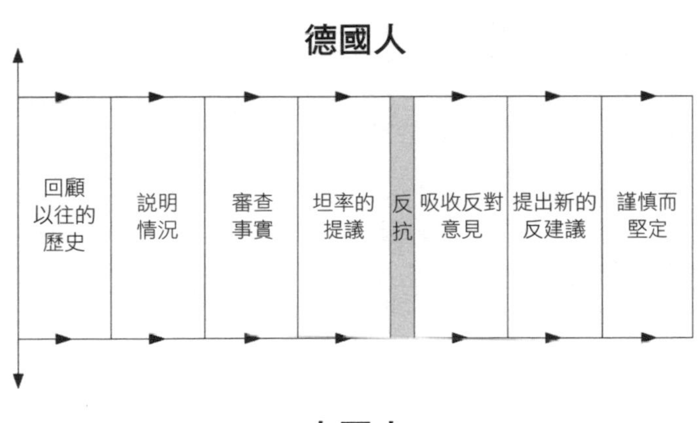

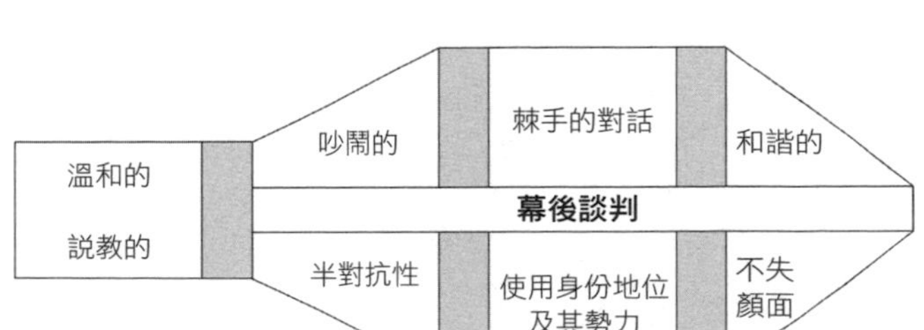

話方式，因此，在不了解某人的文化和個人背景的情況下，試圖與他進行艱難的對話，可說是自取滅亡。被派往韋科鎮的聯邦調查局執法人員，他們被訓練與美國人談判，而不是與中國人或德國人談判，所以他們幾乎不覺得自己需要花時間去了解同胞的文化觀。不過，文化不僅僅是一個國家的問題。

☹ ☹ ☹

韋科慘案立即成為一場國家危機和國際事件，全世界的新聞媒體開始津津樂道地報導：「有位魅力十足的邪教領導人，蔑視美國政府的力量」。這是個讓人難以抗拒的故事，而且，荒誕的謠言比比皆是，比如考雷什據說有一百多個對他言聽計從的妻子、他對他的追隨者實行精神控制……在外界看來，考雷什是個顯而易見的騙子，他以某種方式催眠一群天真的人，讓他們迎合考雷什對權力、性慾和榮耀的貪戀。其實，聯邦調查局的談判專家私下與公眾的看法一致，他們其中一個人後來寫道：「考雷什是我所聽說過的人類中，最接近於純粹邪惡的人，他狡猾、精於算計、自以為是、善於施展魅力，而且是位徹底的虐待狂。」

聯邦調查局的目標很明確：讓所有人離開迦密山，並避免進一步的暴力；至於大衛教派，沒有人知道他們到底想要什麼。有些人猜測，他們是在為末日做準備，而且他們一直在計劃入侵當地的城鎮，並殺死所有看到的人，或是他們準備炸毀自己。

一開始似乎有可能迅速解決問題，因為大衛教派的領導人同意從迦密山交出十九名兒童；但在這個初步的突破後，談判就陷入一個痛苦的僵局，有九十八人仍留在大樓裡，其中有二十三名兒童（包括考雷什自己的孩子在內）。而這件事情的其中一個絆腳石是聯邦調查局將其視為人質事件，但考雷什和其他大衛教徒卻則堅持裡面的每一個人都是自願留下來的。

聯邦調查局：我想說的是，如果你能與你的人達成他們從裡面出來的協議，你就可以……

考雷什：我不打算告訴他們該怎麼做，我從來沒有、也永遠不會告訴他們該怎麼做。我只是向他們展示書中上帝的教誨，然後由他們自己決定。

聯邦調查局要求大衛教徒對建築物內的人錄影，以便他們可以看到每個人都安好，大衛教徒欣然答應。影片中，大衛教派的婦女真誠地解釋說，他們住在迦密山是因為他們喜歡那裡。

考雷什本人也在影片中出現並問道，為什麼ATF不能某天「在路邊」逮捕他，而是要用槍指著迦密山的婦女和兒童。

不過，聯邦調查局並沒有公開這些影片，因為聯邦調查局仍認為他們正在與一群被一個精神病患者控制的受騙者打交道；不過，大衛教徒則認為自己是聰穎、有靈性的人，他們自由地選擇生活在一個不遵從社會規範的群體中。因此，雙方對於他們在進行什麼樣的對話，也有截然不同的想法。聯邦調查局的談判專家將其視為一項實用主義的練習，他們的目的是抽乾對話中的情感，以便進行討價還價（「你給我我要的，我就給你你要的」），但大衛教徒對於討價還價並不感興趣。

就像施奈德在本章開場時與聯邦調查局的交談一樣，他們想在上帝、經文和存在意義的背景下，談論正在發生的事情。但是，每當考雷什或其他大衛教徒對事件提出宗教解釋時，他們都會被駁回或是被忽略，因為聯邦調查局一直試圖將彼此的談話導回他們認為的真正問題上，可是對大衛教徒來說，上帝才是真正的問題。

之前，聯邦調查局和考雷什達成一項協議，就是如果在國家廣播電台上播放考雷什錄製的訊息，那麼大衛教徒就會離開營地。廣播播出了，但這項協議因為考雷什的一句話失效了，他告訴談判專家說，上帝命令他原地等待。因此，談判人員開始對考雷什施壓，要求考雷什履行他們認為的個人承諾。

聯邦調查局：好吧，我需要知道，你會兑現你的承諾嗎？你打算怎麼做呢？

考雷什：讓我解釋一下，看，在第二節中……

聯邦調查局：是的，我知道。請告訴我你要做什麼。

考雷什：我正在努力，請看《那鴻書》的第二節。

聯邦調查局：請不要用這些措詞進行談論。

考雷什：好，但這樣，你就不會明白我的教義。

這些對話有父母與青少年爭吵的味道，因為談判人員採取了家長式的口吻，只是假裝認真對待大衛教徒談論的上帝，而大衛教徒感覺到他們居高臨下的態度後，就變得更加抗拒。任何種類的談判和意見分歧出現問題的常見原因之一，就是因為一方或雙方並沒有努力從對方的角度看待問題。這不僅需要努力考慮另一種觀點，還需要考慮一個完全不同的文化世界觀，無論它在你看來有多麼怪誕，都和你自己的世界觀一樣豐富且真實。

☹ ☹ ☹

一九三四年，一位保加利亞的移民維克多·霍捷夫（Victor Houteff）和一個幻想破滅的基督復臨安息日會（Seventh Day Adventis）成員，在韋科外組建了一個團體，等待耶穌的第二次降臨。而這個團體後來被稱為大衛教派，並建造了一個名為迦密山的營地，它是美國基督教千禧年傳統的一部分，它催生了摩門教和耶和華見證人（Jehovah’s Witnesses）。千禧年主義者認為，仔細閱讀《聖經》可以發現裡面提供了具體的線索，說明耶穌再臨和世界末日將在何時和如何到來，並往往會依靠某些被賦予特權、成為上帝使者的人來解釋這些線索。大衛教徒特別關注《啟示錄》中的經文，這些經文暗示一位被稱為「上帝的羔羊（Lamb of God）」的神秘人物有一天會解開七印（the Seven Seals），進而了解上帝握在右手裡，預示著彌賽亞回歸和末日的書。

一九八一年，一位名為弗農·豪威爾的二十三歲長髮高中輟學生兼搖滾吉他手，開著一輛黃色別克到迦密山，請求加入這個群體。豪威爾以一種不尋常的方式發揮魅力，他語氣溫和，卻很有張力且幽默感十足；他也將經文背得滾瓜爛熟，每當豪威爾打開《聖經》時，人們滿懷期待地聚集在一起。他穿著邋遢的T恤和運動鞋，身上沾滿他在車庫裡修補汽車的油漬，開始馬拉松式的講故事活動，一次可以持續十二個小時；他一開始會閒聊、低調地講故事，然後隨著故事的發展逐漸走向激烈的巔峰。正如一位觀察家所說：「當豪威爾讀經文時，就像他真的在那裡參與了那些事件一樣。」

很快地，豪威爾就擔任了該團體的精神領袖，並自己改名為大衛·考雷什，因為大衛是聖經中的國王，而考雷什則是代表古代波斯國王居魯士（Cyrus）。考雷什讓迦密山的群眾深信他就是「上帝的羔羊」，也就是被上帝選中為彌賽亞開路的人。他告訴大家，上帝的選民很快就會與以聯合國為代表、由美國政府領導的撒旦勢力，進行一場可怕的戰鬥。

不過，大衛教徒並不敵視外部世界，他們經常出現在韋科，他們在那裡被認為是古怪但無害的人們，其中還有人在那裡經營一家法律事務所。而考雷什本人有時候會冒險進城，甚至到其他國家旅行，比如他曾在英國成功從黑人教會招募到新成員，一位大約在這時期加入大衛教派的教徒回憶說，迦密山是一個「開放且友好」的地方。

在迦密山這群體的一百多名成員中，包含來自墨西哥、澳州、紐西蘭、菲律賓和加拿大的人，有些人很窮、有些人很富有，還有一些受過高等教育的人，像是有位名叫韋恩・馬丁的非裔美國人，就是從哈佛畢業的律師。

因此，大衛教徒比聯邦調查局想像的更「正常」，但也更奇怪。公社的重點，就是人民會按照某些與一般社會不同的特殊條例生活，據說為了建立一個在耶穌再臨後統治世界的王朝，已經與一名大衛教徒結婚的考雷什，在迦密山群體中娶了許多「精神妻子」（spiritual wives）並生了十幾個孩子，而這些「妻子」也包括他男性追隨者的伴侶，以及至少一名未成年的女孩（他合法妻子的妹妹）。對此，我們大多數人都會覺得，這在道德上是令人厭惡的一切；不過，僅管考雷什的性行為是這群體主要的摩擦來源，但大家都還是將其行為理解為聖經教義的規定。其實，大衛教徒並不崇拜考雷什本人，也不相信他是一個神，只是考雷什是被上帝選中透過他說話的人，所以當考雷什和大衛教徒說他們要等待發現他們接下來該做什麼時，他們是認真的。

聯邦調查局明白大衛教徒有他們自己非常特殊的信仰體系，但他們無法接受的是，大衛教徒真的相信它，而這種失敗的想像力與另一個更根本的問題有關，就是聯邦調查局不知道**自己**

的文化是什麼。在迦密山，雙方跨越文化鴻溝進行對話，一方認為自己是理智且擅於分析的；另一方則相信自己是生活在聖經規定的敘述中。不過，大衛教徒對聯邦調查局的理解，比聯邦調查局對大衛教徒的了解更多，這部分從聯邦調查局談判專家和考雷什的副手施奈德間簡短的交流中，就可以感受到這一點。

聯邦調查局：施奈德，這「等待上帝的話語」並不在我們的協議裡。

施奈德：我了解，我知道在這個世界上，你不相信有一種超自然的力量，會對一個人說話。

聯邦調查局：對，我不相信。

聯邦調查局的交流語氣是典型專業官僚機構的語氣，這對聯邦調查局來說很正常，卻與大衛教徒的想法和說話方式都大相逕庭。所以，雙方交談的結果就是令人沮喪且無止境的來回對話，雙方甚至都無法就對話的內容或如何進行對話達成共識。然後，在接下來的交流中，考雷什指出，聯邦調查局有他們自己的神，因此，除非雙方都能承認自己有特定的世界觀，否則都不會真正聽取對方的意見。

聯邦調查局：你的底線是你要做一個聽上帝說話的人，對嗎？

考雷什：是的，我是聽從上帝的人，而你聽從法律，或說你的系統。

聯邦調查局：不，我在聽你說。

考雷什：這不是真的。你只是看著我說話，而我也只是看著你說話。

當談判指南涉及文化差異時，他們通常會建議學習一些有關對方文化的知識。這是一個好的開始，不過前提是你應該讓自己意識到你也有自己的文化，但如果你認為你的世界觀在某種程度上根本不是世界觀，而只是看待事物的自然方式，那這點就很難做到了。因此，看清自己的文化不僅僅是對專業談判者的挑戰，對每個需要與自己不同世界觀的人交流的人來說，也是一種挑戰。其實，我們都有自己的神，因為在自己的家鄉看似完全正常的言行舉止，在他人看來並非如此。

☹ ☹ ☹

當約瑟夫．亨里奇（Joe Henrich）還是一名加州大學洛杉磯分校人類學系的研究生時，他就前往秘魯的叢林，在亞馬遜流域的原住民——馬奇根加人（Machiguenga）中進行實地考察。亨里奇做了一個西方經濟學家用來測試人們對公平本能行為的實驗，而他預期會發現，即使在像這樣一個孤立的文化中，人們也會以和西方人大致相同的方式進行遊戲，因為社會科學家普遍的假設是，人類在心理上擁有相同的本能。

這實驗是個討價還價的遊戲，在遊戲中，兩位參與者必須同意以雙方都滿意的方式，分配一定數量的錢。當美國學生一起玩這個遊戲時，因為人們追求公平的本能，所以就算雙方都一無所獲，也沒人願意接受對方給較少的錢；但結果是，馬奇根加人認為這很荒謬，怎麼會有人拒絕免費的錢呢？

亨里奇想知道，經濟學家和心理學家所做的普遍主義假設是否有很大的誤導性，所以他領導了一個從坦尚尼亞到印尼，一共十四個孤立小型社會的研究，並發現這些社會的人們進行遊戲的方式都與北美和歐洲人不同。然後，亨里奇與合作者繼續說道，從空間意識到道德推理的心理學一系列既定結論，皆不適用於來自西方工業化國家以外的文化。

在二〇一〇年，這項研究最終發表成一篇題為《世界上最怪異的人》（The Weirdest People

in the World）的論文，亨里奇和他的夥伴們所說的「怪異」（WEIRD）是指十五%的人類，他們是西方人（Western），皆受過教育（Educated）、工業化（Industrialized）、富有（Rich）且民主（Democratic）。亨里奇想表達的是，西方人的心態不僅與世界其他地方不同，更是又有趣又怪異，因此如果有什麼事情發生的話，並不是馬奇根加人很怪，而是西方人才是真正奇異的部落，所以科學家們在了解這一點之前，他們根本不能聲稱他們了解人類。

另外，具有「怪異」心態的人更有可能會「懲罰」那些似乎以低價欺騙他們的人，因為在他們生活的社會中，經常與陌生人間有生意的往來；但像馬奇根加這樣來自關係親密社會的人，他們將別人的給予視為帶有義務的禮物。比如，在亨里奇的測試中，馬奇根加人更有可能會拒絕他人慷慨的給予，而不是適度的給予，因為他們認為禮物越大，責任越重。

「怪異」的人更傾向於分析，他們會把情況分成幾個部分，再把它們歸入抽象的類別；而那些具有更全面思維的人，像是東亞人，則會專注於事物間和人際間的關係，並更仰賴直覺，以弄清楚發生了什麼事情。例如，當研究對象看到一張有圍巾、手套和手的圖，並被要求選出兩個關係最密切的物體時，西方人會傾向於選擇圍巾和手套，因為它們都是冬天的衣物；而東亞人則更有可能選擇手和手套，因為它們彼此間的關係更密切、直接。

受亨里奇研究結果的啟發，文化心理學家托馬斯．塔爾赫姆（Thomas Talhelm）在美國保守主義和自由主義的群體中，進行類似的測試。他發現，自由主義者和保守主義者的思維方式，彷彿他們來自完全不同的文化，而且幾乎像東、西方一樣的不同；自由主義者比保守主義者更「怪異」，因為他們更善於分析，且更容易進行抽象思考。難怪美國自由主義和保守主義間會有那麼多不正常的意見分歧，因為他們根本就是以不同的方式看待實際的情況。雖然雙方都認為自己的世界觀是正常的，但他們之間的相互誤解並不對稱。

政治心理學家強納森．海特（Jonathan Haidt）也在美國進行一項詢問自由主義者和保守主義者同一組有關道德和政治問題的研究；保守主義者在預測自由主義者將如何反應的方面，明顯優於自由主義者，且反之亦然。所以，海特總結說：「保守派對自由派的理解，比自由派對保守派的了解更多。」

☹ ☹ ☹

在第一批孩子被送出迦密山後，考雷什和大衛教徒以為聯邦調查局已經同意送牛奶給剩餘的兒童，但牛奶並沒有送來。因為聯邦調查局決定將其作為談判的籌碼，他們的立場是，只有大衛教派釋放更多的兒童，他們才會送牛奶。一位名為凱瑟琳．施羅德（Kathryn Schroeder）的大衛教徒，向其中一位談判專家提出了這個問題：

聯邦調查局：我只能提供給你……

施羅德：如果我們再送出四個孩子，那就沒有意義了。

聯邦調查局：聽著，我會把兩個孩子的牛奶送到你那裡。

施羅德：你把星期五送出去的兩個孩子的牛奶給我。

聯邦調查局：施羅德，這樣或許是在浪費彼此的時間吧？換其他人跟我們交談。

施羅德：我的意思是，你想要的只有討價還價嗎？

聯邦調查局：施羅德！

施羅德：你要用人命來討價還價嗎？

如果要說聯邦調查局和大衛教派間有哪一次的對話，體現了彼此文化不同的問題，那就是關於牛奶的爭論。聯邦調查局在談論兒童時，彷彿他們是可以交易的物品；但對大衛教徒來說，他們是神聖的實體。這種差異並不是因為聯邦調查局的談判專家沒有人性，而是因為他們認為應該先將兒童置於危險之外，所以他們將焦點全部集中在兒童身上。不過，聯邦調查局認為自己是理性的，由於被技術官僚的思維所侷限，他們從未想過大衛教徒的行為可能是另一種不同的理性。

留在迦密山的兒童中，也包括考雷什自己的孩子，他們被認為是非常特殊的個體，因為在末日來臨時，他們扮演著至關重要的角色。因此，在所有的兒童中，他們不可能只是為了牛奶就被送出迦密山。當聯邦調查局的談判人員強調他的首要任務是兒童們的安康時，施羅德表示懷疑，並說：「聽起來你並不關心。」談判人員回答說：「如果你想進行推理的話，我很樂意和你談談。」

傑恩．多切蒂（Jayne Docherty）是位撰寫有關韋科慘案的書籍作者，根據他的說法，聯邦調查局男性談判專家對女性大衛教徒的典型表現是——他們暗示她們太過情緒化，無法理智思考。在各式各樣的意見分歧中，往往有一方試圖按照他們自己的遊戲規則進行這場爭論，而另一方則會質疑這些規則，導致一方認為自己是合理的，另一方覺得自己彷彿是被對方禮貌地踩在腳下。因此，在禮貌對話的表面下，所有不為人知的痛苦和憤怒會不斷累積，直到爆發。

聯邦調查局的談判人員對於彼此的談話越來越不耐煩，他向施羅德重複提出的交易建議，他說：「把孩子們放出來，牛奶就會送進去……」但他根本無法理解為什麼她不了解他的邏輯。其實，施羅德不是不明白，而是她抗拒這個提議，因為她覺得自己任人擺布。

施羅德：如果我不……我想說的是，你是在說我們之間沒有什麼可說的，因為我不同意你的規定。到底誰在控制誰的思想啊？大衛沒有控制我的思想，是你在試圖控制我的思想。

不過，談判專家堅持不懈，直到施羅德的負面情緒爆發。

聯邦調查局：……我願意把牛奶拿出來……那你願意做什麼來換取牛奶？這就是問題所在，你願意做什麼？

施羅德：我願意自己走出大門，就算你們要用布雷德利步戰車射殺我，我也願意去拿牛奶。

在迦密山的漫長對峙中，有兩次機會顯示可能進行更有成果的對話，其中一次是在對峙剛開始時出現，另一次則是在接近尾聲時出現。在ATF從圍攻轉為突襲的三分鐘內，大衛教派的律師馬丁就驚慌地打了911，接線員幫他接通到當地治安部門的林奇中尉。

林奇：我是林奇中尉，有什麼可以幫你的嗎？

馬丁：有，我們大樓的周圍有七十五個人，他們在迦密山向我們開槍……告訴他們，這裡有婦女和兒童，讓他們停止行動。

林奇沒有料到那天會有任何戲劇性的事情發生，他知道會發生突襲，但他不知道ATF會採取如此強烈的手段。那個星期天他在值班，因為他預期迦密山的鄰居們會打電話來表達對建築群周圍道路被封鎖的惱怒。（他後來對馬丁說：「因為我又老又胖，這就是我在這裡的原因。」）

聯邦調查局抵達後，林奇就退居二線了，這有點可惜，因為他可能是所有談判者中最好的一位。他表現出一種直覺上的敏感，林奇立即意識到馬丁電話的緊迫性，並透過明確接受馬丁優先考慮的事項，與他建立人際關係，這在聯邦調查局的談判專家中相當罕見。

林奇：好的，馬丁……請跟我說話，馬丁，讓我們照顧好兒童和婦女。

林奇所說的「讓我們」表示他和打電話的人都有保護婦女和兒童的渴望，並表示他們可以一起合作解決這個危機。ATF 撤離後，留下大衛教徒死去的屍體後，林奇溫柔地試圖引出恍神的馬丁，承認他的情緒，正視他的處境。

林奇：你還好嗎？你聽起來……有什麼問題嗎？

馬丁：不，沒有問題。

林奇：你聽起來很難過。

馬丁：嗯，一切都……嗯。

林奇：一切都怎麼了，嗯？

林奇在接下來的十四個小時裡一直與馬丁通話，平息局勢、並在聯邦調查局接管前，就已完成談判，達成停火。

☹ ☹ ☹

隨著三月進入四月，出現了一個不同且更深思熟慮的嘗試，就是他們以自己的方式與大衛教徒溝通，一位聖經學者詹姆斯．塔波（James Tabor）在電視上看到事件的發展後，就與聯邦調查局聯繫，因為他立即意識到，聯邦調查局對大衛教徒居住的《舊約》世界一無所知，而且他知道任何和平解決的機會，都取決於談判者說的是否為經文的語言。

在與聯邦調查局接洽後，塔波和一位同為神學家的菲利普．阿諾德（Philip Arnold）獲准開始與被大衛教派認為是學術權威的高階人士利文斯通．費根（Livingstone Fagan）直接溝通。塔波和阿諾德就從費根那裡，更深入地了解為什麼大衛教派不想搬移的原因——因為他們相信聖經指示他們要等待。

聯邦調查局展示軍事裝備的目的是為了恐嚇大衛教派投降，但他們不了解的是，大衛教派更擔心另一種威脅，就像施羅德試圖解釋的那樣。

施羅德：……我們仍然作為一個群體待在這裡的唯一原因，就是一個詞——等待。這不是因為我們害怕敵人，而是因為我們更懼怕一種更強的勢力。所以我的意思是，當上帝說他可以摧毀你的靈魂，而且你知道他在說什麼的時候，我們真的相信這個事實比這世界消失還重要。

塔波和阿諾德意識到，考雷什需要用另一種方式來理解《啟示錄》中的預言。他們錄製了有關七印的長篇技術討論，並提供了另一種解讀方式，然後將其發送給很感興趣的考雷什。考雷什很高興，對方有終於有人在認真對待他的信仰，而不是侮辱他或提議討價還價。

考雷什在四月十四日宣布，上帝指示他寫出七印的訊息，並說：「在我完成這項工作後，我將擺脫等待期……只要我看到像塔波和阿諾德這樣的人有一份副本，我就會出來。」在迦密山裡的人們歡欣鼓舞，因為這種折磨似乎即將結束，但聯邦調查局對考雷什的聲明不以為然，對他們來說，這似乎是另一種拖延戰術。四月十六日，一名談判專家質疑考雷什的誠意。

聯邦調查局：現在聽好，讓我們回到當前的問題。這個，你知道的，關於寫七印的訊息……好吧！你必須在那裡完成它，但這相當耗時。但請告訴我，大衛，你是說當你完成那份手稿時……

考雷什：我就不再受到約束。

聯邦調查局：不，你並沒有回答到問題。

考雷什：然後我就會出去，絕對會出去的。

聯邦調查局：我知道你會出來，但這意味著很多事情，大衛。

考雷什：我將被關押在監獄裡。

對根深蒂固的意見分歧，採取一個過於技術官僚方法的結果是，它可能會使另一方發；而另一種情況則是，因為彼此陷入意見分歧的動態中，技術官僚們會理性地說服自己去做一些瘋狂的事情。四月十九日，就在考雷什改變立場說一旦他完成了七印的譯文，大衛教派就會投降的五天後，聯邦調查局領導人的耐心已被磨盡，在得到司法部長珍妮特．雷諾（Janet Reno）的批准後，他就命令進攻迦密山。

大衛教徒可能持有槍枝，但除了白衛，他們並沒有表現出侵略或暴力的慾望。現在，聯邦調查局卻為了對付一小群美國平民，發動了一支可以進行軍事戰鬥的兵力，他們向一棟點著燭光的大樓，發射大約四百發催淚彈（在某些情況下是易燃品）。一名執法人員使用擴音器叫裡面的人都出來，他說：「這不是攻擊！」甚至在布雷德利步戰車擊穿大樓牆壁時，他還是繼續這麼說。

迦密山的居民在恐懼中蜷縮著，因為大塊的混凝土砸落在他們周圍；不知何故，建築群開始起火，且很快地被火焰呑沒，考雷什和其他七十三名大衛教徒都被殺，其中包括二十一名兒童。一名聯邦調查局的執法人員使用擴音器緩慢而嚴肅地說：「大衛，你的名聲結束了⋯他不再是救世主了！」

☹ ☹ ☹

在我們與韋科的可怕悲劇保持巨大且舒適距離的同時，找出聯邦調查局談判人員的錯誤是一回事，假設我們任何人都能更成功又是另一回事。事實上，要跳出自己的文化圈，看看這些文化在他人看來有多奇怪，或進入他人的文化圈，了解他人的文化在他人看來有多正常，是件非常困難的事情。

文化對人類來說就像水對魚一樣：我們看不到它，因為我們生活在其中。它很少出現在與我們同種人的對話中，因為它構成了所有我們不需要說的東西，它不像是一種特殊看世界的方式；它感覺像現實，彷彿世界當然是這樣，這就是文化。但實際上，我們都是弱視的人，而且對於我們這些以客觀和分析為榮的人來說，這可能更加真實，因為我們都有個明顯的傾向，就是認為我們的方式是感知世界唯一有效的方式。

文化差異不僅僅是東方與西方或英國與法國之間的問題。一個國家有獨特的文化，而城鎮、工作場所、家庭和長期關係也有各自的文化，這就是為什麼關於永遠不要評判他人婚姻的格言是如此明智，因為我們不了解其文化。實際上，即使是在同一個地方長大、在類似學校上學、看同樣節目的人，每個人仍會有自己的怪癖、習慣和儀式。因此，一個人其實就是一種微觀文化，我們都是一種微觀文化，我們每個人都有點奇怪。

所以，遇到意見分歧時有一種思考方式，就是將其當作一種文化衝突。通常只有在我們碰到一位以不同方式看世界的人時，我們才會瞥見我們生活在其中的文化；但這樣的相遇往往會觸發威脅狀態，導致我們否定或妖魔化對方，而這會讓我們無法傾聽他們所說的內容。為了讓自己在意見分歧中不要出現這種反應，你可以試著把自己想像成是一位來自遙遠國度、具有非常獨特文化的訪客，所以你需要努力了解東道國的文化；同時你也需要反思自己的文化，例如什麼經歷塑造了你的觀點？你的盲點可能是什麼？你從你的祖先那裡繼承了哪些信仰和思維習慣？

做一位自己的人類學家吧！

9. 好奇心

急於做出判斷會阻止我們傾聽和學習，與其試圖贏得爭論，不如試著讓自己產生興趣，也讓自己變為有趣的人。

耶魯大學的法學教授丹尼爾．卡漢（Daniel Kahan）研究了我們的政治觀點如何讓我們變得愚蠢。更具體地說，他調查了從疫苗接種到氣候變遷的爭議性話題中，人們是如何不自覺地扭曲新的訊息，使其符合自己已經相信的觀點。對於政治文化，人們經常聽到的抱怨是「沒有向選民提供足夠的真相」；不過，卡漢的研究結果顯示，提供人們事實，也不一定有幫助。

在他的一項研究中，他要求人們解決一道數學問題，受訪者必須利用虛構的臨床試驗資料進行一系列的計算，以證明一種新的護膚霜是否可以增加或減少皮疹；大部分受訪者都回答正確。接著，他邀請受訪者解釋一組完全相同的統計資料，只是這次他將這組資料的主題，改為一個在美國高度分化的議題——有關槍支法的問題。對此，有些受訪者拿到的資料顯示，修改槍枝法後槍擊事件會呈上升趨勢；但其他人拿到的資料則顯示，修法後槍擊事件會減少。而這次，人們回答此統計問題的準確性完全取決於他們的政治立場，不管是槍枝支持者還是反對者，面對他們不喜歡的結果，其數學都會突然變差。

卡漢表示這結果並不奇怪。如果一個人看到一種具有潛在危險的護膚霜，或收到他們納稅額度改變的消息時，與其拘泥於已相信的事情，吸收新資訊是相當合理的，否則那是在自取滅亡。然而，針對氣候變遷看法正確的這件事情，大多數人並沒有得到什麼實際的好處，但他們確實能從與他們表達一樣想法的人那裡直接獲得益處，即歸屬感。我們更關心的是人而不是正確與否，改變共同信念的風險，就是你不再有與之分享的人。

假設你正在和一位朋友討論夜空，他提到金星是離地球最近的行星鄰居，如果你糾正他其實是火星，他可能會接受他是錯的，或許他會有點尷尬，但還是會繼續彼此間的談話。現在想像一下，這類似的對話假如發生在十七世紀：你的朋友說了一些有關太陽繞著地球轉的事情，你糾正他並指出根據伽利略的發現，是地球繞著太陽轉才對。你朋友很可能會大發雷霆，否認你提出的所有證據，並譴責你是個邪惡的異端。因為當時的天文學不僅僅只是天文學，而是連結了人們對社會和精神秩序深信不疑的信念。

因此，「告訴你的朋友地球繞著太陽轉」的這件事情，不僅僅是在糾正他對物理宇宙概念的錯誤，你還威脅到他在社會領域中的地位，進而威脅他的自我意識。所以，這就是為什麼，面對我們有個人想法的議題資訊時，我們會察覺支持本身想法的資訊，並忽略不支持自身立場的資訊，而卡漢將這種現象命名為「自我保護認知（Identity-Protective Cognition）」。

你可能會認為這只會發生在低智商或低學歷的人身上，但卡漢發現，高智商和高學歷的人也會發生，而且當他們產生自我保護認知時，**更有可能**會為了符合他們的世界觀進而扭曲或塑造事實。即使聰明人的這些信念都是錯的，他們也更善於找到支持其信念的理由，不管是對他人，還是對自己，他們都會提出更有說服力的論證。此外，他們也更善於推理，以消除相互矛盾的訊息，例如你可以在地球平坦論或氣候科學謊言的線上論壇裡，看到人們利用對於科學的博學多識，得出完全錯誤的結論。

對於那些希望有更多有效政治分歧的人來說，這顯示了一個暗淡的展望，因為更多的事實不會有幫助、更好的推理也不會有幫助，那麼，什麼才可能有幫助呢？卡漢偶然間發現了這個問題的答案。

當時，有一群紀錄片的製作人找他，想請教一些有關如何讓觀眾對科學主題感興趣的準則，而這個小組請求教授幫助他們識別出對科學具有高度好奇心的民眾。因此，卡漢和他的研究團隊發明了一種調查工具，稱為「科學好奇心量表（Science Curiosity Scale）」，裡面一系列的問題設計，都是為了預測一個人被科學紀錄片吸引住的可能性有多大，而這些問題包含受訪者閱讀科學書籍的可能性，並請他們在幾篇科學內容不同層次的文章中進行選擇。

卡漢的團隊調查了數千人，發現對科學具有高度好奇心的人，平均分布在人口中，不管是男女性、上下層階級，還是左右派，都很平均。此外，他們還發現了一個完全出乎意料的事情，就是卡漢出於自己的好奇心，在調查中插入了一些政治議題兩極化的問題，其結果顯示，科學的好奇心越高的人，他們表現出的黨派偏見就越少。

然而，這對卡漢來說，這是個反直覺的現象，因為在此之前，他已經確定，知識豐富的人更有可能成為黨派的思想家；而這項調查所做的是，區分**知識豐富**的人和**好奇心強**的人，也就是說，好奇的人不一定知道很多科學知識，但他們對於發現事物，會感到非常高興。此外，研究結果還發現，在氣候變遷等問題上，對問題已有相當程度了解的共和黨、民主黨成員相比，具有高度好奇心的共和黨、民主黨成員彼此之間有更相近的觀點。

卡漢和他的研究同事們還設計了另一個測試，他們給參與者一些有關氣候變化的文章，並要求他們選出他們認為最有趣的一篇，而這些文章中，有些是支持、有些是反對氣候變遷科學的文章，而有些文章的標題是將故事描述為一個驚喜、有些標題則是證實已知的情況。

一般來說，有黨派的受訪者會選擇支持他們世界觀的文章，但當標題將故事描述為一個驚喜時，對科學充滿好奇的共和黨成員就會挑選與他們普遍政治觀點相悖的文章，比如《科學家報告了令人吃驚的證據：北極冰雪融化的速度比預期的還要快》（*Scientists Report Surprising Evidence: Arctic Ice Melting Even Faster Than Expected*）；對科學充滿好奇的民主黨成員也是如此，他們也會選擇立場正好相反的文章。因此，卡漢總結道，對科學充滿好奇的人來說，驚喜和驚奇的內在樂趣，勝過於他們想證實自己已知事物的渴望。所以，好奇心戰勝了偏見。

☹ ☹ ☹

激發你的學習慾望，往往是讓你從困難的遭遇中獲得最大利益的唯一方法。如果你是一位氣候變遷運動份子，你遇到一位認為整件事情是個騙局的人，你能給的最好反應是，好奇他們是如何得出這種觀點：他們有什麼經歷、讀過什麼或聽過什麼，使他們有這樣的想法？雖然知道這些，並不會使你和他們的觀點一致，但這能讓你與他們有話題可以談論。

若你過早地陷入意見分歧，通常明智的做法是，不要那麼快說「嗯，實際上……」，因為你讓對方不受干擾的說話，以及他們為自己辯護的時間越長，你就能收集到越多有關他們想法的資料。這必然能讓你處於一個更有利的地位，因為你可能因此會學到一些新事物，進而修改你的觀點，或是你能更了解對方的觀點，以及如何與他們爭論。而且，有時候一個人說得越多，他們就會越容易說服自己離開原先的定位。

另外，問問題是表達好奇心的好方法，但也可能是一種逃避的方式。如果我問「你是認真的嗎？」我其實是在說，我沒有要認真對待你的想法；如果是問「你為什麼會相信呢？」這可能會讓人感覺好一點，但不會好很多，因為這聽起來像是在要求對方為自己辯解，彷彿你是法官，並將他們置於被告席上。而比較好的方式是問「你能告訴我更多的訊息嗎？」或是其他類似的問題，因為這種問題表示你願意傾聽，而且你認為這是一次平等的對話。不過，要注意的是，「你能告訴我更多有關你為什麼相信這個的資訊嗎？」和「你為什麼會相信這個？」有著微妙但重要的區別。

本書有一部分的內容，是我在巴黎逗留期間所寫的。在那裡，一位名為尼爾．賈寧（Neil

Janin）的商人知道我以前出版過一本有關好奇心的書，而那正好是他想討論的主題，所以他就聯繫我。他並不知道我正在寫一本有關意見分歧的書，沒想到這居然是他的專長。賈寧在麥肯錫管理諮詢公司工作了三十年，其中有一大部分的時間負責管理巴黎辦事處；現在，他已經是半退休的狀態，主要負責指導高階管理人員如何處理困難且充滿衝突的對話。

我們見面時，他大病初癒，聲音還沒復原。在咖啡館的桌子對面，他目光銳利的注視我，並用強烈且急促的低語傳遞箴言式的智慧：「這一切的關鍵在於『聯繫』，如果你沒有聯繫，你就無法創造。那麼，是什麼阻止了我與同事的聯繫？答案是判斷力。因為你覺得他很愚蠢、她不明白、他們沒有事實依據，一旦我告訴他們事實，他們就會改變主意；但如果沒有，他們就是白痴。」

接著，他繼續說：「當我們陷入意見分歧時，我們有兩種選擇，一個簡單和一個困難的選擇。我們喜歡判斷，因為它幫助我們成為「正確的」那一方，而且這不需要任何精力，就對我們的自尊心也有好處；但如果你想弄清楚某件事情的真相時，好奇心是唯一的途徑，但它相當消耗精力。」

勞倫斯．艾莉森告訴我，為了取得談話的成效，無論嫌疑犯可能犯了什麼可怕的罪行，審訊者都必須暫停使用道德判斷，他說：「這個人最終會出現在你對面是有原因的，而這原因不僅僅是因為他們很惡毒。如果你對他們在這裡的原因不感興趣，你就不可能成為一位好的審訊者。」而賈寧在給他客戶最重要的建議中，也呼應了這個觀點——**暫停判斷，要有好奇心**！

即使管理顧問和他們的客戶有一個以上的共同文化背景——不管這文化是分析性和邏輯性的，或是對激勵和利益的反應——但意見分歧對他們來說，還是一項很艱苦的工作。多切蒂在她出版有關韋科慘案的書中，談及「如果與你交談的人很情緒化、不理智，或是被怪異的信念所迷惑，你該怎麼辦？」她建議，關鍵是要假設他們是理性的，並把「弄清楚他們使用的是哪種理性」作為你的首要工作。

偉大的社會學家馬克斯・韋伯（Max Weber）認為，我們對「理性」一詞的使用太過狹隘。理性，通常是描述人們以合乎邏輯的方式行事，進而實現一個重要目標，而韋伯稱這種理性為「工具理性」（instrumental rationality），並同時提出其他三種類型的理性行為：

第一種是「情感理性」（affective rationality），就是我把我的情感關係作為我所說和所做事情的一切中心，例如卡漢研究中的受訪者所使用的理性；

第二種是「傳統理性」（traditional rationality），代表我們樂於接受前幾代人給我們的建議，而這就是為什麼，我們在十二月時可能會在家裡放一棵樹；

最後一種是「價值理性」（values rationality），即我們所做的一切都在為某種更高的價值服務，且幾乎不考慮其結果，而這就是大衛教派所採用的方法，也是讓具有高度工具理性的聯邦調查局感到困惑的原因。

不過，很少人只依賴一種理性模式，我們多數人都會在理性模式之間切換，或者同時使用多種理性模式。多切蒂指出，其實只要和大衛教徒最終的價值觀有所衝突，他們也可以很實際地分析問題，且願意解決問題。而好奇心就是一種可以幫助我們的方式，無論是家人、同事還是政敵，在與沒有使用工具理性的人發生意見分歧時，你可以嘗試並好奇他們已經進入什麼理性模式，而不是假設他們瘋了。比如，當你的女兒非理性且固執地要求晚點睡覺時，她可能是進入了情感理性的模式；她在尋找一種方法，可以花更多的時間和你在一起。

因此，對方行為背後更深層的邏輯是什麼？仔細想想，你自己言行舉止背後更深層的邏輯又是什麼？

☹ ☹ ☹

你不僅僅要讓自己產生好奇心，你還要努力刺激對方的好奇心，那麼，你要如何做到這一點呢？

南卡羅萊納大學的心理學家格雷戈里．特雷弗斯（Gregory Trevors）研究了「逆火效應」（backfire effect），指的是人們在錯誤的訊息被糾正後，反而會讓人們更相信這錯誤訊息的矛盾傾向。這個術語是政治學家創造的，因為他們發現，在二〇〇九年相信伊拉克是911事件幕后黑手的人，在看到反駁此說法的訊息後，更可能相信這個主張；這也和吸毒者被告知他們的習慣對他們有害時的反應相似。

正如我們所見，糾正他人的風險是你會觸發對方的身份威脅，而這就帶來了特雷弗斯所說的「道德情感」（moral emotions），像是憤怒和焦慮。接著，這可能會使對話迅速脫軌，因為憤怒和焦慮會導致人們狹隘地專注於捍衛自己的立場，並攻擊任何與自身立場衝突訊息的來源。而另一種策略是嘗試激發對方的「認知情感」（epistec emotions），比如驚訝和好奇心，而根據特雷弗斯的說法，這也可以作為焦慮和憤怒的解藥。此外，談到侮辱如何使她堅持己見的前反疫苗接種者卡莉．萊昂也說：「真正幫助我的是，人們向我問問題，讓我可以認真思考。」

我們在前面討論了如何避免觸發威脅，就是在進入意見分歧前，先表達你對他人的重視，其中一種方法是，好奇他們所要說的內容。而除了肯定外，你還可以用一種吸引他們的方式，表達新的資訊或新的論點，而不是讓他們處於劣勢。正如卡漢發現的那樣，驚喜會讓僵化的信念鬆動（「這是我不知道的事」、「我以前從未想過的事情」），因為你展示了對這個話題的好奇心，就代表你不認為你已經有全部的答案，並同時鼓勵對方也感到好奇。另外，特雷弗斯建議使用故事、幽默和隱喻，讓對方的防禦系統失效。簡言之，就是試圖讓自己成為有趣和感興趣，而不是聽起來有說服力的人。

但是，不好奇總是比好奇更容易，正如賈寧所言，好奇心很難，因為它需要分配精力、時間和注意力。如果你對移民問題的看法與我不同，那可能是因為你的經歷與我不同；但是，要思考這種彼此差異的鴻溝，往往需要耗費我不願意投入的腦力。因此，人們會覺得比起要對你所言感興趣，把你當作偏執狂而不予理會，是個更快且更有效的做法。

雖然我們在一個被各種意見轟炸的世界裡，這似乎是一種必要的反應，卻是我們應該要抵制的反應。因為如果我們關閉對不同觀點的好奇心，會使自己變得不那麼聰明、不那麼人性化，也不那麼有趣。

10. 讓錯誤變有效

如果你迅速且真實地道歉，錯誤就會產生正向的效果。因為它讓你表現出謙遜的態度，除了加強彼此關係，也緩解對話的火藥味。

「世上沒有錯誤的音符，就看你如何解決錯誤。」

——塞隆尼斯．孟克（Thelonious Monk）

你剛剛趕到一個可能發生自殺的現場，一名男子正站在一棟高樓的窗台上，威脅要跳樓。警察向你說明他們對他的了解，然後你走上樓頂，並在男子不會感到威脅的距離，試圖與他進行談話。首先，你要努力表明你關心他這個人，以建立情感關係，你說：「你好，艾哈邁德（Ahmed），看起來你好像有困難，如果我可以的話，我想幫忙。」在那一刻，不管是因為他告訴你，還是你講完就發現，你都意識到你犯了一個慘痛的錯誤——他的名字不是艾哈邁德，而是穆罕默德（Muhammed）。

你還沒進入正題，情況就已經失去控制了，現在該怎麼辦？

這是英國蘭卡斯特大學教授，危機談判權威學者之一的保羅．泰勒（Paul Taylor）在意識到還沒有人研究這問題後，對他一位名為米里亞姆．奧斯廷加（Miriam Oostinga）的研究生所提出的問題，而奧斯廷加馬上就被這問題吸引住。在自殺談判這種緊張、情緒高漲的情況下，一個錯誤的語調似乎就有可能摧毀談判者建立的任何脆弱信任關係；但是，錯誤是無可避免的，那麼，談判者應該如何應對？在泰勒的建議下，奧斯廷加以這個問題作為博士學位論文的題目。

我們都會犯下溝通上的錯誤，但這種錯誤會對參與者產生立即且明顯的影響，使彼此的關係緊張，例如某位老師拿學生髮型開玩笑後，才意識到自己傷害了學生的情感；衝動地在推特上發表意見後，卻馬上後悔的政治家；無意中對不高興的顧客表現高姿態的銷售人員……因此，小小的錯誤，也會造成他人和自己情緒上，甚至是生理上的影響，而犯錯者是否能夠及如何從錯誤中恢復，會決定接下來的對話是否順利。

奧斯廷加從荷蘭警察和監獄部門招募了訓練有素的談判人員，參與她錯誤相關的研究，這些人有些是危機談判專家，有些是審訊專家。我問奧斯廷加對他們的看法，他們是否有相似之處。她說：「我認為，他們本質上都對與他們交談的人感興趣，所以當他們與我交談時，他們真的會讓我感覺到，他們對我是誰和我在做什麼感興趣。」首先，奧斯廷加採訪了參與者，以了解錯誤帶給他們的問題，其中一個人告訴她說：「沒有人能夠做到百分之百的完美互動，總會有些事情會出錯。」

當有生命受到更多威脅，以及當談判者和把他們引入爭奪主導權的挑釁者打交道時，犯錯的風險就會變得更高。錯誤可能是事實性的，像是弄錯了某人的名字，或者混淆活動的時間和日期；但也可能是判斷錯誤，比如採用過於霸道的語氣，或者說了「我理解你的感受」後對方馬上認為你顯然不理解。

讓奧斯廷加感到驚訝的是，談判者對所有錯誤的看法都保持謹慎的態度，他們認為離題的訊息，是隨機應變時必然發生且無法預料的結果，而試圖避開錯誤，只會讓談話變得膚淺且冷淡。其中一個人說到：「我們應該謹慎，不要成為沒說錯話的閒談者。」另一位說：「如果我們不犯錯誤，我們就不再是人；而是變得像機器人。」所以，談判者認為，用「錯誤」來描述一個如果處理的巧妙可以產生正向結果的事情，是一個太過明確的負面詞彙。

在奧斯廷加的下一個研究階段，她模擬了危機場景，並找到了使談判者犯錯的方法。例如，談判者可能被告知要與一位名為史蒂文的人談話，史蒂文把自己關在監獄裡的一個房間，並威脅要用刀自殺；談判者第一次使用他被賦予的名字（談判者被訓練要使用名字）時，由演員扮演的犯罪者會憤怒地回答說：「我不是史蒂文！」。而其他場景則會模擬判斷錯誤，像是在談話的過程中，嫌疑犯會對談判者的語氣產生不好的反應，比如指責他的語氣聽起來太正規、太傲慢，或是過於友好。在這階段，奧斯廷加對於談判者的反應，以及接下來對話的發展都很感興趣。

這些錯誤產生了一些可預見的影響，就是它增加了談判者的壓力，並使對話更加激烈和動盪；不過，錯誤也會有意想不到的好處。其實，審訊者或人質談判者的最大敵人不是欺騙或憤怒，而是**沉默**，因為他們主要的目標是要保持任何談話持續進行。因此，奧斯廷加發現，錯誤可以在這種情況下發揮作用，例如審訊者在描述嫌疑犯目睹的場景時，會搞錯一個重要的細節（因為奧斯廷加故意提供錯誤的資訊給審訊者）；這時，嫌疑犯就會憤憤不平地回答：「不，不是這樣的。」然後，他就會繼續詳細地描述事情的真實情況。接下來的談話會很流暢，且審訊者會獲得更豐富的資訊。

因此，專業人士不會糾纏於一個錯誤，而是會利用它建立一個更緊密的關係，而且，他們善於立即做出真誠的道歉，像是說「你是對的，是我的錯」或是「是的，這是個愚蠢的說法。我們可以重新開始嗎？」偶爾，他們會轉向指責他們的資訊來源；不過，當他們覺得他們和受訊者間的關係還不錯時，他們也會負起責任，向受訊者暴露自己脆弱的一面。談判者們告訴奧斯廷加，如果道歉有助於重新平衡原本不平衡的權力關係，那麼這樣做就會有效；換言之，只要他人相信你的道歉，錯誤就可以改正一級部署的影響。

☹ ☹ ☹

說對不起是一門很少有人精通的藝術，且大部分人都是在為時已晚時才使用。瓦薩學院的經濟學副教授本傑明．何（Benjamin Ho）研究了為什麼有些道歉有效，有些則會被視為毫無價值或虛情假意。或許，以一位經濟學家來說，研究這主題似乎是件奇怪的事情，但何是一位行為經濟學家，所以對社會行為的成本和收益相當感興趣。畢竟，經濟不是靠金錢運作，而是靠人際關係運作（經濟學家花了很長時間才意識到這點），而我們在人際間的社交互動中所犯下的錯誤，會損害或破壞彼此間的情感關係。這時，道歉是恢復這些關係的一個重要方法。

而且，對企業來說，道歉還具有真正經濟的價值，比如，像是福斯汽車（Volkswagen）或臉書這樣的公司犯下大錯時，如果要盡量減少公司與消費者間關係的損害，就需要有效地進行道歉。二〇〇四年，密西根大學的菲歐娜．李（Fiona Lee）領導了一項研究，審查了十四家公司在二十一年期間的企業年度報告，並分析這些公司談論負面事件（如盈利不佳）的方式。李和她的同事發現，那些公開承認錯誤的公司，其一年後的股票價格，會比那些試圖掩蓋錯誤的公司還高。

受到李的研究結果啟發，何尋找了其他方法，以建立道歉和經濟結果之間的關係，他和他的同事依蓮．劉（Elaine Liu）一起研究美國處理醫療事故的方式。當醫生犯下的錯誤傷害到他們的病人時，他們就會陷入困境。一方面，假設他們是誠實的，他們想要道歉；但另一方面，他們又怕這樣做會將自己暴露在法律訴訟的威脅中。現在想像一下，作為一位病人，如果醫生使你或你親人的生活遭受不必要的痛苦，卻沒有得到醫生的道歉，那是什麼感覺？你會感到憤怒，不是嗎？那時，就算你當初不打算起訴，也會因為沒得到醫生的道歉而想起訴。這就是當時的情況：病人很生氣，但醫生覺得自己沒辦法道歉，而這就足以病人憤怒到想要起訴。

為了打破這種惡性循環，在何和劉發表論文時，美國已有三十六個州立法規定，醫生的道歉無法成為法庭證據（這是參議員巴拉克·歐巴馬和希拉蕊·柯林頓在二〇〇五年向參議院提出的法案）。其目的就是為醫生創造一個可以說對不起的安全港，進而改善他們與病人的關係，並降低進行法律訴訟的可能性。

不過，並非所有州份都通過該法律，因此相較之下何和劉發現，那些已經通過《道歉法》（apology laws）的州份，提交索賠案減少了十六％到十八％，且瀆職案的解決速度也快了約二〇％。這大大地減少了昂貴且耗費精力的法律糾紛數量，而這一切都只因為人們能夠聽到一位權威人士說聲「對不起」。

這個發現，幫助何對道歉提出了具體的評價，並證實了一個他已經在發展的理論：要讓道歉有效，就必須讓這件事顯得很難做到。無論是醫生、建築家還是政治家，我們都必須對專家寄予深切的信任，才會讓彼此間的關係發揮作用；但是，當專家犯錯時，就會損害彼此間的關係。對此，何說：「專家是否能透過道歉來彌補這個損失，取決於對方是否認為道歉能讓專家付出代價。」何借鑒了一個屬於數學分支，卻在經濟學和生物學中很有影響力的博弈論（game theory）。

在博弈論中，「昂貴訊號」（costly signal）是指代理人以一種難以偽造的方式進行溝通。比如，雄性孔雀的尾巴是生物學中經典的例子；不過，它的存在讓達爾文感到絕望，因為他無法辨別這種精心設計的沉重裝飾背後的進化邏輯。而博弈論者的解釋是，其過多的尾狀物是個重點，代表雄性孔雀正在發出其非凡健康的信號，就像一位國王建造了一座荒謬但精緻宮殿，以展示他的財富和權力；為了發出「我很健康」或「我很強大」的信號，並能夠可靠地說服他人，這信號就必須難以偽造。

何認為同樣的邏輯，也適用於道歉。當我們覺得有人對不起我們時，我們會希望他們說「對不起」，但往往這話本身並不足以讓我們滿意；我們需要的是，他們覺得說這句話很困難。比如，戀愛諮詢師都會建議情侶向他們的情人道歉，以幫助彌合彼此間的關係；但任何有戀愛經歷的人都知道，你若太快道歉，反而會造成反效果。

因此，如果你在說對不起時，沒有讓人覺得你是必須努力才有辦法做到這點，那這些就會被認為是不誠懇且沒誠意的話語。例如，我們有時候會懲罰我們的愛人向我們道歉，並逼問他們不早點說的原因，但其實是我們是希望他們為之付出情感的代價。而同樣的邏輯也適用於企業的道歉，何表示，公司或政治家在公開道歉後，經常出現的嘲笑和羞辱並非證明道歉是在浪費時間，反而，嘲笑和羞辱才是使道歉有效的原因。

何列舉了幾種「昂貴道歉」的方式：

第一種是說「**我很抱歉，這些花是送給你的。**」，這是昂貴道歉中最直接的版本，且這方式的代價真實且顯而易見，就是鮮花越貴越好；

第二種是「承諾道歉」（commitment apology），就像是說「**我很抱歉，我再也不會這樣做了。**」而這裡的代價就是你正在取消或放棄一些未來的選擇，當然如果你再犯，下次也不太可能成功；

第三種是我認為的英國人道歉法，會說「**我很抱歉，我是個白痴。**」這類型的話語，而這是一個相當有趣的方法，因為你所付出的代價是你被視為有能力和有效的權利（何把這稱為「身份道歉」〔status apology〕）；

最後，則是像奧斯廷加所說的「轉移反應」（deflect），會說「**我很抱歉，但這不是我的錯。**」不過，這種道歉方法沒有什麼代價，因此對於恢復彼此關係，不是一個非常有效的方法。但在某些情況下，這方法仍可能是最好的做法，比如你的名譽是至關重要的，而且你可以證明這不是你的錯時，這方法就相當適合。

二〇一八年，何得到了一個出乎意料的機會，讓他可以用真實世界的資料，測試他的道歉理論，因為他接到一位芝加哥大學教授約翰．李斯特（John List）的電話，而李斯特在使用大型資料庫做現實世界的實驗方面享有盛名。

李斯特是以 Uber 公司首席經濟學家的身份致電的，他希望何能幫助他量化道歉對企業的價值，因為就像任何以服務為主的企業一樣，Uber 有時候會惹惱或得罪顧客，比如預約的車沒有到、路線選錯等。李斯特認為當一位因 Uber 服務不佳而不滿的顧客收到道歉時，他們未來將更有可能再次使用 Uber，但為了說服 Uber 的管理層，他需要對道歉的價值進行統計。

李斯特和他的團隊已經確定，糟糕的服務會讓 Uber 付出高昂的代價，例如若 Uber 延遲十到十五分鐘才把顧客送達目的地，則顧客在未來的乘車時會減少五%到十%的花費。不過，何和李斯特想知道，道歉是否會讓顧客的消費回升，因此他們與巴塞爾．哈爾帕林（Basil Halperin）和伊恩．繆爾（Ian Muir）兩位經濟學家一起設計了一個實驗，以幫助 Uber 找出什麼是有效的道歉，以及一個道歉的價值是多少。

研究人員收集來自美國各大城市一百六十萬名乘客的資訊，組成一個巨大且即時的資料庫以進行分析。因此，他們可以確定最近哪些乘客有不愉快的乘車經歷，並確保這些人在一小時內，能收到含有道歉內容的電子郵件。

經濟學家將乘客隨機分為八組，除了其中一個對照組不會收到道歉訊息外，其他七組的乘客皆會收到不同的道歉訊息。（對照組是代表現狀，因為當時 Uber 的政策是，不會為糟糕的乘車經歷道歉。）有些人收到的是基本的道歉，沒有其它詳細說明；有些人收到的是「身分道歉」，其中包括「我們知道我們的估計有偏差」這句話；有些人則是收到「承諾道歉」，並在信中表示 Uber 將努力為客戶提供他們可以信賴的到達時間。

然後，研究人員再將這四組（對照組、基本道歉組、身分道歉組和承諾道歉組）分成兩個小組，每組中會有一半的人收到一張五美元的優惠券，讓他們可以在未來乘車時使用。經濟學家們會追蹤這些乘客在之後的八十四天裡，他們在 Uber 的消費情況，包含他們的乘車次數以及他們的花費金額。

何與他的合著者從他們的研究結果中，發現了幾件事情。第一，道歉不是萬能的，他們發現基本的道歉幾乎沒有效果，只說對不起對人們之後乘車的數量和時間影響很小；第二，最有效的道歉是個昂貴的道歉，就是在道歉的同時給予人們一張優惠券，與之前有糟糕的乘車經歷的乘客相比，他們在公司的花費會有淨增長；第三，道歉可能會被過度使用，就是有些顧客有不止一次的糟糕經歷，因此會收到公司多次的道歉，這時，這些顧客對公司的懲罰會比那些根本沒有收到道歉的顧客更多。

這個研究結果也與奧斯廷加採訪的人質談判專家所提到的內容相呼應，其中一人告訴她說：「五分鐘內說五次對不起，不會讓彼此間的關係變好。」你從某人那裡得到的道歉越多，這些道歉的代價似乎就越小，在某些時候，他們會開始覺得道歉很廉價，甚至是種侮辱。

☹ ☹ ☹

知道如何道歉遠非如此簡單，由於同樣的道歉會因為我們是誰和做什麼，而產生不同的效果。史丹佛大學的社會心理學家拉里莎・鐵登斯（Larissa Tiedens）研究了政治家在公開場合所表現出的情緒，會如何影響選民對他們的看法。

在一個實驗中，鐵登斯給受訪者觀看兩部柯林頓總統影片的其中一部，而這兩個片段都摘自他在一九九八年針對莫妮卡・陸文斯基（Monica Lewinsky）醜聞提供給大陪審團的證詞。（實地調查發生在一九九九年，當時柯林頓仍是總統，而他的對手已經開始彈劾程序。）

在其中一個片段中，可以看到柯林頓明顯地感到憤怒，他形容自己受到不恰當、錯誤且不公平的待遇，並質疑調查人員的動機。他直視鏡頭，並用手劃過空氣，以強調他的觀點；另一個片段中，柯林頓則有大相逕庭的舉止，承認他與陸文斯基的關係，他說外遇是錯的，然後他的頭低了下去，目光投向旁邊。當時，時事評論員們一致認為，如果柯林頓想修復與選民的關係，他必須表現出悔意和內疚，而不是憤怒；然而，這與鐵登斯的研究發現正好相反，觀看憤怒片段的受訪者比觀看懺悔片段的受訪者，對柯林頓更有好感。

鐵登斯認為，其原因是「憤怒表達能力」，就像社會心理學家持續發現，表達憤怒的人，即使看起來不那麼友好、熱情和善良，但他們都會被視為更有主導權和能力的人，也就是說，憤怒的人比悲傷或自責的人更容易被視為地位高的人。但這並不代表柯林頓這種道歉的風格，受訪者會對他的評價不好，因為受訪者的確有因此更喜歡他；而看到柯林頓憤怒的人，則會更尊敬他。

這種在尊敬和親切之間的平衡，使你在道歉時很難判斷正確的語氣。如果你做了一個身份道歉（像是說「對不起，我是個白痴」），那麼你就是在用你能力方面的一些聲譽（尊重）換取他人對你的好感。這可能會有風險，而你是否應該這樣做，需要先考慮彼此的關係，再決定是個人能力還是他人好感重要。比如，沒有人願意聽到醫生說：「問題是，我在這方面基本上是個廢物。」，但作為丈夫或父母，應該以好感優先，而不是權威。

對於那些需要兩者兼顧的人，如人質談判專家，「何時承認錯誤」是個需要精細判斷的問題，有些與奧斯廷加交談過的人告訴她，除非他們不得不承認錯誤，不然他們不會願意承認，因為他們需要在危機中被他人視為有能力的人。不過，對其他人來說，錯誤是一個機會，可以平衡本來不平衡的權力關係，談判者可以透過道歉，表明自己願意順從的態度，而這就能降低嫌疑犯的警惕，並開闢一條通往親密關係的通道。就像其中一位談判者告訴奧斯廷加說，如果她覺得錯誤的影響揮之不去，她甚至可能會在之後的談話中，再次提到這個錯誤，並說：「我感覺我說的話仍然讓你不高興。」這時，透過道歉，或許就能讓彼此間的關係好轉。

一個錯誤，可能將談判者和嫌疑犯一起帶入一個由時間孵化和深化關係的「泡泡」中，因為當參與者在仔細研究談判者的錯誤和原因時，這突如其來的詭異情況會暫時被忘記。奧斯廷加告訴我說：「他們可以在這個泡泡中建立關係。」

☹ ☹ ☹

意見分歧應該是充滿錯誤的，如果在意見分歧中，參與者就像下棋一樣地策劃他們每次的干預，並非常小心地避免說錯話，那麼，意見分歧就是一件枯燥且平淡的事情，而這也不可能有什麼成效。正如奧斯廷加的談判人員提醒我們的那樣，沒有錯誤的對話，不是微不足道，就是機器人似的談話，要不然就是兩者兼具。當然，這並不代表著當你意識到自己對他人的情緒充耳不聞時、當你發現自己用居高臨下的語氣跟他人說話時，或者當你弄錯對方的名字時，你應該感到高興。

不過，如果這本書對你厭惡的談話有幫助，並不是因為你已經消除所有你可能犯的錯誤，而是因為你更深入地認識這些錯誤，並知道如何應對它們。一旦你理解意見分歧是如何以及為什麼會出錯後，它所造成的顛簸且不舒服的前景，似乎就不會之前那樣令人懼怕了。第一，因為你會意識到不只是你，而是大家都一直在犯類似的錯誤，只是他們通常不承認這些是錯誤；其次，你會把你的錯誤看作是一種變相的機會，因為藉由糾正你自己的錯誤和解決本身劣質的問題，可以加強你與對方的關係，使談話內容更加豐富。

一個錯誤會讓事情發生變化，因為錯誤就像一個吹過彼此談話的小型旋風，會重新安排景觀、創造新的視角，還會讓你有機會好好道歉。而且，正如我們所見，這不僅僅是個禮貌問題，而是道歉應該會讓你付出某些代價，我的意思不是說每當你嚴重誤解對方的意思時，你就要拿出一張優惠券，承諾接下來為她提供五次免費的意見；我的意思是，當你承認一個錯誤時，就應該要在情感上付出代價。例如，當你說對不起時，除了「讓我們冰釋前嫌」之外，還必須要有其他含義，否則，對彼此或至少對那些感覺被冒犯或被惡意對待的人來說，雙方就很難再繼續前進。

當你放棄原本的身份認錯，並讓對方看到你的誠意，這是件不簡單的事情；而最糟糕的道歉方式之一，就是說：「我很抱歉，如果……」而「如果」這個詞，會馬上讓你的道歉變得廉價且不真誠，因為你完全沒有承認錯誤。因此，若你不確定你是否犯錯，就最好不要道歉，直到你百分百確認你犯錯了，再道歉。

如果這感覺非常不好，那就是對的。

11. 不按牌理出牌

有敵意的意見分歧往往會陷入簡單和可預測的模式。為了達到更有效的意見分歧，就要採取新奇且有變化的方式進行。殺個對方措手不及！

一九九〇年的秋天，一位名叫泰耶．呂德．拉爾森（Terje Rød Larsen）的挪威社會學家和他的外交官妻子莫娜．祖爾（Mona Juul）前往加沙，當時這塊位於以色列邊境、飽受戰火摧殘的土地上，有一百萬名巴勒斯坦人居住；拉爾森準備在地球上人口密度最高的地方，調查其生活條件。

他們在一名聯合國官員的陪同下參觀巴勒斯坦難民營時，突然遇到巴勒斯坦青年和以色列士兵間的小規模衝突，當以色列的子彈呼嘯而過、巴勒斯坦人拿石塊在他們周圍砸來砸去時，拉爾森和祖爾嚇得當場愣住；在他們的護送人員試圖平息局勢的同時，拉爾森和祖爾被雙方戰鬥年輕人的臉迷住了，他們都看起來很害怕、很不服氣、很不開心，但最重要的是，他們都看起來很相似。

在接下來的三年裡，在祖爾的幫助下，拉爾森開始對該地區進行一系列的訪問，並與以色列人和巴勒斯坦人會晤。雖然拉爾森是以社會學家的身份與他們會面，但他決定嘗試一些超出他作為學者職權範圍的事情，就是他希望能找到一種方法，幫助雙方發現他們之間的差距並不像他們想像中的那麼大；只是因為幾十年的戰鬥，讓他們對彼此產生敵對的形象，因此忽略了對方的真實面貌——從和平中獲得共同利益的人。這可以說是天方夜譚，但拉爾森是一位頑固的樂觀主義者，英國廣播公司的記者珍．柯賓（Jane Corbin）在談到拉爾森時寫道，「他十分相信任何值得做的事情，都可以做到」。

拉爾森是位自信而不自大、總是面帶微笑、人見人愛的人，他總有辦法能夠讓與他相遇的人信任他，他的座右銘是「有時候，不可能的事比可能的事更容易」。拉爾森認為，要讓雙方通往和平的道路就要透過巴勒斯坦解放組織（Palestinian Liberation Organisation，簡稱 PLO），但以色列和美國官方都不曾與 PLO 打過交道，因為他們將其定義為恐怖組織。

一九九一年，當華盛頓領導的和平進程開始時，巴勒斯坦的領導人也參與其中。在柏林圍牆倒塌後，人們對新的世界秩序抱持樂觀的態度；但到一九九三年時，談判就陷入僵局，因為美國想與以色列聯盟，且有軍事和經濟的實力，因此無法扮演一個公平調解人的角色。不僅巴勒斯坦人不相信美國人，連以色列人也抨擊美國人對他們施壓。

拉爾森開始思考挪威是否能提供美國所不能提供的東西，但挪威是一個小國，沒有能力擺布任何人；不過，挪威與爭執雙方都保持良好的關係。因為挪威有自己的石油供應，所以在中東的經濟利益不大。此外，挪威人口才剛超過四百萬，所以在這相對較小的國土面積讓它有另一個優勢，就是有影響力的小團體也可以推行政治創新。

祖爾與之前是社會學家、現為挪威外交部副部長的揚・埃格蘭（Jan Egeland）是朋友；新任外交部長約翰・約爾根・霍斯特（Johan Jorgen Holst）的妻子瑪麗安・海貝里（Marianne Heiberg）曾與拉爾森共同著作關於巴勒斯坦的社會研究。挪威社會生活的流動性和隨意性，與美國政府龐大的官僚和階級結構形成了鮮明對比。在挪威，拉爾森認識每個人，每個人也都認識他，有些人還準備好聽取他瘋狂的想法。

拉爾森提議在奧斯陸進行和平談判，並與華盛頓的正式談判分開；挪威人將秘密主持這些會談，不會有盛大的外交儀式、新聞發布會或豪華的轎車車隊，最重要的是，不會嘩眾取寵。因為拉爾森注意到，公眾對華盛頓和平進程的強烈關注，是導致對談兩極化的原因；以色列人和巴勒斯坦人總會因為各自國內民眾的關注，而面臨要保持自身國家「面子」的巨大壓力，使雙方的談判者在奧斯陸的談判中都無法變通，而且不得不向對方施壓。最後，雙方並沒有真正地相互接觸，取而代之的是，他們表明了各自的立場並堅持主張，且採取與以往談判相同且可預料的行動和反擊。你也可以說這劇本也可能事先就已經寫好了。

☹ ☹ ☹

彼得．科爾曼（Peter Coleman）是位衝突解決學教授，在哥倫比亞大學管理「困難對話實驗室」（Difficult Conversations Laboratory），他和他的團隊已經分析數百次觀點相反者間的相遇，並研究他們對話時的情緒動態變化，包含他們的對話是如何變化，又是如何陷入困境，再將其製成圖表。

他的實驗室採用了一種類似關係學家開創的方法，就是將對於某個兩極化問題持有強烈且相反觀點的陌生人進行配對，並邀請他們將問題討論清楚；接著，會播放每位參與者錄音的對話，要求參與者說出他或她在每個時刻的感受。最後的結果會被分類為積極和消極的情緒，及特定的想法和行為。有些談話可能會變得很激烈，甚至有時不得不提前結束，不過，大多數人都是很順利的。

透過這實驗，科爾曼和他的同事確定了破壞性對話和建設性對話之間，有個關鍵的區別。破壞性的對話很早就會陷入拉鋸戰的動態中，並保持這種狀態，而談話參與者的脾氣也越來越差，每個人都會與某方結盟，並將世界的弊病歸咎於另一方；雖然建設性的對話不一定是寧靜或是有禮地進行，也可能會出現口頭攻擊和惡意行為，讓參與者感到受傷和惱怒，但參與者在某些時候都能夠逃脫或顛覆這種動態。也就是說參與者會有正向的情緒，比如快樂、共鳴和出現洞察力，就算只是轉瞬即逝，因此談話內容可以變得會更廣泛，且具多樣性。

科爾曼的報告指出，更有建設性的組合是以更複雜、更細微且更靈活的方式，思考這些問題。在討論過程中，參與者會感受到許多不同類型的情緒，包括積極和消極的情緒，而且他們的行為會更多樣，除了強烈主張自己的立場外，還表現出更多的開放性、靈活性和好奇心。而當科爾曼的團隊將每次談話的情緒資料都繪製在點狀圖上時，有效且有建設性的談話所產生的形狀看起來非常不同：建設性對話的點陣圖好像亂七八糟的星座點；破壞性談話圖表上的點呈一條直線，彷彿破壞性對話的參與者已經把他們的情感範圍縮小在一個狹窄帶，也就是說，已

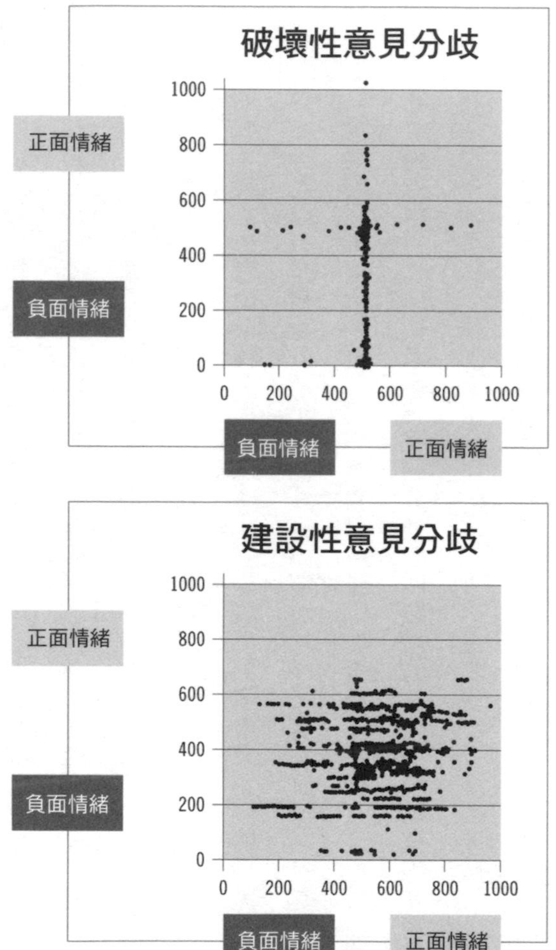

在上圖（破壞性意見分歧）中，圓點是沿著兩條線，緊密地組成，表示參與者在討論時的情緒範圍很窄；在下圖（建設性意見分歧）中，圓點的分佈顯示，參與者的情緒會隨討論的發展來回波動。科爾曼也測量了參與者的思想、行為和情緒，不管在哪方面，建設性對話都比破壞性對話更複雜。

經可以完全預測他們的對話走向。

設計聊天機器人的軟體工程師將談話分為「有狀態」（stateful）和「無狀態」（stateless），有狀態的交流是指參與者對於談話中所說的內容，有保留記憶；而無狀態的對話則是指很少或幾乎沒有保留過往的歷史談話，且每個新的言論都只對上一句言語作出回應，也就是說他們處於低語境的交談中，且甚至沒有之前的對話語境。

顯然，設計無狀態的聊天機器人比較容易，因為與試圖參與對話的流程相比，對單一線索做出適當反應所需的處理能力較少。對程式設計師來說，製作這種無狀態的機器人的代價就是產生非常機械性的對話，它們的回應都事先設定好，並沒有任何跡象表明它們真的知道談話的內容是什麼。不過，這並不會對談話造成很大的影響，因為人類也有很多對話都是無狀態的。

試想，你有過這樣的爭論嗎？

A：我非常喜歡那本書。

B：哦，是嗎？它寫得很差。

A：為什麼你要讓我為我喜歡的東西難過？

B：你為什麼要一直假裝自己是受害者？

A：呵，真逗，你才是總在扮演受害者吧！

B：聽著，你今天明顯是心情不好。

A：是我心情不好嗎？

以此類推。在這樣的交流中，每句回應都只針對上一句話，且對於談話本身幾乎沒有任何記憶，因此，雙方都沒有從對方那裡學到任何東西，且彼此的脾氣都會越來越差。

一九八九年，還是都柏林大學學生的電腦程式設計師馬克・洪弗里斯（Mark Humphrys）編寫了一支聊天機器人的程式，取名為MGonz。每當MGonz因為缺乏明確的線索，而不知道該如何回應時，它就會拋出一個侮辱性的回覆，比如「你顯然是個混蛋」、「好，我不想和你說話了」或是「輸入些有趣的事情，不然就閉嘴」。洪弗里斯將該程式放在他大學的電腦網路一整個晚上，隔天發現有人花了一個半小時與MGonz進行爭論，顯然那人相信自己在與一位真實的人辯論。這讓洪弗里斯偶然發現一個有關人類爭論的真理——人類爭論傾向於無狀態。

爭論的一開始，會是「有關」某事物，但很快地，就會變成只關心自己的爭論。因此，參與者可以說是被鎖在一個負面回應的模式中，彼此的談話變得像一條直線一樣地簡單明瞭。無狀態的爭論可以無限期、毫無結果地一直進行下去，因為這種爭論什麼都不會解決，也不會得出什麼結論，當人們這樣做的時候，通常會變得更加不愉快。這時，這爭論就像水一樣，在加熱時開始擴散，但在這種情況下，產生的氣體是有毒的。也就是說，你可能會忘記你和對方原本在爭論的事情，但你不會忘記這爭論帶給你的感覺。

科學作家布萊恩．克里斯汀（Brian Christian）觀察到：「口頭上的辱罵只是比其他溝通的方式稍微簡單一些。」和 MGonz 對話的人用自己的侮辱來回答機器人的侮辱，而無論他的反駁多麼機智或是刺耳，對於機器人來說，回應他的反駁都很輕鬆；但凡他多問幾個問題，很快就會發現對方的談話範圍其實很有限，因為聊天機器人幾乎不可能有說服力地回答諸如「你這話是什麼意思？」和「怎麼說？」這類型的問題。這些都是需要詳細說明的問題，相當依賴彼此談話的上下文，因此這種問題會促使參與者擴大談話範圍，而不是僅僅只是從上一句的話語中獲取線索。

同樣地，為了使人與人之間的對話更像真人，而不是機器人，我們要問一些無法用預設答案回答的問題。因此，在充滿衝突的對話中，共鳴、好奇心和驚喜的作用至關重要。在曼非斯，古拉播放了一段逮捕行動的影片（在網路上有很多用智慧型手機或隨身攝影機拍攝的片段）給曼非斯警察看：一名剛完成武裝搶劫的男子站在一家商店的前院，與一名持槍指著他的警察對峙。這名罪犯的槍在他的後面口袋裡，他沒有伸手去拿，也沒有試圖逃跑；警察要求他跪在地上，但他拒絕服。

警察的指令越來越大聲，口吻從要求轉換到命令，他喊道：「跪下，我不會再說了！」這名男子拒絕了，警官又再次命令他。這場僵局一直到更多警察抵達現場後，才得以解決。

古拉在影片結束後說：「這位警察發出了十幾個口頭命令，他應該意識到，他所做的事情是無效的。所以，不要因為你花很多時間犯了一個錯，就繼續犯下去。」古拉闡釋了僵局的心理學：「那個人要你走開，但你的自我意識會說『不，我是警察。』但誰在乎呢？給這位罪犯一些空間，也許問問他的名字，或是你甚至可以放下你的槍，給他一支煙。問問自己，他為什麼拒絕下跪？也許這對他來說是一種羞辱，你可以換句話說『你坐下來吧！』」

古拉觀察道：「有時候，你只需要換個角度想。」古拉接著講了一個故事：一名警察在汽車呼嘯的高速公路上徒步追趕一名男子，已經快喘不過氣的警察想到了一個方法，他停下來並喊道：「嘿，我的身體不好，不適合這樣，請停下來！」那人真的停下腳步，並轉過身，自首了。眼神閃爍的古拉說：「這畫面太美好了。」

☹ ☹ ☹

一九九三年一月的一個雪夜裡，兩位略顯恍惚的以色列學者從機場出發，經過長途跋涉後，抵達挪威的一座鄉村別墅。羅恩．龐達克（Ron Pundak）和亞伊爾．赫希菲爾德（Yair Hirschfeld）是以色列政治家的秘密代表，但他們巴勒斯坦的同僚阿布．阿拉（Abu Ala）、馬赫．埃爾．庫德（Maher El Kurd）和哈桑．阿斯福（Hassan Asfour）因為被移民局攔住而姍姍來遲，讓他們非常生氣。一位挪威商人將這個名為Borregaard的別墅及全體員工的使用權交給拉爾森，拉爾森除了告訴他這是用於一些國際的政治活動外，沒有再多說什麼。

第二天，巴勒斯坦人和以色列人聚集在客廳裡，氣氛不出所料很尷尬，沒有人確定面談是否可以順利地進行，或是自己是否應該出現在這裡。拉爾森先做了一個簡短的開場白，他解釋挪威人和美國人不同，除了提供便利外，不會扮演任何角色，並說道：「如果你們雙方想要在一起生活，你們就必須解決你們之間的問題。」拉爾森建議他們在最初的幾個小時裡相互了解，並分享有關他們家和他們孩子的故事。午餐後，以色列人和巴勒斯坦人坐在矮咖啡桌兩邊的紅色天鵝絨沙發上，開始交談。

拉爾森願景的核心是傳統外交所忽視的東西：環境、情緒、個性。他不明白為什麼巴勒斯坦人和以色列人的談判者不能好好相處，甚至互相喜歡，就像他不明白為什麼加沙街頭的那些男孩不能一起玩耍，而是在打架。拉爾森相信，一旦談判者了解他們的對手，談話就會變得不那麼容易預測，而是更有創意。正如他對我說的：「我們的目標是讓他們不按劇本行事。」而拉爾森的工作就是打造能使其實現的環境。

在華盛頓的談判，以色列人和巴勒斯坦各派出一百多人的代表團，分別住在不同的飯店裡，在各自召開新聞發布會後，雙方在巨大的桌子上會面，美國調解員則在提議和反提議之間進行斡旋；而Borregaard的談判，雙方則是住在一起、一起吃飯，並共享休息時間。拉爾森一絲不苟地關注所有細節，比如晚餐時的座位安排，以及與會者在享受葡萄酒和威士忌的同時，還能享用挪威的特色美食，像是煙燻魚和奶油烤馬鈴薯。

在Borregaard的談判者共有五位，他們在大宅的不同地方舉行會議，有時後還會到外面冒險，在星空下雪地森林裡散步時，進行爭論和討論。正如BBC記者珍·柯賓所說，當時的氣氛是「一個鄉間別墅的典型周末，有美食、好夥伴，以及進行到深夜的刺激性討論。」對於談判者來說，這感覺與首都的權力走廊相差甚遠，而這新穎的環境，也成功促使一種全新且更廣泛的情感對話出現，信任的關係也很快就形成。

拉爾森本身是個不出風頭的角色，他沒有參與討論，但每當有談判者離開會議時，談判者就會去找他傾訴他們的心事，包括他們對對方不滿的情緒。而拉爾森會傾聽，並反映他們所說的話，再向他們保證談話一定會有結果。

其中一位談判者注意到拉爾森從未問過他有關談判的問題，都只詢問他的感受。比如，拉爾森會隨口一問「見到你的宿敵，你有什麼感覺？」或是「你有沒有想過你會這樣？」

☹ ☹ ☹

科爾曼表示，人類的心理在**一致性**和**複雜性**之間，存在一種基本的緊張關係，他將其稱為我們存在的「粗暴法則」（crude law）：我們想要在解決和結束問題的同時也得到有趣和新奇的事物，或是說我們尋求秩序，也尋求自由。簡言之，當我們太過偏向於某一邊時就會出現問題，比如，太有秩序的社會會讓人感到窒息和壓抑，但不協調的社會又會令人感到不安而疏遠。此外，心理健康的問題往往也與此有關，過度追求秩序（強迫症）或混亂（精神分裂症）都會導致心理問題，因此當我們感到焦慮、受威脅或疲憊時，我們會強烈地想要簡化一切，就是採取捷徑，以實現一致性。

當你和某人發生爭論時，會發生什麼事？你會感到壓力、被攻擊和疲憊。因此，你會想要尋求更簡單的答案（**她是個白痴**或**他是個壞人**），同時你的對手也會如此。對此，科爾曼認為，當任何類型的衝突升級時，雙方都在努力爭取一致性。這時候，每個人會變得越來越死板、越來越不靈活，彼此任何的細微差別、諷刺或讓步，都會使雙方瓦解為二元對立的關係——善與惡、愚蠢與聰明。

原本對對方觀點的好奇心也會變成可疑，因為這二元對立的關係會開啟彼此寧願被隱藏的問題，而同理心也會被扭曲，以至於可能會影響自己的道德判斷。唯一允許的問題是，你是站在哪一邊的？

想要打破這種狀態，就要採取一種橫向方法。科爾曼的建議是「不再講道理」，而不是直接解決衝突。這時主要的任務是，找到任何一種可以培養雙方正向情感的方法。這可能看起來很簡單，不過，這的確是唯一的方法；換言之，就是要減少説服他人，且不要試圖動搖他人的情感。

分析和合理化一切是談判者的訓練之一，因此他們都以直線的方式思考。但是，當直線思考出現問題時，需要的就是想像力，有時候甚至需要一個第三方為「我們和他們」的關係注入有創意且不和諧因素。例如，在奧斯陸進程中，挪威人就扮演了這個角色；在二十一世紀初的賴比瑞亞，一群普通但異常勇敢的婦女也扮演了這角色，她們組成一個名為「婦女國際和平網」（Women's International Peace Network，簡稱WIPN）的組織，幫助賴比瑞亞結束了長達數十年的內戰。

當聯合國的維持和平部隊與一群反叛部隊在叢林中陷入武裝對峙時，他們聯繫了WIPN，這些婦女就穿著白色的T恤、戴著頭巾來到現場，她們高舉雙手、又唱又跳的進入叢林。WIPN的介入為僵局帶來了驚喜、變化和良好的感覺，婦女們只用了兩天就把叛軍帶出了叢林。

☹ ☹ ☹

第一次的奧斯陸會議在三天後結束了，在各自領導人的默許下，與會者將在二月再次到Borregaard 舉行會議。這條奧斯陸溝通渠道，雖然對外界來說一直是個秘密，不過，雙方都認為這是個相當重要的官方會談。因此，接下來的幾個月裡，與會者在挪威不同的鄉間別墅舉行了一系列的會議，達成了一個革命性的解決方案。

拉爾森作為一名社會學家，密切關注這個群體的動態。他表示 Borregaard 已經形成了一種微觀文化，就算加入新的或更高階的談判者，他也會想方設法保持談話的流動性，並防止其硬化成規定。某次，一位非常高階的以色列官員第一次參加會議時，拉爾森抓住巴勒斯坦談判者阿拉的手，把他們拉在一起，並說道：「見見你們的頭號公敵！」這句話聽起來很自然，但其實拉爾森精心策劃了他的話語，這在傳統的外交術語中沒有任何意義，但這笑話卻讓以色列人和巴勒斯坦人都笑了。他們後來還會一起去森林裡散步，在激烈的討論中還會穿插一些黃色笑話。

在這八個月的時間裡，拉爾森不分晝夜地充當著談判小組和他們各自在突尼斯和特拉維夫領導人之間的中間人。此外，他也努力維持這個群組的同志情誼因為拉爾森知道，只有在反派們團結一致的前提下，才會出現看待世界的新方法。儘管這是一種在情感和身體上都讓人疲憊不堪的工作，拉爾森成功地創造了一個環境，讓宿敵能夠相互承認對方只是一般人——理解流亡和喪親之痛的人、對子女抱有希望的父母、可以分享冷笑話的人。

一九九三年九月，奧斯陸進程達到了高潮。在蔚藍的天空下，兩個男人在應邀出席的世界各國領導人及數百萬正在觀看電視的民眾面前，在美國白宮的草坪上面對面。其中一位是以色列總理伊扎克・拉賓（Yitzhak Rabin），他曾是以色列軍隊的將軍，也是與以色列的鄰國（包括巴勒斯坦人）進行血戰的老手；另一位則是 PLO 的領導人亞西爾・阿拉法特（Yasser Arafat），該組織與以色列進行了長達四十年的叛亂戰爭。

拉爾森在 Borregaard 主持第一次秘密會議後不到九個月，兩位領導人就聚在一起，簽署一份名為《奧斯陸協議》（Oslo Accords）的聯合原則聲明，這是 PLO 和以色列第一次承認對方是可以接受的對手，而且大多數人在這狀況發生前，都認為這是不可能的。站在兩人中間的是美國總統比爾・柯林頓，他邀請這兩位互相視為敵方的人握手，阿拉法特先伸出手，拉賓猶豫了一下，似乎在表達這對他來說是多麼困難。但最後，兩人都握了手。

在這次握手後的不久，協議的細節談判就陷入了僵局，因為拉賓——也許是唯一一位在以色列國內德高望重的領導人，才讓這份協議得以實施——在一九九五年被暗殺了。五年後，在《奧斯陸協議》中設定的進程時間，因為阿克薩群眾起義（Second Intifada）的爆發而徹底結束，巴勒斯坦人和以色列人之間的暴力急速加劇。

雖然《奧斯陸協議》是一個失敗的協定，卻是一次相當有價值的失敗，而且該協議的精神都有延續下去，讓人們都有必須和平解決兩國問題的觀念，就像是餘燼在黑暗中發出微弱的光芒。此外，《奧斯陸協議》讓原本看似不可能的事情變得可能，而且之後很有機會能真的實現。

☹ ☹ ☹

科爾曼引用了一項研究，該研究估計每二十個衝突就有一個被歸類為「難以解決」（intractable），也就是極難解決的問題，據說這個數字不僅適用於外交和政治衝突，也適用於家庭成員、朋友或同事之間的日常生活衝突。難以解決的衝突可能很罕見，但它對其參與者和他們周遭人的生活產生極大的影響，因為這相當消耗能量，且會產生敵意。

我們習慣於把這種衝突稱為「複雜的問題」，但在某種意義上，其實恰恰相反，因為這暗示著我們該如何處理這些問題。正如科爾曼對我說的：「在衝突中，你會被拉往簡化的方向，因此你需要用更複雜的感覺、思想和行動來抵消它。」

與我們的朋友或親戚爭論時，往往都遵循有規律的模式，所以一旦爭論開始，你就可以預測事情將如何發展，彷彿是位國際象棋高手，只要看一眼棋盤，就能預測接下來的八步棋；但是，當熟悉的劇本上演時，我們會發現自己幾乎無方抗拒地被捲入其中，並在這部老掉牙的戲劇中扮演我們的角色。

為了阻止這種情況發生，我們就應該要不按牌理出牌，如說一些對方以為你不會說的話、出乎意料地同意某些事情，或是暫時轉換話題。你可以改變你說話的方式和內容，即改變你使用的語言和語氣，像是使用幽默的口吻或溫馨的提示，或甚至是做一些不太合理的事情。如果你們總是在廚房或辦公室裡爭論，那就換個地方繼續吵。

你要做的就是**創造空間**，無論是以具體還是抽象的方式，日的就是要為彼此開創一種新的溝通方式。或者說，你也可以把它想成是為你的對手開闢一條秘密渠道。

12. 意見分歧的公約

規則創造自由，擁有讓雙方都能表達自我的規範和界限，將有益於雙方進行意見分歧。

二〇一三年，十七歲的卡爾．特恩布爾（Kal Turnbull）在蘇格蘭奈恩國中的最後一年裡，意識到他和一群朋友無論是對政治、音樂還是電視，都有類似的觀點。因此，特恩布爾開始想，如果想要聽聽對事物持有不同看法者的意見，該去哪裡才能聽到呢？

這個問題並沒有你想的那麼簡單，任何人只要長期生活在同一個地方，就會傾向於和自己用大致相同方式看待世界的人相處，所以要找到與你觀點截然不同的談話夥伴，並不是那麼容易。就算你真的找到了，也會有某種社會壓力讓你同意一些事情，正如我們所見，意見分歧會讓人感到尷尬且不愉快。當然，你也可以上網查詢，但特恩布爾看了社交媒體上的辯論後，他只看到很多虛偽言論和大肆抨擊，很少有人真心參與辯論。

似乎沒有一個地方可以讓你的觀點受到探究和挑戰，而不覺得自己受到攻擊，因此特恩布爾決定為此創建一個平台。他在 Reddit（美國版 PTT）上建立了一個名為《改變我的觀點》（Change My View，簡稱 CMV）的論壇，在五年內就擁有超過五十萬名訂閱者。

CMV 是一個讓你探索自己觀點的局限性的地方，也就是說，或許你已經對某件事情形成觀點——如何管理國家、上帝是否存在或是今年最被高估的電影——但你還是覺得自己沒有從各方面切入這問題，而認為自己可能錯過了重要的東西。那麼，你就把你的想法放上 CMV，它的使用者群體會禮貌地反對你的觀點，來幫助你思考。因此，無論你最終是否改變你的觀點，你都能以不同的方式看待事情。

☹ ☹ ☹

當人們讚揚意見分歧的價值時，往往在強調自由表達的重要性。但是，正如社交媒體平台所顯示，當人們允許以任何方式表達自己的想法時，意見分歧往往會演變成爭吵和辱罵。因此，CMV 不是一個什麼事情都可以做的地方，特恩布爾與二十多名版主（從訂閱者中招募）一同共事，以維持嚴格的行為準則。

違反規則的人會受到警告，如果他們無視這些警告，就會被趕出平台。他告訴我說：「我們有限制性的規則，但這些規則造就某些談話的自由。」然而，這些規則並不是特恩布爾一開始就設計好的，而是隨著時間的推移，有系統地演變為規則，因為他和使用者群體逐漸了解哪些是好的意見分歧，哪些不是。

CMV 是這樣運行的：首先，你要主張一個你想挑戰的觀點，如動物園是不道德的、海洛因應該合法化、電台司令（Radiohead）是有史以來最好的搖滾樂團等等。這個平台沒有對人們自身看法的內容規定任何事宜，所以它可以是任何東西；不過，你所提的必須是你的觀點，你不能說「我有個朋友說……」。

還有一個重點，你必須願意真心接受你的看法是錯誤的。CMV 的這個條件非常難執行，因為我們不可能確切知道某人的想法，不過，特恩布爾和他的團隊會從平台篩選出惡意攻擊的評論。例如，反覆為自己觀點提供相同理由的主張者、沒完沒了的怒罵者、沒有吸收或反思評論者任何問題的提交者，都違反了稱為「禁止肥皂箱演講*」（no soapboxing）的非正式規則。

CMV 要求使用者「以對話的心態進入此論壇，而不是辯論」，而後者意味著人與人之間的競爭，辯論的人們永遠不會改變自己的想法，因為他們的目標是獲勝，而不是學習。因此，向CMV提交觀點的行為本身就意味著，提交者就像自願接受治療的人一樣，他們是**矛盾的**，因此他們思想的某些部分是可以改變的。特恩布爾其實希望CMV可以像一個診所，人們可以了解為什麼他們是錯的。

因此，當你提交問題時，CMV不僅要求你要直截了當地陳述你的觀點，也要你概述相信這個觀點的理由。特恩布爾認為，這樣可以釐清你的推理過程，因為最寶貴的訊息，往往與你**如何相信**這觀點有關，像是你的觀點是否與你的個人生活、成長家庭或特定經歷有關？

哲學家可能會說，一個人如何得出某觀點是無關緊要的訊息，因為一個想法的錯誤或正確，可以純粹根據邏輯或事實確定。不過，特恩布爾和CMV的使用者發現，將觀點融入某人的生活中，是一種可以改善談話的方式。換言之，了解提交者的來歷，有助於評論者決定他們的問題和論點。因此，最能成功改變他人觀點的使用者往往不是發表可以用於任何人的現成論證，而是針對這觀點背後之人，為他們量身訂做的評論。

*譯註：19世紀，在倫敦海德公園著名的演講廣場（Speakers' Corner），人們用裝肥皂的廢木箱充當演講台，站上去發表自己的看法。講者不必事先申請，也幾乎沒有議題上的限制，台下的人只能提問或與講者辯論，但不能阻止講者發表其言論。之後，「肥皂箱」就成為「讓人暢所欲言的臨時演講台」的代名詞。

評論者越覺得他們是在和一位真實存在的人交談，他們就越不可能詆毀這個觀點，而且越有可能表明他們是真的在傾聽；而那些覺得自己被傾聽的人，就更願意改變他們的想法。特恩布爾說：「在一個文本論壇中，傾聽是什麼樣子的？我覺得是分析某人觀點的理由，以及他們是如何達到他們的結論。」

他告訴我，在大部分社交媒體的論壇上，人們通常會直接跳到意見分歧，而不是先花時間了解對方，其結果就變成他們在問題的表面上爭論不休（「我覺得是這樣！」「我是這麼想的！」），而不去挖掘意見分歧的真正原因。對此，特恩布爾說：「有時候，最好是慢慢地走到你不同意的那一步，從那裡開始繞著問題走一圈，然後看看你能走到哪裡。」

要求提交者花時間闡述他們觀點的另一個好處是，這會開啟一個讓他們敞開心扉地了解自己立場缺陷的過程。因為，當人們更詳細地討論事情時，他們往往會發現，他們沒有自己想像的那麼確定自己的立場。而評論者必須不同意提交者的觀點，因為特恩布爾不希望 CMV 成為一個人們僅僅為了讓自己觀點得到肯定而來的地方，畢竟，已經有很多地方可以做到這點。最重要的是，評論者必須有禮貌且尊重地表達其不同的意見。

因此，CMV 的第一條規則就是最簡單的規則——**禁止粗魯無禮或抱有敵意。**特恩布爾的版主團隊隨時對任何粗魯或有攻擊性的跡象保持警惕，他說道：「禁止敵意是最基本的規則，如果他們違反這項規則，就會改變談話語氣、擾亂對話內容，使其他人在這之後很難與原 PO 取得聯繫。」

這是值得深思的問題，因為語氣有時會被認為是人類互動的次要特徵，你可能會問，為什麼要擔心語氣的問題？不是應該專注於實質內容嗎？但其實，語氣比實質內容更重要，因為語氣比言語更深入地表達人們的情緒，而且它還是一種媒介，我們通過語氣表達我們期望與我們交談的人建立關係。換言之，你的語氣有效地傳達了你如何看待你和對方之間的關係，是更聰明還是不聰明的、是主宰還是恭順的、是要認真對待還是可以隨意開玩笑的人。正如我們從頭到尾所見，在人們建立好一種相互認同的關係前，意見分歧必然會往不好的方向發展。

特恩布爾指出：「人們往往在不知不覺中違反 CMV 禁止敵意的規則，但他們都會立即道歉。他們想改變對方的看法，但無禮的行為有違他們的目的，因為這樣就更難了解對方了。」這應該是常識才對，但人們往往在關鍵時刻就忘記這點。

CMV 最巧妙的規則是——也是讓人們專注於他們在那裡的原因——提交者要給那些讓他們知道自己錯誤的評論者頒獎。如果一位提交者認為他們的觀點被 CMV 的談話改變，他們就會給那些讓他們做出改變的評論者頒發一個△（delta，此標誌在數學和物理學中代表變化）；而△分數高的人就會在群體內獲得地位，因為他們證明了他們有能力改變別人的看法。

一位參與者告訴一位研究CMV的學者：「我第一次得到△的時候，感覺是一件大事。」如此一來，評論者就有很強的動機要與提交者保持良好的關係，否則，他們將無法說服提交者任何事情。

☹ ☹ ☹

在網站創立之初，特恩布爾和他的版主注意到一個問題——那些因為討論而動搖觀點的人，往往不承認他們已經開始改變想法。儘管他們採取與開始時不同的立場，他們會假裝自己沒有改變，所以對他們自己和其他人來說，他們一直都是持有相同的觀點。但是，特恩布爾希望人們承認他們是錯的，並不是因為他想讓他們感到羞辱，而是他想要消除錯誤的污名化：「沒有人喜歡自己是錯的，因為這是一種不好的感覺。但是，如果你樂觀地對待它，這會是個學習機會，可以獲得洞察力、減少你的無知，它也不需要是一種被攻擊的感覺。」在蘇格拉底試圖安撫雅典人的兩千多年後，這個訊息還是需要不斷傳播下去。

當我們談論「改變我的想法」時，我們馬上想到的是一百八十度的思考轉變，但這樣做的麻煩在於，這會對改變想法的行為，提出很高的代價。CMV鼓勵參與者僅僅在當他們認為討論讓他們對該主題有了更深入的理解，或是當他們有從評論者身上學到一些東西的時候，才給予△。特恩布爾說：「這有助於從字面上思考自身觀點的問題。如果你的觀點稍有變化，就表示你獲得了新的想法。」

特恩布爾還注意到，那些真正擅於改變他人想法的人——擁有高△分數的使用者——都擅於提出有效的問題，且並不會把提問當作羞辱對方的一種方式（他們不會問「到底是什麼會讓你覺得……？」的問題）；相反地，他們會更全面地了解對方的觀點，他們的問題有時候還會暴露提交者立場的矛盾之處，以促使提交者重新思考（就我個人而言，我知道當我聽到有人公正地總結我的觀點時，我會感到恐懼）。

不過，這只有在問題是源於真正的好奇心時才會奏效；若是那些以辯論式或起訴方式提問的人，在改變思想方面的效果會較差。正如特恩布爾所說：「這似乎與CMV的整個理念互相矛盾，因為以改變某人的觀點為出發點，實際上會有點破壞這個過程。」

我們也已經看到糾正他人的本能，會如何讓事情適得其反。因此，有一個改變他人思想更好的方法，就是成為與對方一起探索的夥伴，這就是為什麼成功的△積累者往往會對自己的立場表現出一點點的不確定性。因為改變自己想法和試圖改變他人想法的行為，都會從被提問者和提問者詢問「你不覺得嗎？」這句話開始。

☹ ☹ ☹

對於「人們如何以及為何改變他們想法」感興趣的學術研究人員來說，CMV是個肥沃的資料庫。康乃爾大學的一個電腦科學家團隊分析了該平台為期兩年多的所有貼文，他們發現這網站大約有三分之一的提交者都改變了他們的想法。這可能聽起來並不多，但就之前有關說服和態度改變的研究來看，這結果是相當卓越的。此外，康乃爾大學的研究人員還對哪種對話會獲得△、哪種談話不會獲得△進行統計，其結果呼應且增強了特恩布爾的觀察。

比如，成功說服他人最關鍵的因素是，使用與原貼文中不同的詞彙。這很耐人尋味，因為這意味著要改變一個人的觀點，你就必須用不同的術語，並以某種方式重塑論點，讓對方彷彿處在一個全新的環境中。這也與研究人員的另一項發現有關，即使用具體的例子確實有助於改變人們的想法，就像使用事實和統計資料一樣，當然最好的辦法是將說故事和鑿著的證據結合起來。

另外，長篇幅的回覆也往往比短的答覆表現更好，但如果評論者被認為是在說教則另當別論。其實一個人的看法比較有可能在與評論者對話的過程中改變，而不是因為一個具有破壞力的觀點而改變；但是，如果在經過五輪來回的交流後都沒有改變，那就表示根本它不可能被改變（這結果對於我知道何時退出推特的爭論很有用）。

研究人員還發現，「使用降低表述內容嚴重程度的單詞」（hedging）對談話也有幫助。比如，使用「可能是這樣」這種用語的論點往往比那些推斷肯定的論點更有說服力，因為當評論者用他的語氣表明，他對自己也並不是完全篤定時，提交者就會放鬆警惕。**弱點就是力量。**

☹ ☹ ☹

交通領域的專家知道，在擁擠的高速公路上，只要有兩三位司機做一些擾亂交通流的事情，就會導致數百輛車聚集在一起，形成交通擁堵。同樣的原則也適用於線上辯論，少數故意搗亂或脾氣不好的參與者，會在你知道前，在大家的視線中取得最顯要的位置，並形成一個新的常態，但這新的常態將會導致雙方都脾氣不好的僵局。

大多數人並不想對他人無禮，就像他們堅定不移地想保持禮貌一樣。一般來說，無論我們在什麼環境中溝通，我們都會本能地從別人的行為中獲取線索，這在基本的雙人關係中是正確的；也就是說，當兩個人在交談時，其中一人在討論中注入了哪怕是一絲的敵意，另一個人都會立即注意到，並有種想要效仿的衝動。在網路上，這種動態就發揮了規模化的作用。參與者會不假思索地到處詢問「這裡是讓我取笑他人、放飛自我的地方，還是我參與了一個互相尊重的辯論」，這讓每個人都承擔了一定的責任。

如今，我們已經習慣了這樣的想法，就是我們購買的東西或我們的旅行方式都會對自然環境產生影響，而我們的溝通方式也是如此。換言之，我們說的每句話都可以選擇改善或污染對話，你說什麼可能都不如你怎麼說重要，畢竟，你無法確定你一定是對的。不過，你可以確定的——或你可以控制的——是你所樹立的榜樣。

提升網路上意見分歧的質量不僅僅是個人的事情，正如 CMV 論壇向我們展示的那樣，精心設計的規則也能發揮作用，只要讓人們都意識到這些規則的存在，即使是最簡單的規則也會有幫助。然而，有些人會擔心，嚴格的規則會對參與者和自由表達產生寒蟬效應（chilling effect）。

二〇一六年，康乃爾大學的傳播學教授內森・馬蒂亞斯（Nathan Matias）仔細研究了這個問題，他對Reddit網站上，當時擁有一千三百五十萬訂閱者的科學論壇進行研究。馬蒂亞斯做了一些手腳，讓使用者在一些文章中會看到群體規則的公告，內容包括禁止使用具有敵意的語言。結果發現，與那些沒有看到公告的使用者相比，有看到討論規則的使用者在第一次發表評論時，明顯提高了遵守規則的可能性。而最重要的是，新來者並沒有對這些規則感到反感，反而平均增加了七〇%的參與率。

無論是在網路上，還是在工作場所，只要讓互動的規則清晰可見，就能改善每個人的談話，尤其是對那些沒有足夠時間耳濡目染群體規範的人特別有用。因此，共同的約束可以為活躍的意見分歧，創造空間。

規則之所以重要，並不是因為人們需要被告知什麼該做或什麼不該做，而是因為人們在一個人人都需遵守規則的結構中，表達自己的想法，會感到更加自在。不過，爭論總是會失去控制，不是因為人們故意違反規則，就是因為他們一開始就不知道這些規則；然而，當人們真的陷入混亂的爭論時，他們通常都想找到一條出路，而一套明確的規則可以引導他們找到出路。

這是人質談判專家所了解的一個原則，因為他們往往必須緩和瀕臨混亂的局勢。威廉・多諾休教授告訴我，為了做到這一點，他們試圖提供一個結構，讓劫持人質者能夠表達自己的想法，因為當談判者進入這個極具爭議性、身份導向、情緒高漲的混亂地帶，他們就必須對其強制實行秩序管理。

他們會以一種結構化的方式反饋他們所聽到的內容，比如「你關心的第一件事是這個，第二件事是這個……」。對此，艱難對話的專家都受過這方面的訓練；但正如多諾休向我指出的，熟練的溝通者本能會做的事情是，他們會說：「一位願意傾聽你情緒化謾罵的好朋友，會幫助你找到它的規則，而這些規則會把你的混亂變成你可以掌握的東西，這樣你就可以表達一些自己的想法。」

此外，多諾休將這個過程比喻為一個政治系統：「這是民主開始的地方，《大憲章》（Magna Carta）的理念是要從一位反覆無常的國王手中奪回權利，不再讓國王一時衝動而做任何決定，因此一個民主社會需要適當的程序，如此一來，每個要求或不滿就不會被國王的一時興起而被忽略。在我的研究中，我看到同樣的力量正在發揮作用，談判專家和調解員創建了一個問題的地圖，並提出了一個解決這些問題的流程；但是，當這種結構瓦解時，人們就會開始奪取權力，並將自己的意願強加於人。」

13. 有目的地發脾氣

再多的理論都無法讓我們充分地準備好面對意見分歧帶來的情感經歷。有時，你最大的敵人是你自己。

讓我們回到這本書最初的地方：一個冬天的夜晚，英國鄉村深處的一間匿名酒店會議室裡。就我所知，上週日有一名年輕女子在地下通道被強姦，影片還被傳到網上；上傳影片的手機屬於當地一間雇有十七名男司機的快遞公司，而這手機發出的最後一條簡訊是在法蘭克・伯內特家附近的桅杆，他是有家暴前科的人。

我所看到的人並不是真正的伯內特，也不是真正的強姦嫌疑犯，他其實是一名演員。這是勞倫斯・艾莉森的警察審訊官培訓課程，我被受邀參加這培訓中的角色扮演。他先向我介紹這案子的情況，並稱呼我為「萊斯里偵探」。

那麼，為什麼我會覺得胃痛呢？因為就算是模擬的高壓談話，不管你理性大腦怎麼告訴你這不是真的，還是會觸發你的神經系統。艾莉森曾提醒過我，角色扮演的審訊往往會讓人覺得相當真實，因為在模擬的訓練中，即便是訓練有素的警察審訊官，也會被逼到崩潰邊緣；這就是為什麼，在現實世界中，專業的審訊官有時會需要在密集的審訊後，進行心理治療。

我從這次簡短而緊張的模擬中得到的啟示是——為了實現有效的意見分歧，你需要影響對方，但首先，你要影響的人是你自己。

掌握自己的情緒、自己的反應，是最難的技能。

☹ ☹ ☹

法蘭克：他媽的，我根本不在乎別人，你為什麼要和我說話？為什麼一定是我，法蘭克·伯內特？

扮演法蘭克的人是洛依德·史密斯（Lloyd Smith），他經常參加艾莉森的課程，且史密斯接受過的警察審訊幾乎比任何活著的人都還多，因為他曾是盧安達的軍閥、伊斯蘭恐怖分子和巴西的黑幫分子，也曾是殺人犯、強姦犯、戀童癖者。他講話有時咄咄逼人且近乎暴力，有時很有魅力卻迴避問題，有時堅定地沉默不語。

對於每個模擬案件，他都能掌握艾莉森寫的人物簡介，以及有關該人物所犯下的罪行細節。他相當有技巧，且都能狡猾地完成他的工作，也就是負責盡可能地讓審訊官覺得難受；雖然史密斯沒有在學術方面研究過審訊策略，但他參與過非常多的審訊，且接觸過許多位不同審訊官。因此，他已經深入了解審訊的動態。

他是一位極其優秀的演員，所以對我來說，在那個房間裡，他不是史密斯，而是伯內特。我試圖用有自信（但失敗）的聲音向他解釋說，我們正在審訊幾個為快遞公司工作的司機。

法蘭克：所以你覺得我可能是個強姦犯？

我不知道該如何回答，你會如何回答這個問題呢？我只能重複自己的話，用比上次更委婉的方式告訴他，我們正在與許多人談話，而他是其中之一。這時的我聽起來就像一位政治家，在迴避一個直截了當的問題。

法蘭克：這是一個是或不是的問題，你覺得我可能是個強姦犯嗎？

我終於說了，是。

法蘭克：你應該知道我對你們這些人沒有愛。

我：哪些人？

法蘭克：警察，你們從我還是個孩子的時候就一直糾纏我、打我。

我試圖回到「那個週日下午他在做什麼」的這個問題上，但伯內特將話題轉到別的地方。

法蘭克：你覺得我是個白癡嗎？

我：不，我不覺得。

法蘭克：你不覺得強姦犯是個白癡嗎？

我沒有理會這個問題，再次用一種聽起來非官方的聲音，問起那個星期天。伯內特卻盯著我左手上的戒指。

法蘭克：你結婚了，是嗎？

我：是的。

法蘭克：如果我強奸你的妻子，你會認為我是個白癡嗎？

我：（目瞪口呆地沉默不語）會，可能會。

在此之前，我已經感到很熱、很緊張，且渾身發癢很不舒服；現在，我覺得很憤怒，到底為什麼這傢伙可以一副事不關己的樣子說要強姦我妻子？為什麼是**他問我**問題呢？我又不是那個被懷疑犯罪的人。

這時，一直在觀察審訊的艾莉森喊了暫停，並問我感覺如何。我如實地告訴他，他點了點頭，他說：「這場審訊的挑戰就是如何避免被吸入伯內特的力場，也就是避免進入伯內特想進行的對話。你會想『天啊，這傢伙真是個混蛋』，但一位優秀的審訊官會退一步地想『哇，真有趣，這傢伙的行為舉止像個混蛋，是有什麼原因呢？』」

這時，史密斯也跳脫扮演的角色，向我解釋道，我必須更加了解何時該讓步。他說：「我覺得你不該害怕使用我用的詞彙，或說我的語言，因為這些是我設置給你的小難題。如果我知道你在努力憋住這些話，我就會一直刺激你；但如果你說『對，我會認為他是一個白癡！』，那我也就沒什麼好說的。或當我問你是否覺得我是個強姦犯時，你也應該說是！這樣我就無法繼續逼問下去了。」

此外，他還說，有時他會把腳放在桌子上，引誘審訊官與他進行無效的爭論。經驗不足的審訊官會認為這是對他們權威的威脅，因而分散注意力；但聰明的審訊官則會忽略它，「因為過了一會兒，我就會覺得不舒服，自然就把腳放下來。」

艾莉森說，當伯內特試圖透過個人化的談話來激怒我時，我應該溫和地回到我想追求的問題上，我可以說：「是的，用你的話說，我當然會認為他是個白癡，但我的感覺不重要，因為我是來審訊你有關一位年輕女孩被強奸的問題，這才是我必須做的工作。」

另外，艾莉森還提到，我最大的錯誤是沒有探究**為何**伯內特的行為會如此令人不快，他認為當伯內特說他不喜歡警察時，我錯過了一個機會。他說：「你可以真實地反映這句話：『警察是不是總是跟你過不去？』」而在一旁的史密斯也認同艾莉森，「這是一個人的經歷，是他生活中的一個事實，所以你不必為此承擔任何個人責任，你只要認可這件事的真實性：『這聽起來是一個糟糕的經歷。』」

詢問他這件事情，有助於我了解我在與誰交談，而另一個微妙的好處，就是這會影響他的潛意識，他的潛意識會切換為「進入**實際交談**的模式，而不是只給簡短答案或直率問題的對談。」因此，透過表現出對他生活感興趣的一面，我就可能已經降低了他的防衛。但是，當你感到憤怒時，就很難產生好奇心；事實上，你根本很難理智地思考。

☹ ☹ ☹

倫敦大學學院的一個心理學家小組邀請受試者成對的進入實驗室，第一個人被帶到一台小擠壓機旁，該機器在她手指上施加了一個非常小的力量，然後，她被要求在另一個人不知道這部分指令的情況下，用完全相同的力量壓住另一個人的手指。接著，第二個人會被指示使用與他們感覺到的相同力量，再回推第一個人的手指。

兩人都相互交換了手指的推力，與此同時，科學家測量了雙方使用的精確力量。經過測試每一對的推力後發現，使用的力量都迅速增強，一直到兩個人都使用比原本多大約二十倍的力量推對方的手指。

這個實驗提供我們一個有關人類衝突升級動態的不祥之兆，因為在沒有人故意提高力量的情況下，每位參與者都認為他們的行為與對方相同；但不知道為什麼，壓力還是上升了。因此，這引發了一個問題——為什麼我們所有的衝突，都不會以同樣的方式升級呢？

有個答案是，有些人對於從別人那裡收到的情感信號反應緩慢。研究婚姻交流的學者發現，互相否定的夫妻更有可能不幸福，因為正如我們前面所提，負面情緒可能對情感關係有幫助，但過多的不良情緒對於彼此的情感關係相當不健康，所以重要的是，隨時間的推移正面和負面情緒的比例。不過，令人驚訝的是，這也適用於對彼此相互支持的夫妻。不幸福的婚姻和家庭只是更容易情緒化，且與幸福的婚姻和家庭相比，情感變化的速度更快。

關係學家約翰・高特曼在他的實驗室裡，測量了爭論對於已婚伴侶**生理**上的影響，如對心率和汗腺的影響，並探究其結果與婚姻持久性的關係。結果顯示，如果一方的行為會影響到另一方的生理功能，那麼，這段婚姻很可能會以離婚告終。

不過，有「情緒慣性」（emotional inertia）的人，無論發生什麼事，他們都會傾向於保持相同的情緒狀態，因此有穩定情緒的作用。如果你因為你的伴侶或同事沒有立即對你的情緒做出反應而感到沮喪時，不管好或壞，你應該要有理由對此表示感謝。在一段關係或一個群體中，有一定程度的情緒慣性，對彼此的情感關係是健康的，因此當你組建一個團隊或選擇一個合作夥伴時，以這個角度考慮性格的組合，是很明智的。

一個好的團隊應該要有充滿激情和富有創造力的人在其中，但除非團隊中也有持懷疑態度或毫無激情的人，否則意見分歧很容易以無法預測且失控的方式進行，就像披頭四需要林哥·史達。不過，獲得正確的性格組合是一件事，而與防止衝突升級同樣重要的是，嘗試成為你內心的史達，就是在你需要的時候，平息自己的不穩定反應。

在推指實驗中，參與者的行為方式被關係學家艾倫·西拉斯在婚姻爭吵的背景下，稱為「無意識的回報」（mindless reciprocation），也就是說每個人都本能地回應對方的最後一個動作，但都沒有問自己該如何回應，或明確地說，就是沒有人要求他們問自己該如何回應。當他們沒有目標要實現時，他們就會失去自制力。

荷士衛國際公司（Huthwaite International）是一家提供銷售和談判技巧培訓的英國公司，五十多年來，一直在收集有關談判者行為的資料，且公司始終如一地採用實際談判的直接觀察法，進行了一系列長期的研究。而這項研究的目的之一，就是要找出老鳥談判專家和菜鳥談判專家之間的行為差異（被認為是高效率的談判專家必須都被雙方認可，且有成功的記錄）。

荷士衛用「防衛／攻擊」一詞來形容情緒激動的行為，在這種情況下，談判者不是對另一方表現出攻擊性，就是防衛自己的情緒；此外，該公司的研究人員還觀察到，這種行為會形成「螺旋式增大強度」的趨勢，也就是說，當一方攻擊時，另一方就會以對方認為是攻擊的方式進行防衛。因此，防衛和攻擊的動作變得難以區分。

菜鳥談判專家最可能對意見分歧或隱含的批評做出防衛性的反應，比如他們會使用「你不能因此責怪我們」或「這不是我們的錯」這樣的短語；但這些語句都會激起對方強烈的反應，且掀起一個漩渦，因此，菜鳥談判專家參與防衛／攻擊這種螺旋的頻率是老鳥談判專家的**三倍**。此外，菜鳥談判專家還會遵循一種關係學家認為在婚姻爭吵中常見的衝突升級模式，就是緩慢地開始他們的攻擊行為，先以低程度的攻擊，再逐漸增加其強度；但同時，對方也會這樣做。因此，很容易發生雙方全面性的對抗。

然而，老鳥談判專家處理事情的方式與此不同，並不是說他們從不使用任何具有敵意的言行，而是他們很少這樣做。當他們攻擊時，他們會在沒有任何警告的情況下，進行猛烈地攻擊，這表示老鳥談判專家比菜鳥談判專家更有意識地控制他們的攻擊行為；當他們生氣時，他們只是把生氣作為達到其目的的一種手段，也許他們只是想發出一個信號，說明他們所關心的問題，或將解脫討論的困境。不管是什麼，他們永遠不會讓談話控制他們。

一九九八年，在貝爾法斯特協議（Good Friday Agreement）前的談判中，英國政府的首席談判代表喬納森．鮑威爾（Jonathan Powell）花了無盡的時間與北愛爾蘭衝突各方的政治家和官員接觸，耐心地調解爭論，並接受其憤怒和指責。儘管鮑威爾具有典型的外交家氣質——臨危不亂、冷靜——但他角色的壓力，讓他有點喘不過氣。

在他撰寫有關談判，名為《大仇恨，小空間》（*Great Hatred, Little Room*）的書中，他描述了一個他完全失去自制力的時刻，就是在他的上司，英國首相東尼．布萊爾（Tony Blair）出席的會議上，鮑威爾對一名聯盟黨官員大發雷霆，因為他認為這名官員不遺餘力地在數落英國人。他憤怒地抓住那人的衣襟；這時，布萊爾不得不將他拉走，同時鮑威爾也知道他犯錯了。

事後，布萊爾把鮑威爾帶到旁邊，並告訴他說：「你永遠都不該突然發脾氣。」

西拉斯說：「熟練的溝通者會拒絕互惠的邏輯，而不先考慮這是否為明智之舉。」他們會故意放慢談話的速度、考慮他們的選擇，而且他們不只考慮他們想做什麼，還考慮他們所做的事情會如何影響對方，以及達到其談話目標的最佳方式。但是，當你感到憤怒或恐懼時，這並不容易，因為這會提高你的心率，促使你快速且衝動地做出決定，但這也往往是糟糕的決定。

不過，只要意識到是什麼導致你有如此的反應，就能幫助你控制住它。

☹ ☹ ☹

Polis的古拉建議我和艾利斯．阿姆杜爾（Ellis Amdur）談談，阿姆杜爾是一位憤怒方面的專家，研究範圍包含他自己和其他人的憤怒，他與在工作中會遇到了充滿憤怒情況的警察和其他專業人士合作。

阿姆杜爾在賓州匹茲堡的一個中產階級家庭中長大，在成長過程中，他對存在的傷害有一種敏銳的感覺，他說道：「我是猶太人，這是一九五〇年代的事。我的父母教導我，永遠不要相信基督徒，因為他們說：『當大屠殺來臨的時候，基督徒不是參與就是置之不理。』」後來，他去了一所孩子可以自由使用拳頭學校，在一次打架中慘敗後，他決定學習戰鬥的藝術。

在耶魯大學學習心理學後，阿姆杜爾在日本的一些武術學校度過了近十四年。之後，他回到美國，研究一種受現象學影響的心理治療，這種治療探討我們該如何看待我們所相信的世界，他說道：「我被一種思維方式所吸引，就是你必須能夠暫停你先入為主的觀念，才能看清你眼前的東西，也就是說一位好的警察，或任何一位善於處理危機的人，都可以在遭遇中識別出顯著的資訊，並篩選出不重要的內容。而要做到這一點，你需要研究你自己的反應，並意識到這些反應。」

對阿姆杜爾來說，憤怒從來不是單純的憤怒，他教警察們如何精確地評估一個人所表現出來的憤怒，以及如何處理這種憤怒。比如，混亂的憤怒，會表現得神志不清；惶恐的憤怒，會像一頭被逼到牆角的狼，不想爭吵，卻不得不爭吵；冷靜的憤怒，就像是個保持控制權的掠食者；火爆的憤怒，彷彿一隻想把你撕碎的熊；操縱性的憤怒時，好比一隻需要穿越迷宮才能實現目標的老鼠；欺騙性的憤怒，就像高草中的蛇。「因此，你必須對每種類型，採取不一樣的方法。」

此外，阿姆杜爾還談到大腦有三個層次，分別為人類、哺乳動物和爬行動物。雖然這在神經學上並不準確，不過，這比喻對於侵略相當有用。他說：「在人腦中，我們可能會在與他人相遇時有些爭論，不過，當我們對於對方想說的內容感興趣時，我們會試圖實現一個雙贏的結果，也就是進行一場對話。」當意見分歧提高彼此的心率後，我們就會進入哺乳動物的層次，這時的相遇就會變成爭奪主導權的鬥爭，主導的情緒是憤怒，會出現『你以為自己是誰啊？』這類話語。這時候，我會變成專注於**我**要說的內容，對別人說的內容也不感興趣。這就是為什麼你常會聽到人們說，『你沒有在聽』『給我一個說話的機會』或『你懂我的意思』。」

而爬行動物腦又不同了：「這時憤怒就會佔據主導地位，憤怒的人會只想贏得爭論，雖然這目標可能與真理重疊。換言之，他們可能是對的，但真理不是爭論中的目標。所以，你無法與一位憤怒的人一起解決問題，而且你甚至不能問他們問題，因為對憤怒的人來說，你的問題證實了你沒有在聽他們說話。如果你說：『你生氣了嗎？』他們會回答說：『不然你覺得呢？』，所以最好是說：『我看你很生氣。』，因為這時憤怒已經佔據了爬行動物腦。」

阿姆杜爾要求他的學生反思自己的心理底線：什麼樣的事情容易讓他們非常憤怒？他告訴警察說：「最重要的是，你要準備好哪天可能會有人踩上你的底線、徹底惹火你，就像你有某種不安全感，但大多數時候你不會去想它，直到有人開啟它。」因此，透過不斷提醒自己的心理底線，在衝突發生時才更有可能與它打交道，也才不會有那種強烈的威脅反應，因為你已經準備好了。

在曼非斯，Polis 培訓師經常會強調，在壓力下自我約束的重要性，並同時指出，有時他們還需要同事的一點幫助。奧尼爾告訴大家說：「每個人都有觸發點，我的是任何家庭暴力的事件，因為小時候父母時常吵架。如果我碰上家庭暴力，就會在極短的時間內爆發。我的伙伴知道我的情況，因此他會說：『奧尼爾，沒關係讓我來。』」

曼非斯警察中的一名男子開口說：「我的觸發點和兒童有關。有次，我拜訪了一個公寓，裡面亂七八糟。我看得出來，這傢伙把錢都花在喝酒，房內到處都是蟑螂，而這小孩就在沙發上。我開始失控，使得我伙伴不得不把我帶到外面。」

☹ ☹ ☹

我與伯內特的短暫接觸，讓我意識到，審訊專家所要做的事情是多麼地困難，因為你的大腦必須同時在至少三個層面上全力運作。首先，你彷彿在玩一個認知棋局，專注於你對這個嫌疑犯的了解和他們對你的了解，以及你需要從他們那裡得到什麼；然後，你要試圖與一位正盡全力推開你的人，建立一種融洽或信任的情感關係；接著，你會處在與自己的鬥爭之中。

我知道對伯內特發脾氣，或對他的挑釁作出反應都是糟糕的想法，但這並不代表我能輕易地阻止自己這樣做，可是如果我不能控制自己的行為，我影響他的希望就會變得很渺茫。當然，這並不只是在警察局拘留室和軍營中才會出現的遭遇，在任何激烈的對話中，我們與他人的衝突都與我們自己內心的衝突糾纏在一起。

不過，我發現把這種內部爭論看作是相互競爭目標間的鬥爭是有幫助的，因為不管我們在做什麼，總是有一個或多個我們試圖實現的目標，不管我們是否充分地意識到這些目標。行為科學家威廉·T·鮑爾斯（William T. Powers）將大腦設想為一系列以等級制度形式堆疊起來的目標驅動系統，最底層是由中樞神經系統和肌肉控制我們的身體，而最高層則涉及我們的自覺性意識和目的。

在最底層中，行動可以自動且不假思索地進行，因為這些動作都是來自上層的指示，比如當你駕駛汽車時，你不必考慮你的每個動作，因為你已經為自己設定了駕駛的目標，而這目標本身是為了實現一個更高且更具戰略性的目標，像是參觀家具店。當層級間發生衝突時，就會出現我們的問題。例如，或許你身體設定的目標是留在沙發上，但你的上層系統卻要求你去商店，因為沙發壞了、需要買新的；這時，你就會感到焦慮和不快樂，直到其中一方獲勝。

無論是與你的伴侶、同事還是陌生人的衝突中，我們都經常會陷入其中一種內心掙扎，因為我們最底層，或說更本能的系統，會將我們的目標設定為贏得眼前這場爭論；但較高層級的系統則會將目標訂為與這個人保持良好的關係。不過，這種高低層的競爭不一定勢均力敵，那些較底層的系統其實很強大，常常會傷害我們，讓我們專注於眼前的目標——贏得爭論、打敗這個人、展示自己卓越的智慧和機智——進而使我們完全失去對任何更高目標的意識。就算是明顯且清楚的錯誤信號，或說當爭論感到緊張和痛苦時，我們也會不顧一切地勇往直前。

當有人對你無禮或充滿敵意時，這就像在邀請你做同樣的事情，有一部分的你會自然地想接受這邀請，並直接攻擊他們。當這種情況發生時，就代表我們允許他們控制我們的反應，而忘記我們有選擇目標的權利。也許你的目標就是要讓那個人對自己感覺不好，或者羞辱他們，也就是說你並不在意毀掉這段關係，在這種情況下，你就攻擊吧，用心追求這個目標。

但一般來說，最好是拒絕他們的邀請，並選擇自己的語氣。如果你正在與你希望或需要與之持續保持良好關係的人交談時，一旦你隨他們的態度變得無禮，那對你們雙方來說都是糟糕的舉動。在這種情況下，最好的辦法就是後退一步、放慢速度，有意識地選擇你自己要的道路，而不是你被邀請跟隨的道路。

鮑爾斯提出一個有用的方式來思考這問題，就是每當我們陷入內部衝突時，我們應該用更高的層次思考這問題，好比一位員工把責任推給他的部門經理。換句話說，我們應該嘗試更加了解自己的行為，且更清楚自己的目標，具體來說，就是我們可以問自己**為何**及**如何**這麼做？

在低層次的行為中，與某人發生不愉快的爭論時，我們不妨在心理上退一步，並問問自己在這場爭論中，**我表現得如何**？**我有沒有脾氣不好、諷刺他人或咄咄逼人**？這些「如何」的問題會讓我們聚焦在我們低層次的行為。而「為何」的問題，才會讓我們聚焦在我們更高的目標上，比如，**我為何要參與這場爭吵**？**我在追求什麼，有什麼意義**？而當你知道這些答案時，你就可以決定要怎麼做，這時你可能會改變你的語氣，會變得更溫暖、更俏皮，或是如果此刻需要的話，會變的更有攻擊性，就像那些談判專家在他們選擇的時刻所做的那樣。

如上所述地提高一個層級，並不能保證你的對話者會用和你相同的方式作出回應。例如，他們可能會用更具攻擊性的語氣來回應你溫暖的語氣，但至少它能讓你振奮精神、暫時脫離你所處的時刻，並讓你突然覺得，贏得現在的爭論不那麼重要了，因為即使你不能與對方達成和解，你也會與自己和解。

14. 黃金法則：真誠

所有的規則都從屬於這條黃金法則：建立一個誠實的人際關係。

回到房間裡，是時候進行第二回合了，同樣的案件、同樣的嫌疑犯，只是這一次，伯內特將扮演不同的角色。因為我請艾莉森和史密斯讓我體驗一下，警察審訊官可能會面臨的各種挑戰。

這次，當伯內特在我對面坐下時，他沒有懷疑地盯著我，也沒有把腳放在桌子上，他看著地板，彷彿不想與人有眼神接觸。當他說話時，是用一種柔和且猶豫不決的聲音，我問他在案發那天做了什麼，他開始回答。他接著問說：「那個女孩還好嗎？」

我草草地回答後，再度回到他那天所做了什麼的問題。他停頓了很久後，很小聲地說：「我想幫忙，但我只是很困惑，我不會做這種事情，但警察卻在學校門口逮捕我，而且當時我還和我的小孩在一起。」我說這對他來說一定很困難，然後繼續詢問我要問的問題。

這時，艾莉森暫停了審訊，並詢問我情況如何。我說我覺得更有信心，且更能掌控狀況了；但艾莉森皺起眉頭，並說：「我覺得你過於刻意地表現出沒有同理心，雖然你沒有第一次那麼緊張，但你的語氣幾乎和第一次審訊時一模一樣，沒有任何改變。」我意識到他是對的，因為我太在意我的語氣要聽起來像萊斯里偵探一樣有權威，使我忘記要根據我面前的人，調整我的語氣。與此同時，史密斯也加入話題，並告訴我說：「如果你想說『這對你來說一定很困難』，背後卻沒有正確的情感，那就不值得說。」

這是重要的一課：沒有感覺的同情比沒有同情心更糟糕。「除非你聽起來像是真的關心發生在我身上的事情，否則我會覺得我只是這過程的一部分，而你只是在推動我前進。」

史密斯繼續說：「顯現有說服力是很重要的，因為如果一位警察看起來心胸開闊，且不隨意評判，我就更有可能開口。也許這只是因為我認為我可以欺騙你，但不管怎麼，如果你給他人的印象是你已經下定決心，那我就沒有理由再談了。」

我問道：「所以，最好的審訊官是擁有某種能力，能讓人覺得他們有個開放的心態？」

艾莉森說：「與其說這是一種能力，不如說是對找出真相真心地感興趣。」

☹ ☹ ☹

我們之前提及動機訪談創始人之一的史蒂芬，其兒子是英國警察，名為傑克．羅尼克（Jake Rollnick）告訴我，他是如何在逮捕或將嫌犯帶到安全地方之前，耐心地與處於危機中的人建立良好的關係。此外，在我們談話要結束時，羅尼克還講了一個觀點：

和睦的關係很重要，不過有不同的方法可以達到這個目的。我的軍士長個頭高大，是位橄欖球運動員，他總以對抗的方式與他人建立關係，卻總是奏效。我記得有位自殺傾向的少年，他割腕且服用過量的藥物，我坐在他旁邊並溫和地勸說他很久，希望他讓我帶他去醫院。結果，軍士長走進來開始大喊說：「**你想讓我做什麼？你想要我帶你醫院還是什麼？我無法解決你的問題，因為我還有工作要做，如果你想去醫院，我可以帶你去，或是你也可以坐在這裡等死。**」

羅尼克說：「這一切都是錯的，我坐在那裡心想，他把我所有做好的工作都搞砸了；然而，這少年居然和我們一起去醫院了。而且，我是一次次地看到軍士長這樣做，但不知為何，他最後總能建立起一種關係，這其中毫無規則可言。」

在一本講述規則的書中，說毫無規則可能顯得很奇怪，但羅尼克是對的——並不存在任何硬性規定，嗯，幾乎沒有。在研究和寫這本書的過程中，有條黃金法則貫穿了我與他人的所有對話，那就是如果你無法建立真實的人際關係，你就無法成功地處理意見分歧和衝突；如果你可以，那麼所有的規則都不那麼重要了；如果你不可以，那麼你使用的技術和策略都可能會弊大於利。

☹ ☹ ☹

在與大衛教派的對峙中，聯邦調查局嘗試了一系列笨拙且適得其反的說服策略，因為這些策略往往脫離了真誠的同情心和好奇心。

談判教科書中的技巧之一是確定共同點，以發展和睦關係。這是一個很好的原則，我在本書也已深入討論了這原則；但如果沒做好這原則，就會聽起來很不真誠且像是在嘲笑他人。例如，其中一名談判人員在向考雷什提出計劃時，告訴他該計劃是在他的上司同意後，才得到批准的，就像一位非常虔誠的基督徒曾向上帝祈禱，考雷什對此不以為然。此外，聯邦調查局的另一個説服策略是將被釋放孩子的照片、影片和他們寫的訊息送入建築群內，以便激勵兒童的父母出來與他們團聚；結果不出所料，大衛教徒被這種試圖公然操縱的做法所激怒。因此，即使是你認為智力不如你的人（這總是一個冒險的賭注），也可能會會對你發出的關係信號有精細的感覺。

Polis 培訓師古拉強調，無論警官所面對的人是誰，他們都不應該假裝同情，而是應該始終認為他人足夠聰明，能夠看穿自己的任何伎倆：「他們應該認為精神病患者是聰明的，他們只是生病了，他們非常清楚知道你什麼時候在對他們説謊。所以，不要試圖成為不是你的人，要坦誠相待！」

艾莉森也重複説：「你必須認真對待。」換言之，審訊者的好奇心必須是真實的，且永遠不該是假的；此外，艾莉森還一再警告不要依賴「技巧」，因為這些操縱性技巧，會讓審訊者覺得自己很聰明，但往往會被受訊者看穿。因此，雖然這些花招很有吸引力，且會讓我們覺得自己很聰明、還能控制審訊，但這些花招很少真正有效，甚至可能適得其反。前南非情報局局長，也是參與安排曼德拉出獄的人物之一，尼爾．巴納德（Nël Barnard）有個談判經驗法則

——聰明即是愚蠢。

因此，當威爾遜決定詢問卡車司機的生活情況時，他並不是在施展詭計，而是他**真的很感興趣**；內梅斯發現只有當支持者**真的相信**自己的觀點時，魔鬼代言人的遊戲才會奏效；與奧斯廷加交談的人質談判專家強調，只有在**真誠**的情況下道歉才有用；當曼德拉告訴維爾容南非白人對他的傷害有多大時，維爾容意識到曼德拉是**認真**的。

☹ ☹ ☹

Polis 的創始人喬納森．溫德告訴我，當他還是警察時，他發現工作中最困難的事情就是他所說的「官僚主義悖論」（bureaucratic paradox）：只有作為一位警察、一位穿制服的人，他才有資格侵入人們的生活；但同時，只有當他超越他官方的角色時，他才能夠影響人們。他說：「如果作為一位警官，我的工作是建立信任感，可是當一位僵化的官僚根本無法達到這目標。因此，只要我從法律的角度看問題，我就不能以傳統的方式影響人們；所以，我必須是真正的自己。」

溫德在紐澤西州，一個充滿書籍和思想的家庭中長大，他說：「我是個知識傾向的小孩。」

他的父母有一家獨立書店，他祖父是一位歷史教授，他在大學學習哲學和中東語言，之後加入西雅圖附近的一個警察局。在他的警察生涯的六年裡，溫德開始攻讀博士學位，並將德國哲學家馬丁・海德格（Martin Heidegger）的作品應用於執法機關，他的論文後來成為一本名為《警務和日常生活的詩學》（*Policing and the Poetics of Everyday Life*）的書籍。

與溫德的交談，就像在聽一位恰好知道完美鎖臂技術的歐陸哲學家說話。我問他是什麼讓他覺得警察工作相當有啟發性，他說：「全世界都認為警察是個具有侵略性的工作；但對我來說，警察是個很親密的工作，因為你會在人們最脆弱的時刻，一而再，再而三的與他們互動。你彷彿看到人們的出生，也看到他們的死亡，你會和他們談論為什麼他們的婚姻會破裂，或者為什麼他們試圖自殺，而這些都是人類最原始的一面。」

後來，他又一如往常地回到哲學的領域：「人不像樹木或石頭，我們會創造意義，比如噴氣機在天空中移動時，會留下一道煙霧；船隻在水中移動時，會留下尾流，兩者都沒有其他移動方式。而一個人在這個世界上移動也是如此，例如，當你走進一個空間時，你散發的意義就像星星發出的光一樣。」他停頓了一下，接著說：「所以，如果這是真的，那麼與他人的良好互動，就意味著有個美好的目標。因此，永遠不要物化某人，要知道他們有靈魂，你也有靈魂。」

PART Ⅲ

保持全神貫注

15. 無限遊戲

有效的意見分歧不等於良好的禮儀，但為了繼續進行我們的意見分歧，我們還是需要最低限度的禮貌。

「凡是有學習慾望的地方，就勢必會有爭論。」
——約翰・米爾頓（John Milton）

一九六二年，哲學家兼自由主義事業的倡導者伯特蘭・羅素（Bertrand Russell）收到英國前法西斯聯盟領導人奧斯瓦爾德・莫斯利（Oswald Mosley）的一系列信件，莫斯利希望羅素參與一場有關法西斯主義的道德辯論。最後，當時已將近九十歲的羅素回覆了，在一封簡短的信件中，他解釋為什麼他不與莫斯利接觸：

要回應那些與自己價值觀格格不入，甚至說是令人厭惡的人，總是很困難。我並不反對你提出的一般觀點，但我所有的精力都用在反對殘酷的偏見、強迫性的暴力和虐待性的迫害上，而這些卻是法西斯主義基本的原理和實踐的特點。因此，我不得不說，我們所處的情感世界根本是南轅北轍，而且在最深層次上是對立的，所以，我們之間是不可能出現任何有結果或真誠的事情。

如果要我對本書的假設提出異議，我會從這開始說起：有效的意見分歧是非常好的，但實際上，有些人不值得我們這樣做。是的，我們可以從對手那裡學習，但不是所有的對手都有東西可以教我們；當然，我們應該嘗試與對手打交道，但不是和那些有不值得我們關注立場的人。有些對手要麼被忽視，要麼被打敗，戰鬥或逃跑不是每一次都有用，而其他想法就是危險又天真的想法。

或許如此吧！但我們很難提前確定這些人是誰，而且極少人會因為彼此在看法上有道無法逾越的鴻溝而分開，像自由主義者和白人至上主義者也沒有因此分開，曼德拉還不是與維爾容接觸，或是與南非政府進行談判。你可能會說，他這樣做是因為他不得不這樣做，因為曼德拉需要從他們那裡得到某些事物。

但這就是關鍵。我們往往是因為需要從那些具有令人厭惡觀點的人得到某些事物，所以才與他們接觸，哪怕這接觸只為公平對待或和平共處。例如，外交官已經成功與地球上一些最可怕的人進行談判或調解爭端；審訊官也是如此，他們不僅能與犯有可怕罪行且有卑劣想法的人進行交談，還能設法展開有效的談話。不過，羅素不需要與莫斯利打交道，因為莫斯利當時已經是個廢人、是無關緊要的人，而且羅素自己也時日不多了。

我覺得我們不能說，因為有些人持有的觀點，導致我們無法與他打交道；但我同意因為有些人**不同意的方式**，會讓我們無法與他打交道，像是有些人會無情地閉目塞聽、咄咄逼人、心胸狹窄。此外，他們還總是具有惡意、譁眾取寵，且從不傾聽他人想法，這是一種感覺或態度，不是一種意識形態，而且這種人不僅僅是在政治上，在任何地方都會出現。

不論在人際關係、家庭或職場中，你總能找到一些根本上不想參與任何談話、只想活在自己世界中的人，這些人可能會假裝有效地提出不同意見，但其實只是為了吸引你參與無效的戰鬥，就如羅素提到莫斯利的「情感世界」（emotional universe）與他自己的非常不同。也就是說，我們都有一種執意且習慣性的傾向，總是高估那些表現出不想和你談話的人數，尤其是在我們睡眠不足的時候。換言之，我們的大腦一直尋找保存能量的方法，而要做到這點的其中一個方法就是減少我們認為值得關注的人和觀點的數量。

所以，我們尋找一些能為我們提供出路的標籤，比如種族主義者、可悲者、白痴，因為當你否定某人時，你所感的逐漸遽增的確定性，並不代表你是正確的信號，而是因為擺脫了一些工作的滿足感。但也有可能許多我們迅速判斷為會浪費我們時間的人，其實是值得交往的，而這些人不是可能會教我們一些東西，就是因為他們比一開始看起來更矛盾。比如，威爾遜本來可以把那位掛著邦聯旗幟的人，當作不值得他付出努力的人，但他很高興他最終沒有這麼做。

☹ ☹ ☹

不過，這一切看起來還是非常合理，不是嗎？這一本非常合理的書，強調要聽取對方的意見、認真傾聽、了解對方的觀點，這也太……有禮貌了。

我很重視禮貌，但我的生活很舒適，且相對來說沒有恐懼；但對於那些絕望、害怕、覺得自己被騙的人，可能會希望得到一些禮貌對話以外的事物。因為從他們的立場來看，有效意見分歧的概念本身似乎就像一件奢侈的傢具，就像當屋頂塌下來的時候，這奢侈的傢具有什麼用呢？

但是，有些事情是值得生氣的，甚至是無理取鬧地生氣，比如，當禮貌妨礙誠實時。因為即使是我，也不想生活在一個每個人都必須一直尊重大家感受的世界裡，況且有些人的觀點——或是有些人——是無藥可救的可怕，他們總能說的很真實，並把你搞瘋。

不過，禮貌的禁令可以是維護現狀的一種方式，比如，一九六〇年代故作高貴的南方白人對公民權利抗議者是怎麼說的？他說他們沒教養、不值得傾聽，更不用說提出異議。馬丁·路德·金恩（Martin Luther King）在他名為《伯明罕獄中書信》（*Letter from Birmingham Jail*）的書中表示，他對那些支持他目標，但不支持他直接行動的美國白人相當不耐煩，金恩說：「白人的溫和派更注重『秩序』而非『公平』。」

對於那些會因為改變而損失的人來說，改變是難受，甚至是痛苦的。這時，講究且重視良好的禮儀，就是一種拖延改變的方式，比如，在公司的會議室裡，只有在人們符合某些自我表現的規則時，才會被認真對待，尤其是在正式且高語境的組織文化中特別明顯，幾乎不可能出現站起來大吼「如果我們再不改變、馬上改變，我們就徹底完蛋了！」；但如果有人覺得可以這麼做，或許能避免許多破產和災難性的決定。

不過，禮貌也可以是一種控制談話的手段，或是一種權力行動，也就是說，禮貌可以演變成一種複雜的準則，就像任何準則一樣，為那些了解它的人帶來優勢。比如，在英國的階級制度中，對不同階級允許的說話方式，都有不同的細微區分，因為這有助於保持整個塵封制度的地位。

在禮貌的極端形式下，政治上的正確性會被作為一種語言學的科技，用來區分內部人和外部人，讓受過教育的精英們能夠囤積權力，使得那些有令人難過的事情要告訴我們的人，都會因為他只會讓人不愉快，或她太情緒化這些理由，而被排除在談話之外。

意見分歧不該是一場獵殺活動，但也不該是一場不流血的運動，因為如果所有的公眾對話都像晚宴一樣進行，我們就不會聽到痛苦的哭聲和憤怒的喊叫了。有時，我們必須全心投入到爭論中，而不去想我們正在違反哪些規則，或是我們可能冒犯誰的情感；但這也衍伸出困難的問題——正直和無禮之間有什麼區別？當著別人的面說真話和羞辱別人之間又有什麼區別？

☹ ☹ ☹

任何認為線上政治意見分歧是獨特謾罵的人應該看看五百年前的宗教爭論，以下是馬丁．路德（Martin Luther）對教宗的看法：

> 你們非常糟糕且完全就是大流氓，是地球上所有最邪惡的人渣。你們充滿地獄裡所有最壞的魔鬼，滿到你除了嘔吐、扔出和吹出魔鬼外，什麼也做不了！

路德的無禮（他曾寫過「親愛的小屁股教皇，他舔著魔鬼的肛門」的文章）是策略性的，因為他認為不能有禮貌地大聲說出天主教會其實充滿怪誕的腐敗，如此一來會削弱他憤怒的影響力。因此，為了有效地進行抗議，他和他的追隨者有道德責任地要冒犯這脆弱的感情，而且必須擾亂這個機構的說話方式以及所說的話語。

牛津大學的政治哲學家特雷莎．貝揚（Teresa Bejan）研究了在路德宗教改革後，當歐洲和新世界的人都在克服「寬容」這個新的問題時，現代「禮貌」的概念是如何在漫長的宗教和政治爭論中形成的？人們是否可能及如何與他們鄙視其想法的人一起生活？

在研究結果中，貝揚注意到美國殖民地時期的辯論與現在的辯論有一些共同點，就是對禮貌程度的下降感到焦慮。比如，英國聖公會教徒（Anglicans）教訓無神論者時，訴說他們的觀點有多麼地令人反感，但卻不討論他們論點的內容；貴格會教徒（Quakers）因為不脫帽和令人厭惡的握手習慣而被迴避。這時，人們會想如果他們連禮貌都做不到，難道他們不應該被迫害嗎？

因此，貝揚開始寫一本書，以論證「禮貌」是個由強權塑造的工具，目的是要壓制異議和意見分歧；不過，在她的研究過程中，她改變了主意，因為有位出生於一六〇三年的英國人說服了她：禮貌的真正目的其實是在為不舒服，甚至是憤怒的意見分歧創造空間。

☹ ☹ ☹

一六三六年一月，羅傑．威廉斯（Roger Williams）穿上厚重的外套，在口袋裡盡可能地塞滿了乾玉米糊後，走出他的房子，進入新英格蘭的冰冷夜晚。威廉斯不知道他要去哪裡，但他知道他必須要出去，因為來自波士頓的士兵正在趕來逮捕他的路上，而且士兵所接收到的命令是要把威廉斯送上返回英國的船，並將他扔在英國的監獄裡。

攜帶玉米糊作為食物是威廉斯從他認識多年的美國印第安部落中學到的一招，而他也將會需要每一盎司的玉米糊。大約三十五年後，威廉斯回憶說道：「那是個嚴寒的冬天，我還感覺的到當時的雪。」那時他無處可去，在十四個星期裡，他都不記得「麵包和床是什麼」了，如果不是當地部落收留他，他是不可能活下來的。

威廉斯是位精力充沛、自信和魅力十足的人；不過，他也有可怕的爭論慾望。威廉斯在倫敦出生，是一位裁縫師的兒子，他以某種方式引起了愛德華．科克（Edward Coke）爵士的注意，科克是英國的大律師和法官，因其對抗王權，捍衛公民權而聞名於世。在科克看中這位年輕人後，就把他挖角過來，並任命威廉斯擔任他家的秘書。

就這樣，威廉斯進入英國的精英階層，先在查特豪斯公學（Charterhouse School）上學，再到劍橋大學升學。在大學期間，他與詩人約翰．米爾頓成為朋友，和米爾頓一樣，兩個人都對世界充滿了好奇，且對宗教滿腔熱血，因此他們都被反建制的新教運動，即清教主義（Puritanism）所吸引。

畢業後，威廉斯接受聖諭，成為一名清教徒貴族的私人牧師。不過，當時在查理一世領導下，英國政府正在打擊這些不信奉英國國教的新教徒，因此，一六三一年，威廉斯啟程前往新英格蘭，進入麻薩諸塞灣殖民地。

即使按照清教徒的標準，威廉斯也是位不妥協的人，就在他剛下美國的船時，就有人邀請二十八歲的他擔任波士頓教會的神學家。這是個頗具聲望的職位，而且這職位可讓他在這個新社會的創建中，發揮領導的作用，這可說是一生中最重要的機會。但威廉斯卻拒絕了，因為他宣稱當地的清教徒不夠虔誠，因為他們允許他們的信眾與英格蘭教會的信徒混在一起。

此外，他也不同意海灣地區的領導人對其權力範圍的看法——威廉斯認為政府不應該與宗教有任何關係。波士頓的領導者因為威廉斯的發言而感到被羞辱，因此向威廉斯表明不再歡迎他。之後，威廉斯就搬到了塞勒姆（Salem），並希望在那裡找到一個更純淨的基督教社會；但很不幸地，他發現塞勒姆到處都是缺點，並大聲宣揚這些缺點，讓他的鄰居們相當生氣。

不過，與此同時，威廉斯也開始拜訪萬帕諾亞格（Wampanoag）和納拉甘西特（Narragansett）部落，以結交貿易夥伴和朋友。他學習了當地的語言，與他們進行宗教辯論，也為了解這些人的生活方式，像是如何打獵、如何撫養小孩、如何進行自我管理、如何做禮拜等等。

值得注意的是，在威廉斯的時代，他並不認為印第安人比歐洲人不文明，他只是認為印第安人是異教徒，會在地獄裡被燒死，但他還是一視同仁地對待他們。他說：「大自然不知道歐洲人和美國人在血液、出生、身體等方面的區別。」此外，威廉斯甚至公開指責殖民者偷竊原住民的土地，且宣稱這整個美國計畫就是一個騙局，這讓將這些部落視為野蠻人的清教徒們感到非常憤怒。因此，麻州當局決定不再對這個麻煩製造者忍氣吞聲，他們投票決定將威廉斯驅逐出殖民地。就這樣，威廉斯被命令在六週內離開，否則將會面臨拘留甚至更糟的懲處；在宣布命令的同時，當局已派出士兵，因此威廉斯在半夜就立即逃跑。

在環境惡劣的荒野中流浪的威廉斯，先後得到了萬帕諾亞格和納拉甘西特人的庇護和食物，他也從未忘記他們的熱情好客，而威廉斯與他們的友誼也為他接下來最偉大的行動打開了大門。

☹ ☹ ☹

威廉斯被他討厭生活在其中的社會流放時，他反思了他想要的社會是什麼樣子的。他知道，每個人都可以自由地以他們想要的方式拜神，但這並不是因為威廉斯具有我們今天才認可的那種開放思想。其實，威廉斯是位宗教的基要主義者（fundamentalist），在他看來，任何不符合他嚴格做禮拜標準的人都會被詛咒，但這幾乎是所有人；貝揚寫道，在威廉斯最後的生命階段，他只和他妻子兩個人做禮拜，而且威廉斯也不完全認同他妻子有做到他的標準。

不過，威廉斯積極投入於每個人個人良知的完整性事宜，並認為應該允許人們以自己的方式下地獄，他的理想社會是——每個人都努力改變彼此的信仰，但大家都不能強迫他人改變信仰。

實際上，納拉甘西特人的首領有贈送一些海灣的土地給威廉斯，而威廉斯就在那裡開始定居。後來威廉斯寫道：「當我處於困境時，我感受到上帝的仁慈，因此就把這個地方稱為『普羅維登斯』（Providence，意為天主照顧），我希望它能為那些因為良知而苦惱的人提供庇護。」之後，他的家人和那些來自塞勒姆的十幾名追隨者加入了他的行列，而威廉斯也放棄了他的土地權利，並將其歸為該鎮的共同所有權。此外，他還起草了一部憲法，而這與麻州或其他歐洲人在美洲定居時的成立文件都不同，就是這部憲法完全沒有提及宗教。

極度虔誠的威廉斯認為，人類將上帝納入世俗的政府事務是件傲慢且無恥的行為。因此，羅德島州（Rhode Island）的普羅維登斯成為吸引新英格蘭地區所有激進分子、異端分子、麻煩製造者和反叛者的地方，任何「良心不安」的人，或是希望逃離鄰近殖民地那種強制人們要有正統信仰的人，都會去那裡，而這些人包含貴格會成員、猶太人和天主教徒。就這樣，威廉斯這位狂熱的清教徒分子，不顧自身的宗教信仰，建立了世界上有史以來最寬容的社會。

☹ ☹ ☹

一六四三年，威廉斯乘船返回英國，執行一項非常危險的任務，就是為他剛成立的殖民地爭取專利。在他逗留期間，他寫了一份文件，而這文件也成為他最重要的書面遺物。在倫敦，他與米爾頓重新取得聯繫，米爾頓為他安排與出版商會面。

一六四四年，威廉斯名為《迫害良心的血腥教旨》（*The Bloudy Tenent of Persecution for Cause of Conscience*）的書籍出版，當時英國正處於內戰的狀態，政府嚴厲取締傳播非正統觀點的小冊子和書籍。這本《血腥教旨》為擴大寬容度提出一個強而有力的理由，這不僅是對所有新教教派（Protestant sects），還包含對美國印第安人、猶太人、伊斯蘭教徒，或甚至是那些他稱為「反基督教的人」（天主教徒）實行寬容；這遠遠超出了以往任何人的主張，使得《血腥教旨》成為具有煽動性的文章。因此，該書出版後，英國國會就下令將其燒毀，而若不是威廉斯已在返回美國的船上，他很可能會因此被逮捕，因為他手上有專利。

雖然威廉斯非常清楚，唯一真正的宗教是他的基督教，但威廉斯版本的寬容，不僅僅意味著勉強同意讓別人按照他們認為合適的方式生活，而是他認為，為了拯救那些不相信基督教者的靈魂，必須積極地與他們進行「文明的交談和對話」。在此，他指的是真正的對話，即雙方真的有來回地談話，例如在他告訴印第安人亞當和夏娃的故事後，威廉斯也會聽他們講述他們的創世紀故事，而這主要是為了讓自己做好與他們爭論的準備。

在威廉斯建立其殖民地的同時，威廉·佩恩（William Penn）在賓夕凡尼亞州領導了另一群持有不同意見的人，也就是早期的貴格會教徒。他們是不妥協的社會激進分子，會故意從事一些令人反感的事情，比如在大街上裸體、走進教堂禮拜，或是一邊敲打鍋子一邊對牧師大吼大叫。威廉斯憎恨這種行為，他說：「這意味著，在這個世界上，除了他們自己，沒有人值得尊重；不過，一個正常且寬容的社會，取決於『禮貌的關係』（the Bond of Civility）。」

威廉斯這樣說並不代表我們常常與「禮節、禮貌、得體」等詞語有關，因為正如你所知，威廉斯並不是一位非常彬彬有禮的人。他指的是，讓每個人都能說出自己的任何想法，他希望人們在他們所關心的事情上，彼此都能熱情且毫不掩飾地持有不同意見，因為如果不這樣做，就是背叛良心。不過，寬容的前提就是需要有言論自由，因為這樣人們才能試圖說服對方，並爭奪改變信仰的人，而「口水戰」就是一個誠實社會的證據。

對威廉斯來說，在那些我們生活中最重要的事情上，與我們意見相左的人生活在一起，可能會緊張、不愉快且令人憤怒，但這仍比與那些只是假裝同意我們的人生活在一起更好。實際上，這是每個人的責任，並不是尋求和諧，也不是保持沉默，而是繼續在重要的事情上，保持不同的意見。在他看來，禮貌不是一種規範，而是一種原則，是鼓勵你對手回嘴時必要的最低行為標準。

威廉斯幫助貝揚構思了文明的概念，即不是禮節，也不是禮貌，而是無論在四面牆的房間裡，或是在整個社會中，面對艱難的對話時，參與者要如何保持彼此間的關係。畢竟，即使是最激進的禮貌批評者，也希望與他們爭論的人有些最低限度的禮貌。

而另一個選擇，就是根本不爭論。比如在十八世紀，隨著商業社會的到來，使更多人與來自不同背景的人頻繁接觸，因此宗教的分歧逐漸消退，如英國貴族向猶太商人購買物資、聖公會教徒與天主教教徒做生意，而禮貌也使這種複雜的跨文化現象順利進行。啟蒙運動的哲學家安東尼·阿什利·柯柏（Anthony Ashley-Cooper）是第一位在現代意識中使用「禮貌」一詞的人，他採用了「裸石」這個與珠寶有關的術語，將其提升為一種社會的美德：「我們互相摩擦，以一種友好的碰撞方式，擦掉我們彼此的角落和粗糙一面。」

禮節和禮貌不同，禮節是你階級的標誌，而禮貌則表示民主；法國小說家斯庫德里女士（Mademoiselle de Scudéry）將其描述為「希望不要成為談話中的暴君」。因為禮貌不僅僅是表面或裝飾，正如卡爾・特恩布爾的CMV實驗向我們展示的那樣，遵守一套共同規則，是與不熟悉的人之間進行自由對話的一種方式。

語言學家羅賓・雷可夫（Robin Lakoff），曾與我們在第一章中引用過觀點的語言學家喬治・雷可夫（George Lakoff）結婚，而她將禮貌行為歸結為三個準則：**不強加於別人、提供選擇，以及讓你的對話者感覺良好**。我喜歡這種簡單的方式，而且你會注意到，雷可夫的規則在本書中都得到了呼應和闡述；不過，最終所有的規則都是一個拐杖，或者說是一根導火線。如果彼此的關係足夠牢固，我們就可以免去這些規則，因此，我們應該對那些我們不認識的人保持禮貌，並認真且充分地了解他們，以便我們的言行能得體。

☹ ☹ ☹

近年來，有關勸說的書籍和文章層出不窮，這些書籍和文章解釋了如何解決人們對合理論證的頑固抵抗；不過，這些短文真正要回答的問題是——開明、合理、見多識廣的我們要如何贏得頑固、落後、原始的他們的支持？這彷彿是作者和其讀者以某種方式站在人類的混亂對話之外或之上，冷靜地評估其缺陷。

在網路上，人們喜歡**摧毀**、**破壞**和**封鎖**，不言而喻的目的就是為了結束意見分歧本身，而同樣的衝動也埋藏在那些有關勸說的論文中，難怪這種勸說文往往會讓他人變得頑固、抵制到無理作對的程度。我也曾是這樣的人，因為不想被他人擊敗，而無理地鑽牛角尖。因此，當你鑽牛角尖時，是因為你感覺這是一場權力遊戲，而在這場遊戲中，說服者要求你要有開放的思想，但他自己卻堅決保持封閉的思想。

實際上，意見分歧應該是一種幫助彼此克服盲點和拒絕現實的方式，但如果你只專注於說服，你就無法聽到對方真正的聲音，因為你已經關閉你可能改變自己想法的可能性。因此，當傾聽成為一種單純的策略時，它就不再是傾聽，所以，一個比「我怎樣才能說服別人？」更好的問題可能就是「我怎樣才能使這種意見分歧有效？」

詹姆斯・卡斯（James Carse）在他的《有限與無限遊戲》（Finite and Infinite Games）中做

了一個深刻的區分：「有限遊戲是為了獲勝，而無限遊戲是為了繼續遊戲。」**有限遊戲**，比如象棋或足球，都是有精確定義開始和結束，而當有人贏或輸，或者當約定的時間用完時，遊戲就結束了；而**無限遊戲**則沒有確定的結束，也無法明確地決定贏或輸，雖然玩家在比賽過程中會有輸贏，不過，他們的輸贏只是無止盡遊戲中的瞬間，例如，一場足球比賽是個有限遊戲，但足球遊戲本身是一個無限遊戲。

在一個有限遊戲中，規則的存在是為了能夠商定一位贏家，使遊戲能夠結束；而在無限遊戲中，規則的存在則是為了防止任何人明確地獲勝，所以後者的玩家總在尋找擴展遊戲的方法，而且當遊戲受到一方明確勝利的威脅時，就會改變規則以防止這種情況發生。因此，整個遊戲的關鍵就是要讓遊戲繼續進行，並盡可能地讓更多人的參與。

在古代的雅典，蘇格拉底就是把辯論從一個有限遊戲變成無限遊戲，因為雅典是民主的發源地，而民主本身就是個無限遊戲，其規則是在維持均衡，以平衡相互競爭的利益和權力，遏制但不廢除衝突。此外，這也包括選舉這個有限遊戲，選舉是一場激烈的鬥爭，有勝利者和失敗者；不過，所有參與者都承認，或者應該承認，沒有任何一方或沒有人，比這個無限遊戲更重要。

不過，民主制度的規則在需要時會發生變化，因為這些規則的設計就是為了讓任何一個政黨都不能永遠占主導地位，而隨著越來越多人覺得可以自由地參與遊戲，就會釋放出更多的天賦、產生更多新的想法，因而可以取得更多的進展。因此，民主的目的是要更加民主。

在人類合作的各個方面也是如此，當參與者把彼此的意見分歧視為無限遊戲的一部分時，會議和婚姻就都能更順利地進行，因為婚姻爭論的目的應該是以一種能讓關係更加牢固的方式，恢復彼此的關係；而職場上爭論的目的應該是為組織帶來更好的未來。但我們往往太想贏得爭論，以至於忘記了這一點，導致不擇手段的政治家開始扭曲或破壞民主制度運作的規則、企業高管將他們的自我利益置於他們的團隊利益之上，以及夫妻之間說一些傷害彼此的話語而危及雙方的關係。

不過，如果是在一個無限遊戲中，即使你與某人有激烈的意見分歧，你也會想與他們聯繫，並向他們學習。因為你希望能繼續進行談話，其目的是要尋找新的方法，以解決意見分歧，而不是像網球比賽中只試圖完成一記截擊球，而是像是一群朋友努力將沙灘排球持續保持在空中。

前面，我提及不要在餐桌上討論宗教或政治的習俗，不過，就像所有的習俗一樣，這個習俗並不普遍。當我和法國作家克萊門汀·戈爾茲薩爾（Clementine Goldszal）提及此事時，她感到很困惑，她說：「你們為什麼要錯過晚餐中最精彩的部分呢？在飯桌上爭論是法國的傳統，我們爭論政治、爭論任何事情，把家庭晚餐變成一場政治鬥爭是個傳統。」

正如戈爾茲薩爾向我描述的那樣，在吃飯的前幾分鐘，會有一種期待感：誰會是當天第一位提出爭議的人？最後，有人拋出一個議題，彷彿一枚手榴彈轟的一聲，「大家都會『來吧！讓我們開始爭論！』這很令人興奮。」

你和我可能不會生活在同一個爭論的文化中，但我們仍可以嚮往這樣的願景，就是好的爭論是一種營養且能拓展思維的東西，而不是威脅和壓力。如果你把意見分歧當作是無限遊戲中的一步棋，而不是勝利者凱旋而去、失敗者受到羞辱的有限遊戲，那意見分歧就會更加有趣。

我說道，法國人做了什麼是我們沒做到的？戈爾茲薩爾告訴我說：「你必須能夠將他人與其所採取的立場分開。這可以阻止你變得過於個人化，且最終陷入防禦和攻擊的漩渦中。在談話的過程中，你的思想不斷地在移動，為了進一步地進行論證，你會說一些你不一定同意的事情，像我就經常這樣做。但有時候我們所做的論證是非常個人化的，因為這扎根於我們的經驗或最深的信仰。」

然而，當你和你所採取的立場保持點距離時，你或許可以從他人的觀點中，找到更好的論點，而且如果每個人都認可這就是你在做的事情，如果大家都能心照不宣地接受，有時人們會提出他們自己還不完全確定的意見，以促進討論，那這就會幫助討論。不過，這意味著人們需要相互信任，不要說一些只想讓人生氣或惱怒的話語，就算只是和你一起喝咖啡討論的人，也要將自己視為與他人在一個共同的冒險中。在這種情況下，做一位不同意的人是好的，因為這意味著你正參與其中。

☹ ☹ ☹

「只要我們把彼此的差異視為分裂我們的東西時，我們就會不喜歡它；不過，當我們把它看作是團結我們的東西時，我們就會珍惜它。」

——瑪麗・帕克・傅麗特（Mary Parker Follett）

在第一部分中，我們探討了意見分歧如何成為創新和新想法的引擎，而且它本身也是一種創造性的行為（如果做得好的話）。一個有明確目標的的意見分歧，可說是捕風捉影，而要如何定義無意義的意見分歧？我認為是一種對創造新事物不感興趣的意見分歧。讓我清楚地看到這一點的思想家是傅麗特，雖然她受到管理學者的推崇，但如今卻相對地鮮為人知。

傅麗特不太像一位管理大師，她出生於十九世紀末波士頓一個著名的家庭，在哈佛和劍橋學習哲學和心理學後，投身於社會活動。幾十年來，傅麗特在波士頓最貧窮的社區工作，教導年輕人社會技能，並幫助失業者尋找工作。

傅麗特在麻州最低工資委員會（Minimum Wage Board of Massachusetts）任職期間，開始思考衝突的本質，因為這是老闆和員工間經常發生衝突的時代。有些老闆認為，唯一的選擇就是與工會鬥爭、壓制異議，而更有想法的老闆則會願意進行某些合作。一九二四年，傅麗特在工業家俱樂部的一系列講座中闡述有關她如何處理衝突的想法，這使她做顧問的需求量大增。

傅麗特告訴商人，人們通常以兩種方式應對任何類型的衝突，但這兩種方式都是錯誤的。一種是尋求勝利，他們會試圖支配對方，在競爭中這種方法可能可行，但在任何需要合作的情況下，這就是不可行的；而另一種錯誤則是妥協，傅麗特不相信討價還價或是各退一步，她認為兩個對立的想法發生衝突時，最佳的解決方案是創造第三個想法，而當兩個人達成共識時的這個決定，只有在整合彼此觀點的情況下，才是真正令人滿意的。

傅麗特是在達爾文主義大行其道時進行的寫作，對她來說，觀點衝突是一種生成和變異的手段，但傅麗特珍愛任何形式的人類差異。早在達爾文主義成為今天的流行語之前，美國前所未有的多樣性就已經讓傅麗特感到興奮，當時每年有數百萬移民抵達美國，關於國家認同的辯論非常激烈，傅麗特不贊成「結合」「融化」或「同化」這樣的詞語，因為這些詞語意味著人們必須放棄自己的身份；而單純的容忍對她來說是不可容忍的，她希望不同文化的任何衝突，都能產生「雙方不具備的新東西」。

對傅麗特來說，意見分歧應該催生新的思維——進步——因為這意味著即使每個人聽取了他人的觀點，還是為持有自己的意見而感到自豪。她說道：

我有一位朋友跟我說：「心胸開闊就是全部，不是嗎？」不，不是的，你要對自己和他人的觀點都一視同仁的尊重，且堅定地堅持你的觀點，直到你被說服；懦弱的人並不比頑固的人更擅長這方面。

傅麗特認為，找到一個能滿足雙方目標的新解決方案，本質上是一項創造性的任務，需要「出色的創造力」，而要達到這目地的第一步就是自我檢討。令人驚訝的是，傅麗特對這個主題的看法相當具有現代感，為了真正地整合彼此的意見分歧，你必須「把你的牌都放在桌上，面對真正的問題、揭露衝突，然後把整件事情公開化」。此外，你「其次表述的自我主義」（sub-articulate egoisms），也就是你幾乎無法承認的事情，或我們現在可能稱之為觸發點的東西，也必須被發掘出來。另外，你也必須傾聽對方的意見，而且是真正的傾聽，要從對方的言語中聽出他未說出和說出的內容。

然而，這一切都需要一種情感上的誠實，但這對現今的管理者來說都很難了，更不用說一九二〇年代的管理者。當我讀到傅麗特對於衝突的觀點時，它引起了我的共鳴，她讓我意識到，最好的意見分歧是既不強加也不消除彼此的差異，而是從中產生一些新的東西。

勸說是一門高尚且必要的藝術，而我喜歡讓人重新思考的感覺，但我最終的目的並不是要你同意我的觀點，而是希望你的思維能夠增進我的思維、你的經驗能夠調節和豐富我的經驗。我期望我們能夠有創意地提出不同的意見，從我們不同的意見中，創造出一些新的且更好的東西，而這些東西是我們其中一方都無法單獨設想到的。如此一來，我們就能達到雙贏。

當我在寫這些文字的時候，世界正處於一種大流行病中，讓我們開始從謙虛的角度，看待大部分日常中的意見分歧，並提醒我們在無效的爭論中浪費了多少精力。最好的說法是，這代表了一個機會，可以改變人們根深蒂固的行為習慣，但這些習慣並不如我們所預想的那樣。因此，我希望新的習慣能包含我們不同意的方式。

人們常說，如果我們要戰勝生存的威脅，並以合理的樂觀態度面對未來，我們人類就必須撇開意見分歧，我不確定這是否完全正確。不過，的確，我們必須意識到，我們是同舟共濟的，但我們也必須使我們的意見分歧有效。因此，如果沒有強而有力、誠實且創造性的意見分歧，我們所取得的任何進展都太慢，而我們實現的任何團結也都是膚淺的。畢竟，也許我有想說服你某些事情。

16. 有效爭論的規則

首先，建立連結

在談論意見分歧的內容前，首先要建立信任關係。

放手吧！

想要良好地表達意見分歧，你就必須放棄試圖控制對方的想法和感覺。

給面子

當彼此間的意見分歧變成地位之爭時，意見分歧就成為雙方關係的毒藥。因此，出色的反對者會盡一切努力，讓對手感覺良好地表達不同的意見。

檢視自己的「怪異」

許多的意見分歧是彼此陌生文化的衝突所致，別以為你的文化才正常！

好奇心

急於做出判斷會阻止我們傾聽和學習，與其試圖贏得爭論，不如試著讓自己產生興趣，也讓自己變為有趣的人。

讓錯誤變有效

如果你迅速且真心地道歉，錯誤就會產生正向的效果。因為它讓你表現出謙遜的態度，除了加強彼此關係，也緩解對話的火藥味。

不按牌理出牌

有敵意的意見分歧往往會陷入簡單和可預測的模式。為了達到更有效的意見分歧，就要採取新奇且有變化的方式進行。殺個對方措手不及！

意見分歧的公約

規則創造自由，擁有讓雙方都能表達自我的規範和界限，將有益於雙方進行意見分歧。

有目的地發脾氣

再多的理論都無法讓我們充分地準備好面對意見分歧帶來的情感經歷。有時，你最大的敵人是你自己。

黃金法則：真誠

所有的規則都從屬於這條黃金法則：建立一個誠實的人際關係。

17. 有效爭論的工具包

#確定意見分歧的內容

令人驚訝的是，大部分的意見分歧根本就不是真正意見分歧的內容，而是誤解或反感的偽裝。因此，當你陷入無效的爭論時，退一步問問自己，彼此間具體不同意的到底是什麼東西（如果有的話）？

#尋找優秀的意見分歧者

其他人經常會建議我們要對與我們觀點不同的人敞開心扉，並在我們的社交媒體上，持有開放的態度，這以理論來說是好的；但在實踐中，可能會產生反效果。因此，找到那些是用你尊重且喜歡他們表達方式的人，闡述你反對事情，這才是最重要的關鍵。

#感受「燃燒」的力量

對於我們這些天生不喜歡衝突的人來說，逃跑的選項每次都相當誘人。不過，正如我們學會將運動時的痛苦，解釋為我們正在變更強大的信號一樣，我們也可以學會接受意見分歧所帶來的不適感。

#向對手表達肯定

一開始你可能不得不假裝，但如果你喜歡並尊重你的對話者，且他們也能感受到時，那麼這就有助於彼此談話能順利進行。一位前警察喬治．湯普森（George Thompson）曾說：「當他們感覺到你不喜歡他們的時候，他們就會忽視你所說的話。」

#感受鋼鐵的力量

有時，人們會說，我們應該用最強，而不是最弱的理由，與他人爭論我們反對的觀點，換言之，就是別做稻草人，做個「鋼鐵人」（steel man）吧！但這不能只是一種智力的運用，你還要感受對方觀點的情感力量。也就是說，哪怕只是部分或是短暫的時間，也要讓自己以某種方式融入其中。

#注意心理抗拒

人們對自己的組織和自主權都有強烈的防禦意識，所以在緊張的對話中，任何糾正他人的嘗試都會觸發反應，心理學家將此稱為「心理抗拒」（reactance）。這就是為什麼糾正他人的本能，會產生反效果或是逆火效應（backfire effect），因為當人們受到威脅時，就會只專注於人際關係的信號，而忽略信號的內容。這時候，若想他人聽見內容，你就必須更努力地發出正確的信號。

#預告意見分歧

為了避免因爲意見分歧使對方措手不及，而觸發威脅狀態；因此，在提出意見分歧的內容前，要先讓對方知道你要提出不同的意見。此外，承認你可能是錯的、他們可能是對的，讓他們有機會在傾聽你的意見前，先進行心理調整（當與更有權勢的人持有不同意見時，這招特別有用）。

#不要負面地回應他人

當一個人對我們咄咄逼人、充滿敵意或諷刺時，我們會本能地想要以同樣的放式對待他人；但如果想要實現有效的對話，就必須要有人打破這個循環。

#創造一種積極爭論的文化

無論是在職場上、球隊中，還是與你的伴侶在一起，創造一種每個人挑戰決定、說出疑慮、解決煩惱都是很正常的文化。而當你們習慣於以這種方式處理小問題時，在遇到大問題時，就不太可能會分裂你們彼此的關係。

#獎勵異議者

在會議上，就算是以微妙的方式提出異議的人，常常會因此而受罰（儘管是以很微妙的方式受罰）。因此，即使這些想法與領導者的意見相左，或甚至推翻領導者的觀點，領導者都還是應該努力地表明他們相當重視挑戰主流的觀點。

#不要告訴他們該做什麼或如何感受

在世界的歷史上，從來沒有人對「長大」的命令有良好的反應，就像所有的命令（「理智點」、「冷靜點」）一樣，這只會讓人討厭，而告訴人們要如何做人，或更糟的是，如何感受，幾乎總會適得其反。因此，要警惕對方觀點的含義，換言之，你是在與他們爭論立場，還是在與他們爭論情緒？如果是後者，你聰明的爭論將無法打破僵局；這時候，或許你該承認他們潛在的情感。

#小心「你」這個字眼

在意見分歧中，「你」這個字眼會觸發對話者心中的身份威脅，人們常說「**你**這樣做……」「**你**似乎認為……」。雖然不可能總是避掉這些用語，但在緊張的對話中，要盡量少用「你」這個字眼。

#減少「但是」這個詞

和「你」這個字眼一樣，你不太可能不使用「但是」，你難免會說：「但是，聽我說……」。

「但是」這個詞往往會引起對方的防備，這時，只要用「雖然」這個詞取代「但是」，就能讓句子變得柔和。

#直接面對衝突

在工作場所，人們往往迴避衝突，沒有人願意面對，但這種情況會使緊張的局勢不斷發酵。因此，領導者應該毫不尷尬地承認衝突的存在，並安排會面，讓彼此說出各自的觀點，或許可以邊喝啤酒邊討論。

#以弱為先

一般來說，對方會覺得你在試圖支配他們，或是以某種方式證明你的優越感（承認吧，你一定常這樣）。為了消除這種懷疑，你要表現出脆弱、承認焦慮，並坦白不確定性，特別是當你處於權威的地位時更要如此表現。因為單方面地解除武裝，是讓對方降低防禦的最好機會。

#檢查是否理解正確

「所以，如果我沒有聽錯，你說的是……」像這樣與對方核實情況的方式，對你們雙方都有好處，因為你會得到明確的訊息，而他們也能確信你在傾聽。誠實地如此進行，可以打開彼此的對話。

#使用適當的語氣表達

在意見分歧中，直接表達你的情緒可能是好的；但為了避免衝突升級，你可以用冷靜且平穩的語氣表達。不過，在討論事實資訊時，你可以注入一些活力和激情，如此一來，你就不會聽起來像是在一個冰冷的高原上，滔滔不絕地發表知識。

#從對方的錯誤中尋找真理

處理妄想症患者的治療師說，妄想中通常有某種真理，就算只是一種情感上的真理，它也是真理，而治療師有一部分的工作就是要確認這真理是什麼。因此，在爭論中，當你遇到你強烈反對的觀點時，就努力在話語中找到真理的核心，這至少有助於表現你對對方的尊重。

#停止認為自己是對的

當然，我們都喜歡自己是對的，但與了解某事或某人相比，這是一種廉價的滿足感，卻常常會妨礙我們。所以，盡量不要讓贏得爭論的衝動，去支配你對談話的態度；相反地，沒有人願意被告知他們是錯的，所以如果你先向對方傳達他們**在某種程度上是正確**的，他們就更有可能對你的觀點保持開放的態度。畢竟，重點不是你是對的，而是我們是對的。

#承認專業知識

你不應該總是聽從專家的意見，因為專家有時是錯的；不過，當你的對話者無論是透過學習還是其經驗，都比你更懂眼前的話題時，明智的做法是，自己開始當一級部署，並承認他們是知識專家。如此一來，你就更有可能學習，而他們也更有可能傾聽。

#練習失敗

紐約聖約翰大學修辭學的副教授斯蒂芬・拉諾（Stephen Llano）說得很好：「爭論失敗是

一種非常重要的民主藝術，但我們從來沒有練習過。所以，我們必須學會如何與我們失敗的說服共處；而這沒有什麼大秘密，就是多加練習而已。如果我們在低風險情況下，花越多的時間相互爭論，當遇到需要認真思考的情況時，我們就越能應付。」

#減少信念

除了宗教信仰之外，信念本身並不是終點。**喜歡擁有信念**的人往往會停止反思他們**為什麼會相信**他們所相信的事物，而且他們不太願意傾聽其他觀點。因此，當你持有不可侵犯的信念越少時，你的認知自由和同理心就越強。

#對自己的觀點持懷疑的態度

我們幾乎所有人的想法都受到正式或非正式團體的薰陶，使團體成員間都有一套相似的觀點，這沒有什麼不對；但當你過於緊跟團體的立場時，你會放棄一些自己的思考能力，而這對你沒有好處，最終對你團體的集體智慧也不利。因此，使用你意見分歧的能力，來探測你自己及團體的觀點吧！

#不要只顧著糾正，也要創造

就如傅麗特所說，不要試圖將你的觀點強加於人，也不要對妥協感到滿意；而是要尋求彼此觀點的整合，也就是讓彼此對立的觀點碰撞，並將其轉化為新的事物，或稱「煉金反應」（alchemic reaction）。雖然這並非總能實現，但也是一種理想。

附註

一般來說，我在文中提及的資料來源，在參考書目中都找得到。這裡，我只說明我沒有明確引用的資料及任何額外的言論。

PART ONE

第 1 章　不只是單純的戰鬥或逃跑反應

此章提到的 BBC 論壇貼文的研究是由 Chmiel 等人完成，而高、低語境文化的概念是愛德華·霍爾在一九七六年出版的《超越文化》（*Beyond Culture*）中所提出的概念。京都茶泡飯的例子和「不斷地、有時是永無止境地使用詞語」的這句話都是來自 Nishimura，而其原始來源則是來自京都旅遊局的文獻。此外，我還借鑒了 Croucher 和 Kim 的論文。

文章提到有關新聞種類多樣化的研究是來自路透社研究所，由 Fletcher 等人在 NiemanLab

上報告的內容。在研究方面，哥倫比亞大學的研究是由 Sun 和 Slepian 完成，哈佛商學院的研究則是由 Noam Wasserman 完成。有關憤怒如何影響我們對他人的看法和做出決定的論證，可以參考 DeSteno 的文章。

另外，悲傷和憤怒在心理學中都被歸類為「負面情緒」，所以經常被放在一起研究，但事實證明這兩種情緒對我們的思維有截然不同的影響。在 Litvak 等人的一項研究中，他們要求已有悲傷或憤怒情緒的大學生想像自己處於一個相當情緒激動的場景中（例如你邀請某位剛認識的人參加你的家庭聚會，因為你覺得彼此關係有進一步發展的機會，但他卻帶著女朋友一起參加，讓你相當尷尬）。研究發現，帶有悲傷情緒的人更有可能對當前的情況進行反思和分析，而處於憤怒情緒中的人則會相當快速地指責他人，並確定罪魁禍首。

最後，我提到的其他有關親子衝突的研究是源自 Brett Laursen（「與父母三或四次的衝突」）以及 Ryan Adams 和 Laursen（「二〇〇七年的研究」）的研究。

第2章　衝突如何讓我們的關係更緊密

我對威廉・艾克斯實驗的描述是來自他名為《日常讀心術》（*Everyday Mind Reading*）的書籍。佩妮和她丈夫之間的對話記錄在艾倫・西拉斯等人所撰寫名為《踏入思想的洪流：婚姻衝突中的認知》（*Stepping into the stream of thought: Cognition during marital conflict*）的文章中。

我與西拉斯的談話對於我在本章所說的一切都很重要，包括情感關係和內容之間的區別。有關職場衝突的部分，我借鑑 Carsten 等人和 De Wit 的元分析。「期望男女高階主管都遵從主流的規範」的這句話是來自 Martin 和 Meyerson。

第 3 章　衝突如何讓我們更聰明

文中提到「心理學家現在已經毫無疑問地確定，人們更有可能注意和考慮可以證實他們所相信事物的證據……」這些審查有關確認偏差的證據，可參考 Nickerson 的文章；而「聰穎和受過教育的人只是更善於說服自己是正確的」這部分可參考 Richard West 等人的論文。另外，我是以之前我為《衛報》撰寫名為《糖的陰謀》（*The Sugar Conspiracy*）的文章為基礎，闡述本章中約翰・尤德金的故事。

第 4 章　衝突如何啟發我們

文章中提及有關萊特兄弟的論點，是參考馬克・艾普勒精彩的《萊特之道》（*The Wright Way*），他將萊特兄弟在爭論中解決問題的方法稱為「鍛造」（forging）。

關於搖滾樂隊的故事和採訪主要摘自我為《1843 雜誌》撰寫名為《搖滾歌手的管理指南》

（*A Rocker's Guide To Management*）的文章；而有關披頭四的軼事，我是參考早期研究披頭四的權威歷史學者馬克．李維森的《收聽》（*Tune In*）。

另外，本節提到包曼的理論可參考唐納森．福斯特的《群體動力學》（*Group Dynamics*）；克里克和華生的故事則可參考約書亞．沃爾夫．申克的《兩人的力量》（*Powers of Two*）。

PART TWO

第5章　首先，建立連結

蘇珊．布羅為其女兒海瑟．海耶爾所做的悼詞影片和文字記錄可在以下的網址中觀看：https://www.buzzfeednews.com/article/coralewis/heres-heather-heyers-mothers-eulogy-they-wanted-to-shut-her

我透過與蘇珊．布羅和阿弗雷德．威爾遜談話，了解海耶爾被殺害的過程，並將其描述在此章節中。比如，布羅告訴我，有段影片中顯示，海耶爾在被殺前不久，走到其中一名新的年輕納粹分子身邊，並試圖與她交談。當時，海耶爾說：「你能告訴我，你為什麼要來參加這活動嗎？為什麼你會相信你的信念呢？」但那名婦女只是反覆地說：「無可奉告。」

另外，海瑟・海耶爾基金會為熱衷社會變革的年輕人設立了一個獎學金計畫，以提供年輕人資助，詳細內容可以參考海瑟・海耶爾基金會的網站：https://www.heatherheyerfoundation.com/

我是在伊莉莎白・史托克的《談話：對話的科學》（*Talk: The Science of Conversation*）中了解有關電話對談開頭的停頓意義。文章中提到有關伊萊・帕里瑟的言論是來自帕里瑟之前接受傑西茜・亨普爾《連線雜誌》（*WIRED*）採訪的內容。

第6章 放手吧！

我在本章中提及所看到的審訊影片，以及我對艾莉森夫妻、史蒂芬・羅尼克和史蒂文・卡萊恩的採訪，都是摘自我在二〇一七年為《衛報》所研究並撰寫的一篇文章（這篇文章有參考威廉・米勒的採訪）。我也已經修改文章的細節，包括影片中被訊問者的名字；不過，文中所引用審訊過程中的話語，皆一字不差。另外，我在撰寫這篇文章時，確實有與英國反恐警察協商過，他們才同意我觀看影片。

文中對於卡莉・萊昂的敍述，是引用二〇一八年 Witkowski 在《美國之音》（*Voice of*

America）所撰寫的文章內容。有關「公共衛生官員」和艾瑪・瓦格納的敘述，則是來自《紐約時報》中 Hoffman 的文章內容。

最後，二〇一一年有關治療的研究是由 McManus 等人進行，而德國的研究則是由 Ziem 和 Hoyer 進行。

第 7 章 給面子

有關曼德拉的故事，我是參考約翰・卡林的《認識曼德拉》（*Knowing Mandela*），這是一本我強烈推薦的書籍，卡林在書中對曼德拉的描述相當精彩。

本章中提及推特的研究是由 Zhu 和 Lerman 進行，而勞拉・查辛的故事是取自彼得・科爾曼的《百分之五》（*The Five Percent*）。另外，奧卡西奧・科爾特斯討論意見分歧的文字記錄和影片：https://theintercept.com/2019/03/09/alexandria-ocasio-cortez-aoc-sxsw

第 8 章 檢視自己的「怪異」

我在敘述韋科慘案時，借鑒許多各式各樣的資料，包括 Thibodeau 和 Reavis 的書籍；其中，最感謝 Jane Docherty 在《從韋科慘案中汲取教訓》（*Learning Lessons From Waco*）對談判進行博學且透徹的分析。此外，也要感謝麥爾坎・葛拉威爾在《紐約客》（*The New Yorker*）上發表的精彩文章。

本章中提及「徹底的虐待狂」的這句話是來自Danny Coulson的《沒有英雄》（*No Heroes*），這本書是他在聯邦調查局人質救援隊工作時的回憶錄。

我對約瑟夫・亨里奇研究的描述，是參考Ethan Watters之前代表《太平洋標準雜誌》（*Pacific Standard*）對亨里奇進行的採訪內容。有關理查・路易士對於談判中文化差異的分析，可以參考他精彩的《當文化碰撞時》（*When Cultures Collide*）。

第10章 讓錯誤變有效

能寫出本章內容，我要感謝保羅・泰勒告訴我米里亞姆・奧斯廷加在人質談判中的道歉工作，而我會接觸到本傑明・何的研究是因為我聽了一集主題是道歉的《蘋果橘子經濟學》（*Freakonomics*）播客。

另外，文中提及的「昂貴信號」有很多種形式，比如在十八世紀，海盜都會掛骷髏頭和交叉骨的旗幟，因為當時海盜行為非法且可被判處死刑；因此，受害者如果看到這面旗幟，更有可能不戰而降，因為他們知道自己面對的是魯莽且張揚的犯罪分子。

第11章 不按牌理出牌

我是在觀看J·T·羅傑斯名為《奧斯陸》的精彩話劇，才了解到奧斯陸談判的故事。因此，文中提及有關奧斯陸談判的描述，是來自珍·柯賓令人信服且權威性的書籍，以及我與泰耶·呂德·拉爾森的電子郵件內容。

順帶一提，文中提及的「棘手衝突的實驗室」由彼得·科爾曼領導，如果想了解更多有關衝突的動態，我推薦閱讀其著作《百分之五》。

第12章 意見分歧的公約

本節中提及的CMV論壇，仍繼續在Reddit網站上運行；卡爾·特恩布爾後來建立了一個新的獨立網站和應用軟體，稱為Ceasefire。另外，康奈爾大學的CMV討論研究是Chenhao Tan等人完成的。

「長篇幅的回覆也往往比短的答覆表現更好」的發現，與推特在二〇一七年將貼文的字數限制從一百四十字調整成二百八十字時，所做的改變調查結果相吻合。而且，在《傳播期刊》(*Journal of Communication*)上，由Jaidker等人發表的一項統計分析顯示，這變化使人們開始用更有禮貌、更具分析性和建設性的方式，在推特上進行政治對話。

第13章　有目的地發脾氣

本章中提及的倫敦大學學院研究是由 Shergill 等人完成的。

在日本，艾利斯・阿姆杜爾學習了一種有四百年歷史的武術，稱為「荒木流」。在前三個月裡，阿姆杜爾只被允許練習以一種掩蓋其意圖的方式，為他的老師送清酒：他必須把清酒放在一個與眼睛平視，稱為「三方」的傳統木質托盤上，然後在他為老師端上茶的那刻，拔出一把用橡木製成的模擬刀，試圖暗殺老師；但如果老師察覺到他有任何攻擊的意圖，老師就會拿出木製的武器，攻擊或刺傷他的學生，讓學生常常會留下瘀傷。

另外，文中提到荷士衛公司的創始人 Neil Rackham，在一篇名為《成功談判者行為》（*The Behaviour of Successful Negotiators*）的論文中，總結該公司的研究結果。

PART THREE

第15章　無限遊戲

文中提到伯特蘭・羅素的信是引用 Ronald Clark 為《羅素》的傳記；而我在文中對羅傑・威廉斯生平的描述，則是參考特雷莎・貝揚的書籍和 John Barry 出色的傳記。

在威廉斯的《血腥教旨》出版的同年，他的朋友約翰．彌爾頓也出版了《論出版自由》（*Areopagitica*），其中彌爾頓是如此讚揚言論自由：「凡是有學習慾望的地方，就勢必會有爭論、著作和意見，因為人們的看法只不過是正在形成的知識。」

本章提到民主是一個無限遊戲，是我受到大衛．休謨的影響，他認為社會應該建立在一種平衡卻永遠不會解決的衝突上：「在所有的政府中，權力和自由之間永遠存在著一種公開或秘密的鬥爭，而且**任何一方都無法在這競爭中，取得絕對的獲勝**。」

有關法國的爭論文化：在一九四四年諾曼第登陸前，英國軍隊向其部隊發了一本指導他們法國文化和習慣手冊，而這手冊中提及「一般來說，法國人比我們更喜歡知識性的爭論，你常常會以為兩個法國人正在進行激烈的爭吵，但其實他們只是在爭論一些抽象的問題。」

另外，蘇珊．布羅相當強調尊重他人，但僅僅有禮貌還不夠：「試圖和每個人都禮貌地進行交談是行不通的，因為如此一來，他們就無法了解你的憤怒。因此，你應該情緒激昂地與他人談論，但同時，即使你永遠不同意他人的想法，也必須試著傾聽對方的觀點。」

文中有關瑪麗．帕克．傅麗特的敘述，是我先後在彼得．科爾曼的《百分之五》和安茱兒．蓋博（Andrea Gabor）的《資本主義哲學家》（*Capitalist Philosophers*）這兩本書中了解傅麗特後撰寫。此外，我還借鑒 Gary Nelson 和 Judy Whipps 有關傅麗特的論文，後者特別引用了一句傅麗特經典的話：「真理是從彼此差異中產生……從我們日常生活中所有各種的差異中產生。」

第17章 有效爭論的工具包

文中提及喬治・湯普森的名言是來自他的《口語柔道》（*Verbal Judo*），這本書包含了許多鑽石般的箴言，比如「侮辱能增強抵抗力，禮貌會削弱抵抗力」「當你不再像對方一樣思考時，你就會失去對他們的控制力」，以及許多有關如何處理衝突的智慧。

致謝

這本書是許多啟發性對話和有益意見分歧的產物。我特別感謝那些慷慨貢獻他們時間、專業知識和故事的實踐者與學者們，謝謝 Robert Agne、Ellis Amdur、Rob Bardsley、Emma Barrett、Teresa Bejan、Agnes Callard、Peter Coleman、Bill Donohue、Bertis Downs、Catarina Dutilh Novaes、Eleanor Fellowes、Clementine Goldszal、Ben Ho、Neil Janin、Steven Klein、Jeremy Lascelles、Terje Rød-Larsen、William miller、Simon Napier-Bell、Mike O'Neill、Miriam Oostinga、Nickola Overall、Emmanuelle Peters、Gabrielle Rifkind、Jake Rollnick、Stephen Rollnick、Michelle Russell、Alan Sillars、Lloyd Smith、Nathan Smith、Elisa Sobo、Elizabeth Stokoe、Garry Tan、Paul Taylor、Kal Turnbull、Gregory Trevors、Bill Weger、Simon Wells、Jonathan Wender、Alfred Wilson 以及 Warren Zanes。

感謝 Emily Alison 和 Laurence Alison 夫妻與我分享他們的工作和見解；感謝孟菲斯警察署及所有令人印象深刻的警官們，他們不僅參加 Polis 的培訓，還同意讓一位瘦弱的英國人拿著筆記本在場。感謝 Don Gulla 和他非常熱情、好客的團隊，讓我一邊享用排骨和炸雞，一邊進行引人入勝的對話。此外，還要特別感謝 Susan Bro 與我分享她傑出的女兒 Heather Heyer 的人生和死亡。

感謝我的經紀人 Toby Mundy 耐心地幫助我把未成熟的想法，塑造成一個可行的書籍提案；感謝費伯出版社（Faber & Faber）的每個人，尤其感謝 Laura Hassan 對本書的信心和持續的支持。謝謝 Rowan Cope 對於手稿的關心和關注，並寫出吸引人標題；謝謝 Marigold Atkey 精彩的筆記和精神上的支持；謝謝 Donald Sommerville 專心致志地進行文字編輯，也謝謝哈潑柯林斯集團（HarperCollins）高度專業的團隊，尤其感謝 Hollis Heimbouch 總帶給我正能量，並以直言不諱的方式與我溝通。

我很幸運有個荒唐天份的非正式讀者團隊。首先感謝我的手稿急救醫生 Stephen Brown，沒有你，這本書根本不可能順利地完成初稿，更不用說成為合格的出版品；謝謝 Tom Stafford 幫我進行科學檢查，並給予有益的說明；謝謝我出色的朋友 Helen Lewis 和 Oliver Franklin-Wells，也特別感謝 Oliver 為開頭的章節作注釋。

感謝《衛報》Jonathan Shainin 和 David Wolf，幫我撰寫了一篇有關審訊的文章，以作為本書的開頭。也謝謝 Teresa Bejan 和 Agnes Callard 閱讀並修改我引用他們研究成果的錯誤部分。

另外，非常感謝 Clydette de Groot、Audrey Chapuis 以及位於巴黎的美國圖書館優秀團隊，我很感謝有機會在巴黎獲得獎學金並撰寫這本書，這是我永生難忘的事情，圖書館和全體工作人員都是我靈感的重要來源。也謝謝 Pamela Druckerman 和 Simon Kuper，特別感謝 Simon 告訴我約翰．卡林有撰寫於納爾遜．曼德拉的書籍。

感謝眾多與我談論過想法、分享過見解，或是鼓勵我的朋友，在此，我就不一一列舉，以免遺漏某人。此外，謝謝我的母親瑪格麗特和我的兄弟斯蒂芬，他們和我去世的父親布萊恩一起奠定我在處理意見分歧的藝術基礎，也感謝我的孩子艾歐和道格拉斯，生活中如果沒有你們，雖然能減少許多意見分歧，但卻會變得不這麼愉快。

最後，感謝我最好的編輯兼最好的朋友 Alice Wignall，我很幸運地與她結婚，我愛你，也期待未來有更多的爭論，不管有無成效。哦，還有，謝謝你讓我獲得那份獎學金，我將永遠欠你一份人情，我們一定會白頭偕老的！

參考書目

Adams, Ryan E., and Laursen, Brett, 'The Correlates of Conflict: Disagreement is Not Necessarily Detrimental', *Journal of Family Psychology,* 21 (3), September 2007

Agne, Robert R., 'Reframing Practices in Moral Conflict: Interaction Problems in the Negotiation Standoff at Waco', *Discourse and Society*, 18 (5), 2007

Arnold, K., and Vakhrusheva, J., 'Resist the negation reflex: minimizing reactance in psychotherapy of delusions', *Psychosis*, 8 (2), 2015

Ayoko, O., Ashkanasy, N., Jehn, K., *Handbook of Conflict Management Research*, Edward Elgar Publishing, 2014

Azoulay, P., et al., 'Does Science Advance One Funeral at a Time?', *American Economic Review*, 109 (8), August 2019

Barry, John, *Roger Williams and the Creation of the American Soul: Church, State and the Birth of Liberty*, Duckworth Overlook, 2012

Bejan, Teresa, *Mere Civility: Disagreement and the Limits of Toleration*, Harvard University Press, 2017

Bradbury, T. N., and Cohan, C. L., 'Negative Life Events, Marital Interaction, and the Longitudinal Course of Newlywed Marriage', *Journal of Personal and Social Psychology*, 73 (1), August 1997

Brady, William, et al., 'Emotion shapes the diffusion of moralised content in social networks', *Proceedings of the National Academy of Sciences*, 114 (28), 2017

Budiansky, Stephen, 'Truth Extraction', *The Atlantic*, June 2005

Buffett, Warren, 'Letter to Shareholders', *Berkshire Hathaway Annual Report*, 2009

Canary, Daniel J., Lakey, Sandra G., and Sillars, Alan L., 'Managing Conflict in a Competent Manner: A Mindful Look at Events that Matter', in *The SAGE Handbook of Conflict Communication*, ed. Oetzel and Ting-Toomey

Carlin, John, *Knowing Mandela*, Atlantic Books, 2014

Carnevale, P. J., https://www.researchgate.net/publication/228255884_Creativity_in_the_Outcomes_of_Conflict

Carse, James P., *Finite and Infinite Games: A Vision of Life as Play and Possibility*, Simon & Schuster, 1986

Chmiel, Anna, et al., 'Negative Emotions Boost Users' Activity at BBC Forum', *Physica A: Statistical Mechanics and its Applications*, 390 (16), 2011

Christian, Brian, *The Most Human Human: What Artificial Intelligence Teaches Us about Being Alive*, Penguin, 2012

Clark, Ronald, *The Life of Bertrand Russell*, Bloomsbury Reader, 2012

Coleman, Peter, *The Five Percent*, PublicAffairs, 2011

Corbin, Jane, *Gaza First: The Secret Norway Channel to Peace between Israel and the PLO*, Bloomsbury, 1994

Coulson, Danny, and Shannon, Elaine, *No Heroes: Inside the FBI's Secret Counter-Terror Force*, Pocket Books, 1999

Crockett, M. J., 'Moral outrage in the digital age', *Nature Human Behaviour*, 1, 2017

Crouch, Tom, *The Bishop's Boys: A Life of Wilbur and Orville Wright*, W. W. Norton & Co., 1991

Croucher, Stephen M., et al., 'Conflict Styles and High–Low Context Cultures, A Cross-Cultural Extension', *Communication Research Reports*, 29 (1), 2012

Cusk, Rachel, *Coventry: Essays*, Faber & Faber, 2019

De Dreu, K. W., and Weingart, L. R., 'Task Versus Relationship Conflict, Team Performance, and Team Member Satisfaction: A Meta-Analysis', *Journal of Applied Psychology*, 88 (4), 2003

DeSteno, David, et al., 'Prejudice from thin air: the effect of emotion on automatic intergroup attitudes', *Psychological Science*, 15 (5), June 2004

De Wit, Frank R. C., et al., 'The paradox of intragroup conflict: a meta-analysis', *Journal of Applied Psychology*, 97 (2), 2012

Docherty, Jayne, *Learning Lessons from Waco: When the Parties Bring Their Gods to the Negotiation Table*, Syracuse University Press, 2001

——, interview retrieved from https://www.beyondintractability.org/audiodisplay/docherty-j

Donohue, W. A., and Taylor, P. J., 'Role Effects in Negotiation: The onedown phenomenon', *Negotiation Journal*, 23 (3), 2007

Druckman, Daniel, 'Stages, Turning Points, and Crises: Negotiating Military Base Rights, Spain and the United States', *Dans Negociations*, 2 (28), 2017

Dutilh Novaes, C., 'What is logic?', *Aeon* magazine, 2017, retrieved from https://aeon.co/essays/the-rise-and-fall-and-rise-of-logic

Eppler, Mark, *The Wright Way: Seven Problem-Solving Principles from the Wright Brothers That Can Make Your Business Soar*, Amacom, 2003

Faber, Adele, and Mazlish, Elaine, *How to Talk so Kids Will Listen and Listen so Kids Will Talk*, 3rd edn, Piccadilly Press, 2013

Fletcher, Richard, and Nielsen, Rasmus Kleis, 'Using Social Media Appears to Diversify Your News Diet, Not Narrow It', *NiemanLab* report on 2017 Reuters Institute Digital News Report

Forsyth, Donelson, *Group Dynamics*, Wadsworth Publishing, 1980

Gabor, Andrea, *Capitalist Philosophers: The Geniuses of Modern Business –Their Lives, Times, and Ideas*, John Wiley & Sons, 2020

Galef, Julia, Rationally Speaking podcast, episode 206, April 2018, interview with Kal Turnbull of ChangeMyView

Gallagher, Brian, interview with James Evans and Misha Teplitskiy, 'Wikipedia and the Wisdom of Polarised Crowds', *Nautilus*, 14 March 2019

Gallo, Amy, 'How to Disagree with Someone More Powerful Than You', *Harvard Business Review*, 17 March 2016

Gawande, Atul, commencement speech to UCLA Medical School, published in the *New Yorker*, 2 June 2018

Gelfand, M., Harrington J., Leslie, L., 'Conflict cultures: a new frontier for conflict management and practice', in Ayoko et al.

Gittell, Jody Hoffer, *The Southwest Airlines Way: Using the Power of Relationships to Achieve High Performance*, McGraw-Hill Education, 2005

Gladwell, Malcolm, 'Sacred and Profane: How Not to Negotiate with Believers', *New Yorker*, 31 March 2014
Goffman, Erving, *The Presentation of Self in Everyday Life*, Penguin, 1990
Goldberger, Ary L., 'Fractal Variability versus Pathologic Periodicity: Complexity Loss and Stereotypy in Disease', *Perspectives in Biology and Medicine*, 40 (4), 1997
Gottman, John, *The Relationship Cure*, Crown Publications, 2002
Gottman, John, Swanson, Catherine, and Swanson, Kristin, 'A General Systems Theory of Marriage: Nonlinear Difference Equation Modeling of Marital Interaction', *Personality and Social Psychology Review*, 6 (4), 2002
Graham, Paul, *How to Disagree*, March 2008, http://www.paulgraham.com/disagree.html
Greene, Joshua, *Moral Tribes*, Atlantic Books (UK), 2014
Grossman, Lev, 'Mark Zuckerberg, Person of the Year 2010', *Time*, 15 December 2010
Grubb, Amy Rose, 'Modern-day hostage [crisis] negotiation: the evolution of an art form within the policing arena', *Aggression and Violent Behaviour*, 15 (5), 2010
Haidt, J., et al., 'The Moral Stereotypes of Liberals and Conservatives: Exaggeration of Differences across the Political Spectrum', *PLoS ONE*, 7 (12), 2012, https://doi.org/10.1371/journal.pone.0050092
Hall, Edward T., *Beyond Culture*, Anchor, 1976
Halperin, Basil, Ho, Benjamin, List, John A., Muir, Ian, 'Towards an understanding of the economics of apologies: evidence from a large-scale natural field experiment', NBER Working Paper No. 25676, March 2019
Hempel, Jessi, 'Eli Pariser Predicted the Future. Now He Can't Escape It', *Wired*, 24 May 2017
Hendrick, Carl, 'The Growth Mindset Problem', *Aeon*, 11 March 2019
Henrich, J, Heine, S. J., Norenzayan, A., 'The Weirdest People in the World?', *Behavioral and Brain Science*, 33 (2–3), June 2010, https://doi.org/10.1017/S0140525X0999152X
Herman, Arthur, *The Scottish Enlightenment: The Scots' Invention of the Modern World*, Fourth Estate, 2003
Ho, Benjamin, and Liu, Elaine, 'Does Sorry Work? The Impact of Apology Laws on Medical Malpractice', *Journal of Risk and Uncertainty*, 43 (2), June 201
Hoffman, Jan, 'How Anti-Vaccine Sentiment Took Hold in the United States', *New York Times*, 23 September 2019
Horowitz, Ben, *The Hard Thing about Hard Things*, HarperCollins USA, 2014
Hughes, Bettany, *The Hemlock Cup: Socrates, Athens, and the Search for the Good Life*, Vintage 2011
Huthwaite International, *The Behaviour of Successful Negotiators*
Ickes, William, *Everyday Mind Reading: Understanding What Other People Think and Feel*, Prometheus Books, 2006
Jacobs, Alan, *How To Think: A Guide for the Perplexed*, Profile, 2017
Jaidker, K., Zhou, A., Lelkes, Y., 'Brevity is the soul of Twitter: The constraint affordance and political discussion', *Journal of Communication*, 69 (4), August 2019

Janis, Irving L., *Victims of Groupthink: A Psychological Study of Foreign-Policy Decisions and Fiascoes*, Houghton Mifflin, 1972

Jhaver, S., Vora, P., Bruckman, A., 'Designing for Civil Conversations: Lessons Learned from ChangeMyView', GVU Technical Report, December 2017

Kahan, Dan, 'Ideology, motivated reasoning and cognitive reflection', *Judgement and Decision-Making*, 8 (4), July 2013

Kahan, Dan, et al., 'Science Curiosity and Political Information Processing', *Advances in Political Psychology*, 38 (S1), February 2017

Kahneman, Daniel, *Thinking, Fast and Slow*, Penguin 2012

Kaplan, Jonas T., Gimbel, Sarah I., Harris, Sam, 'Neural correlates of maintaining one's political beliefs in the face of counterevidence', *Scientific Reports* 6 (1), 2016, https://doi.org/10.1038.srep39589

Kim, D., Pan, Y., Park, H. S., 'High-context versus low-context culture: a comparison of Chinese, Korean and American cultures', *Psychology and Marketing*, 15 (6), 1998

Klar, Samara, and Krupnikov, Yanna, *Independent Politics: How American Disdain for Parties Leads to Political Inaction*, Cambridge University Press, 2016

Klein, Kristi, and Hodges, Sara D., 'Gender Differences, Motivation, and Empathic Accuracy: When It Pays to Understand', *Personality and Social Psychology Bulletin*, 27 (6), June 2001

Kolb, Deborah, et al., *When Talk Works: Profiles of Mediators*, Jossey Bass, 1994 (interview with Patrick Phear conducted by Austin Sarat)

Kramer, R., and Neale, M., *Power and Influence in Organizations*, SAGE, 1998

Lakoff, G., and Johnson, M., *Metaphors We Live By*, University of Chicago Press, 1980

Lakoff, R. T., *Language and Woman's Place*, Oxford University Press, 2004

Laursen B., and Collins, W. A., 'Interpersonal conflict during adolescence', *Psychological Bulletin*, 115 (2), 1994

Lee, Fiona, et al., 'Mea Culpa: Predicting Stock Prices from Organizational Attributions', *Personality and Social Psychology Bulletin*, 30 (12), 2004

Leslie, Ian, 'A Rocker's Guide to Management', *The Economist / 1843*, 14 November 2018

——, 'The Scientists Persuading Terrorists to Spill Their Secrets', *The Guardian*, 13 October 2017

——, 'The Sugar Conspiracy', *The Guardian*, 7 April 2016

Lewis, Richard D., *When Cultures Collide*, 3rd edn, Nicholas Brealey Publishing, 2005

Lewisohn, Mark, *The Beatles – All These Years*, Volume One: *Tune In*, Little, Brown, 2013

Litvak, Paul M., et al., 'Fuel in the Fire: How Anger Impacts Judgment and Decision-Making', in M Potegal et al., *International Handbook of Anger*, Springer, 2010

Llano, Stephen, letter published in *The Atlantic*, 30 April 2019, retrieved from https://www.theatlantic.com/letters/archive/2019/04/how-argueletters-erisology/588265/

Macduff, Ian, 'Here, There and Everywhere: Taking mediation online', *Kluwer Mediation Blog*, 28 March 2014; http://mediationblog.kluwerarbitration.com/2014/03/28/here-there-and-everywhere-takingmediation-online/

Marken, Richard T., and Carey, Timothy A., *Controlling People: The Paradoxical Nature*

of Being Human, Australian Academic Press, 2015
Martin, J. and Meyerson, D., 'Women in Power: Conformity, Resistance, and Disorganized Coaction', in Kramer and Neale, *Power and Influence in Organizations*
Matias, J. N., 'Preventing harrassment and increasing group participation through social norms in 2,190 online science discussions', *Proceedings of the National Academy of Sciences of the United States of America*, 116 (20), April 2019, https://doi.org/10.1073/pnas.1813486116
McManus, Freda, et al., 'An investigation of the accuracy of therapists' self assessment of cognitive behaviour therapy skills', *British Journal of Clinical Psychology*, 51 (3), September 2012
McNulty, James K., 'When Positive Processes Hurt Relationships', *Current Directions in Psychological Science*, 19 (3), 2010
McNulty, James K., and Russell, V. Michelle, 'When "Negative" Behaviors Are Positive: A Contextual Analysis of the Long Term Effects of Problem-Solving Behaviours on Changes in Relationship Satisfaction', *Journal of Personality and Social Psychology*, 98 (4), 2010
Mercier, Hugo, and Sperber, Dan, *The Enigma of Reason: A New Theory of Human Understanding*, Penguin 2018
Miller, William, and Rollnick, Stephen, *Motivational Interviewing: Helping People Change*, 3rd edn, Guilford Press, 2012
Montaigne, Michel de, *Essays*, trans. Charles Cotton, via Project Gutenberg Morrill, Calvin, *The Executive Way*, University of Chicago Press, 1995
Moshman, David, and Gell, Molly, 'Collaborative Reasoning: Evidence for Collective Rationality', *Thinking and Reasoning*, 4 (3), July 1998
Nelson, Gary M., 'Mary Parker Follett – Creativity and Democracy', *Human Service Organizations: Management, Leadership and Governance*, 41 (2), 2017
Nemeth, Charlan, *No! The Power of Disagreement in a World that Wants to Get Along*, Atlantic Books (UK), 2019
Nemeth, Charlan, Brown, K., Rogers, J., 'Devil's Advocate versus Authentic Dissent: Stimulating Quantity and Quality', *European Journal of Social Psychology*, 31 (6), 2001
Nemeth, Charlan, et al., 'The liberating role of conflict in group creativity: a study in two countries', *European Journal of Social Psychology*, 34 (4), 2004
Nickerson, Raymond S., 'Confirmation Bias: A Ubiquitous Phenomenon in Many Guises', *Review of General Psychology*, 2 (2), June 1998
Nishimura, Shoji, Nevgi, Anne, Tello, Seppa, 'Communication Style and Cultural Features in High/Low Context Communication Cultures: A Case Study of Finland, Japan, and India', University of Helsinki Department of Applied Sciences of Education, Research Report 299, 2008
Nissen-Lie, Helene A., 'Humility and self-doubt are hallmarks of a good therapist', *Aeon*, 5 February 2020
Nyhan, B., and Reifler, J., 'When corrections fail: The persistence of political misperceptions', *Political Behavior*, 32 (2), 2010
Oostinga, M., 'Breaking [the] ice: communication error management in law enforcement interactions', PhD thesis, University of Twente, 2018

Overall, Nickola, 'Does Partners' Negative-Direct Communication During Conflict Help Sustain Perceived Commitment and Relationship Quality Across Time?' *Social Psychological and Personality Science*, 9 (4), 2018
Overall, Nickola C., et al., 'Regulating Partners in Intimate Relationships: the costs and benefits of different communication strategies', *Journal of Personal Social Psychology*, 96 (3), 2009
Overall, N. C., and McNulty, J. K., 'What type of communication during conflict is beneficial for intimate relationships?', *Current Opinion in Psychology*, 13, 2017
Perlow, Leslie, *When You Say Yes but You Mean No*, Crown Business, 2003
Plato, *Complete Works*, ed. Cooper, John M., Hackett, 1997
Powell, Jonathan, *Great Hatred, Little Room: Making Peace in Northern Ireland*, Vintage, 2009
——, *Talking To Terrorists: How to End Armed Conflicts*, Vintage, 2015
Rackham, Neil, 'The Behaviour of Successful Negotiators', in *Negotiation: Readings, Exercises and Classes*, ed. Lewicki, Litterer, Saunders, and Minton, McGraw Hill, 2014
Rackham, Neil, and Morgan, Terry, *Behaviour Analysis in Training*, McGraw-Hill UK, 1977
Reavis, Dick J., *The Ashes of Waco: An Investigation*, Simon & Schuster, 1995
Resnick, Brian, 'There may be an antidote to politically motivated reasoning. And it's wonderfully simple', *Vox*, 7 February 2017
Richards, Keith, *Life: Keith Richards*, Weidenfeld & Nicolson, 2011
Rozenblit, L., and Keil, F., 'The misunderstood limits of folk science: an illusion of explanatory depth', *Cognitive Science*, 26 (5), 2002
Shergill, S. S., Bays, P. M., et al., 'Two eyes for an eye: the neuroscience of force escalation', *Science* 301 (5630), 2003
Shi, F., et al., 'The Wisdom of Polarised Crowds', *Nature Human Behaviour* 3 (4), 2019
Sillars, Alan, et al., 'Cognition and Communication during Marital Conflict: How Alcohol Affects Subjective Coding of Interaction in Aggressive and Nonaggressive Couples', in P. Noller and J. A. Feeney (eds), *Understanding marriage: Developments in the study of couple interaction*, Cambridge University Press, 2002
Sillars, Alan, et al., 'Stepping into the stream of thought: Cognition during marital conflict', in V. Manusov and J. H. Harvey (eds), *Attribution, Communication Behavior, and Close Relationships*, Cambridge University Press, 2001
Sloman, Steven, and Fernbach, Philip, *The Knowledge Illusion: the myth of individual thought and the power of collective wisdom*, Pan, 2018
Smith, Dana, interview with James Evans: 'The Wisdom of Crowds Requires the Political Left and Right to Work Together', *Scientific American*, 8 March 2019
Sobo, Elisa, 'Theorising (Vaccine) Refusal: Through the Looking Glass', *Cultural Anthropology*, 31 (3), 2016
Stokoe, Elizabeth, *Talk: The Science of Conversation*, Little Brown, 2018
Sun, Katherine Q., and Slepian, Michael L., 'The conversations we seek to avoid', *Organizational Behaviour and Human Decision Processes*, 60, September 2020
Talhelm, Thomas, et al., 'Liberals Think More Analytically (More "WEIRD") Than Conservatives', *Personality and Social Psychology Bulletin*, 41 (2), 24 December 2014

Tan, Chenhao, et al., 'Winning Arguments: Interaction Dynamics and Persuasion Strategies in Good-faith Online Discussions', *Proceedings of the 25th International World Wide Web Conference*, 2016)

Tesser, Abraham, et al., 'Conflict: the role of calm and angry parent–child discussion in adolescent adjustment', *Journal of Social and Clinical Psychology*, 8 (3), 1989

Thibodeau, David, and Whiteson, Leon, *A Place Called Waco*, PublicAffairs, 1999

Thompson, George, *Verbal Judo: The Gentle Art of Persuasion,* HarperCollins USA, 2014

Tiedens, Larissa Z., 'Anger and Advancement versus Sadness and Subjugation: The Effect of Negative Emotion Expressions on Social Status Conferral', *Journal of Personality and Social Psychology,* 80 (1), 2001

Trevors, Gregory, et al., 'Identity and Epistemic Emotions During Knowledge Revision: A Potential Account for the Backfire Effect', *Discourse Processes*, 53 (5), January 2016

Wallace, David Foster, 'Tense Present: Democracy, English, and the Wars over Usage', in *Consider the Lobster and Other Essays*, Little Brown 2006

Wasserman, Noam, *The Founder's Dilemmas*, Princeton University Press, 2013

Watters, Ethan, 'We Aren't the World', *Pacific Standard,* 25 February 2013

Wender, Jonathan, *Policing and the Poetics of Everyday Life*, University of Illinois Press, 2009

West, Richard F., et al., 'Cognitive Sophistication Does Not Attenuate the Bias Blind Spot', *Journal of Personality and Social Psychology*, 103 (3), 2012

Whipps, Judy D., 'A Pragmatist Reading of Mary Parker Follett's Integrative Process', *Faculty Peer Reviewed Articles*, 8, 2014, https://scholarworks.gvso.edu/lib-articles/8

Witkowski, Sadie, 'Psychology Researchers Explore How Vaccine Beliefs Are Formed', *Voice of America News*, 16 August 2018

Wolf Shenk, Joshua, *Powers of Two: Finding the Essence of Innovation in Creative Pairs*, John Murray, 2014

Zanes, Warren, *Petty: The Biography*, Macmillan USA, 2015

Zartman, I. W., and Aurik, J., 'Power Strategies in De-escalation', in L. Kriesberg and J. Thomson (eds), *Timing the De-escalation of International Conflicts*, Syracuse University Press, 1991

Zhu, Linhong, and Lerman, Kristina, 'Attention Inequality in Social Media', *ArXiv*, 2016, abs/1601.07200

Ziem, M., and Hoyer, J., 'Modest, yet progressive: Effective therapists tend to rate therapeutic change less positively than their patients', *Psychotherapy Research,* 30 (4), 2020

化解衝突的高效溝通

當爭論產生，你選擇**戰鬥**還是**逃跑**？
化異見為助力的關鍵說服法，讓關係更緊密

作者伊恩．萊斯里 Ian Leslie
譯者李翊巧
主編趙思語
封面設計羅婕云
內頁美術設計李英娟

發行人何飛鵬
PCH集團生活旅遊事業總經理暨社長李淑霞
總編輯汪雨菁
主編丁奕岑
行銷企畫經理呂妙君
行銷企劃專員許立心

出版公司
墨刻出版股份有限公司
地址：台北市104民生東路二段141號9樓
電話：886-2-2500-7008／傳真：886-2-2500-7796
E-mail：mook_service@hmg.com.tw
發行公司
英屬蓋曼群島商家庭傳媒股份有限公司城邦分公司
城邦讀書花園：www.cite.com.tw
劃撥：19863813／戶名：書虫股份有限公司
香港發行城邦（香港）出版集團有限公司
地址：香港灣仔駱克道193號東超商業中心1樓
電話：852-2508-6231／傳真：852-2578-9337
製版．印刷漾格科技股份有限公司
ISBN978-986-289-651-8．978-986-289-652-5（EPUB）
城邦書號KJ2035 **初版**2021年10月
定價480元
MOOK官網www.mook.com.tw
Facebook粉絲團
MOOK墨刻出版 www.facebook.com/travelmook

國家圖書館出版品預行編目資料

化解衝突的高效溝通：當爭論產生,你選擇戰鬥還是逃跑?化異見為助力的關鍵説服法,讓關係更緊密 / 伊恩.萊斯里(Ian Leslie)作；李翊巧譯. -- 初版. -- 臺北市：墨刻出版股份有限公司出版：英屬蓋曼群島商家庭傳媒股份有限公司城邦分公司發行, 2021.10
352面；14.8×21公分. -- (SASUGAS ;35)
譯自：Conflicted : why arguments are tearing us apart and how they can bring us together
ISBN 978-986-289-651-8(平裝)
1.衝突管理 2.人際衝突 3.溝通
541.62　　　110015857